주진오의 한국현재사

역사학자가 마주한
오늘이라는 순간

주진오의 한국현재사

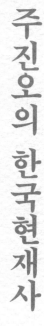
추수밭

'현재'를 기록하고 살아가는
역사학자의 기준

"역사는 왜 하는 것이고, 무엇을 위한 것이어야 하는가?"

역사학자를 꿈꾸며 공부하던 대학원생 시절, 이 질문이 담긴 하나의 책이 눈에 들어왔습니다. 바로 프랑스의 동아시아 전문가 장셰노Jean Chesneaux의 《Pasts and Futures: Or, What is History for?》라는 책이었습니다. 그는 역사란 '과거와 현재의 대화(E. H. 카)'를 넘어 '과거와 현재의 역동적 관계'라고 규정했습니다. 과거는 현실에서 벌어지는 문제를 올바르게 이해하기 위한 수단이고, 그것이 오늘의 '행동'과 '실천'으로 이어지지 않는다면 아무 소용이 없다는 의미였습니다. 이 책은 저에게 역사학자로서 어떤 삶을 살 것인지에 대한 생각을 확고하게 해주었습니다. 나중엔 번역까

5

지 맡게 됐는데, 제가 붙인 이 책의 한글판 제목은 '실천을 위한 역사학'이었습니다.

'역사는 무엇을 위한 것이어야 하는가?'라는 질문에 대한 저의 대답은 바로 '실천'이었고, 이는 역사학자로서의 삶의 화두가 되었습니다. 서른 살의 나이로 처음 전임교수가 된 1987년 그 뜨거웠던 시기부터 오늘에 이르기까지, 학자로서 역동적인 현대사의 순간순간마다 주저하지 않고 목소리를 내고자 했습니다. 역사와 대중이 함께 '호흡'할 수 있도록 역사교과서 집필에 적극적으로 나서고, 이전 세대 학자들이 꺼리던 방송 출연 등을 마다하지 않았던 이유도 바로 그것 때문이었습니다.

언젠가 한 시사주간지에서 저에 대해 인터뷰를 하고 싶다고 요청을 한 적이 있습니다. 처음에는 극구 사양했습니다. 저에게는 독자들이 흥미를 가질 만한 특별한 스토리가 없다고 생각했기 때문입니다. 좋은 부모님을 만나 큰 어려움 없이 성장했고, 특별한 투쟁을 하거나 시련과 고통을 이겨낸 적도 없이 일찍이 교수가 되어 평탄한 인생을 살아온 사람이니까요. 그런데 바로 그 점이 저를 인터뷰하고 싶은 이유라고 했습니다. 이미 기득권을 충분히 가지고 있고 굳이 그런 역할을 하지 않아도 되었을 사람이 왜 역사와 관련한 이슈나 문제에 있어 그토록 앞장서면서 탄압에도 굴하지 않고 맞서왔는지 궁금하다는 것이었습니다.

첫 번째 이유로는 무엇보다 아버지의 영향이 컸을 것이라 생각합니다. 모두가 가난하고 어려웠던 시절에 동경대학에서 경제학으로 학부와 석사를 마친 수재셨지만, 도시와 재벌 중심의 경제를 비판하고 농민을 위한 경제학을 연구하셨습니다. 자신이 지닌 학문과 지식을 어려운 사람들을 위해 사용한다는 것이 그분의 철학이었습니다. 평생 아버지로부터 벗어나기 위해 애썼지만, 저는 결국 그분의 영향에서 벗어나지 못한 셈입니다.

두 번째로는 제가 '공감에 기반한 역사학'을 공부해왔기 때문입니다. 역사 속에는 수많은 사람들의 이야기가 담겨 있고, 사람은 누구나 오류와 실수를 범하며 살게 마련입니다. 그들이 바로 '인간'이기 때문입니다. 저는 역사학자가 심판관이 된 것처럼 역사 속 인물들을 함부로 단죄해서는 곤란하다고 생각합니다. 물론 단호한 역사적 평가는 필요하겠지만, 인간에 대한 공감과 연민이 바로 서 있어야 이미 죽은 과거가 아니라 살아 있는 사람의 역사를 만들어갈 수 있습니다. 권력이 역사를 자신에게 유리한 방식으로 재단하려 할 때 행동에 나설 수 있었던 것은, 바로 평범하고 단순하기 그지없는 사람들에 대한 연민의 감정이 있었기 때문입니다.

책에 수록된 글들은 언론에 기고했던 칼럼 일부와 페이스북에 썼던 글로 구성되어 있습니다. 칼럼이야 청탁을 받고 쓴 글이지만, 페이스북의 글들은 제 마음의 울림에 따라 올렸던 것입니다. 부탁을 받은 것도, 원고료를 받는 것도 아니니 하고 싶은 말을 마음껏 내놓는 공간이 되었습니다. 그날그날의 생각을 기록하는 하나의 일기가 된 셈입니다. 게다가 '과거의 오늘'을 불러오는 기능을 가진 이 새로운 일기장은 좋은 데이터베이스가 되기도 했습니다. 그렇게 10년 동안 썼던 글이 제법 많아져서, 책에 넣을 내용을 고르느라 애를 먹었습니다.

글을 쓰고 올리는 동안 페이스북 친구도 많아졌고, 저를 팔로우하시는 분들까지 합쳐서 거의 2만 명에 가까워졌습니다. 페이스북에 올리는 저의 글을 모든 분들이 읽지는 않겠지만, 어떤 글에는 '좋아요'가 수천 개씩 달리기도 합니다. 아무 대가 없이 저의 생각과 지식을 공유하는 분들이 많다는 것은 좋은 일이지요. 거꾸로 저역시 페친들을 통해 많은 것을 배우고 있으니 말입니다. 이 책의 제목과 표지도 페친 여러분들의 집단지성으로 결정한 것입니다. 이것이야말로 공감과 소통이라고 생각합니다.

물론 학자는 논문으로 말해야 한다는 말을 수도 없이 들었습니다. 하지만 학자는 자신이 살아가는 시대, 즉 오늘의 역사에 대해서도 발언하고 소통해야 할 의무가 있다고 생각합니다. 책의 제목을 '주진오의 한국현재사'로 정한 이유도 여기에 있습니다. 지금 여기 한국에서 벌어지는 '현재적' 문제를 역사학자의 시각을 가지고 풀어냈다는 의미라고 할 수 있습니다.

책의 전체 내용은 '사람의 역사', '만들어가는 역사', '참여하는 역사', '이어주는 역사' 네 개의 장으로 정리했습니다. 각 장마다 주제별로 9편씩 글을 추려 모두 36편의 꼭지로 모아봤습니다. 일부는 오늘날의 시점에 맞게 수정·보완한 글도 있지만 대부분 원문의 내용을 그대로 살리고자 했습니다.

이 책은 시대와 함께 호흡하며 써내려간 저의 기록입니다. 물론 책으로 묶어낼 생각을 하고 쓴 글이 아니기에 다소 거칠고 투박한 면이 있을 수 있습니다. 다만 저는 '기록이 없으면 기억되지 않는다'는 교훈과 역사학자로서의 책무를 새기며 글을 썼습니다. 역사학자는 기록을 통해 과거를 복기하고 오늘의 시점으로 불러오는 사람입니다. 저는 되도록 그 역할에 충실하고자 했습니다.

책이 세상에 나오기까지 무수히 많은 분들의 도움이 있었습니다. 한 분 한 분 이름을 말씀드리자면 책 한 권은 더 나올 것입니다. 특히 페이스북으로 함께 공감해주시고 소통해주신 분들께 감사드립니다. 이 책이 하늘에 계신 부모님의 은혜에 자그마한 보답이 되었으면 좋겠습니다.

중학생 시절부터 역사학자가 되겠다는 말을 했습니다. 고등학생 시절엔 한 방송에서 '꿋꿋한 역사의식을 가진 역사학자'가 장래희망이라고 대답했던 적도 있습니다. 그래서 이런 질문을 항상 되뇌며 스스로 반성하고자 합니다. "나는 지금, 부끄럽지 않은 역사학자인가?" 그것이 '현재'를 기록하고 살아가기 위한 역사학자의 기준일 것입니다.

2021년 10월
역사학자 주진오

차례

2장 만들어가는 역사

3장 참여하는 역사

4장 이어주는 역사

1장

식민 지배, 해방과 전쟁, 산업화와 민주화에 이르기까지 한국근현대사는 그 굴곡진 역사만큼이나 평가가 엇갈리는 사람들의 이야기로 가득합니다. 이 장에서 저는 그간 평면적인 평가에 머물러 왔던 역사적 인물들의 성과와 한계를 다각도로 짚어내고, 오늘날 우리의 현실에서도 숨 쉬는 인간으로 되살려내고자 했습니다. 일부 글에서는 당대의 중요한 인물을 두 사람씩 짝지어 비교하면서, 스토리의 극적인 대조를 보여주고 역사적 평가의 기준을 다시 마련해보고자 했습니다.

사람의 역사

독립운동가들의
'영웅화'보다 중요한 것

안중근과 이봉창의
평범하게 비범한 삶

농민을 진압하던 군인에서 '의사' 안중근으로

우리가 일반적으로 생각하는 독립운동가는 어떤 이미지인가요? 떡 벌어진 어깨에 결의에 찬 강인한 얼굴이 먼저 떠오릅니다. 그들은 태어날 때부터 남다릅니다. 대개는 마을 뒷산의 정기를 이어받고 자라났으며 어릴 때는 개구쟁이였을지라도 남다른 리더십이 있었습니다. 새벽에 뒷동산에 올라 떠오르는 태양을 바라보며 두 주먹을 불끈 쥐고 '왜놈들을 이 손으로 내쫓고 말거야'라고 다짐하는 어린이. 주로 위인전을 통해 형성된 이러한 이미지를 보면, 그들은 초인적인 용기와 결단력을 가지고 죽음을 두려워하지 않는 영

19

웅들로 묘사됩니다.

그에 비해 '나' 자신을 돌아보면 전혀 그들과는 비교가 되지 않는 평범한 삶을 살고 있습니다. 그런 '나'는 감히 독립운동가들이 살았던 삶을 살 수도 없고 그저 다른 영웅이 하는 행동에 박수나 치면 다행이라고만 생각합니다. 하지만 독립운동가 대부분은 사실 어린 시절에 대해서 알려진 바가 그리 많지 않습니다. 알려져 있더라도 반드시 대단한 이미지였던 것은 아닙니다.

안중근 의사를 살펴볼까요. 그는 향리 출신으로 무과에 진출한 집안에서 태어났다고 합니다. 공부를 그리 좋아하지 않아서 사서오경에는 이르지도 못했고 뛰어다니면서 노는 데 바빴다고 전해집니다. 그리고 스물다섯 살이 되던 1894년에 그는 아버지를 따라 동학농민혁명을 진압하는 데 가담합니다. 이때까지만 하더라도 그의 삶은 현재 우리가 가지고 있는 역사적 상식에 비추어 긍정적인 편이 아니었습니다.

그 후 교육운동을 하다가 1907년부터 의병에 가담했고 러시아 지역으로 가서 활동합니다. 물론 그렇다고 그가 그 지역 독립운동가의 대표인 것은 아니었습니다. 그러던 그가 1909년 10월 26일 하얼빈 역에서 이토 히로부미를 저격하고 극적인 영웅이 되었습니다. 그리고 재판과정을 거쳐서 1910년 2월에 사형 언도를 받고 3월에 집행이 되었습니다. 그의 나이 서른한 살이었습니다.

그럼 그가 이토를 처단했을 때, 국내에서 모두 환호를 불렀을까요? 그렇지 않았습니다. 이토의 죽음에 대해 '사죄사절단'을 구성해서 뤼순까지 간 사람들이 있었고 조의금을 모으는 대대적인 활동이 일어나기도 했습니다. 당시 국내에서 안중근에 대해 공개적으로 찬양하는 활동은 거의 나타나지 않았습니다. 오히려 이토를 죽인 것에 대해 대한제국이 일본의 식민지로 전락하는 것을 앞당겼다는 평가마저 나왔습니다.

그런데 이런 이야기를 하면 눈을 부릅뜨는 분들이 있습니다. 영웅 안중근을 부정적으로 바라본다고 말입니다. 하지만 안중근의 삶을 있는 그대로 바라보아야 그가 평범했던 사람에서 역사의 중심으로 서게 되는 과정이 보입니다. 그래야 지금은 아주 보잘것없어 보이는 나도 언젠가 세상에 도움이 되고 의미 있는 삶을 살 수 있다는 노력과 결심이 가능해집니다.

날라리 모던보이에서 '의사' 이봉창으로

이봉창을 살펴봅시다. 그가 처음 상하이 임시정부에 나타났을 때 사람들은 모두 그를 경계했다고 합니다. 우리말도 정확히 구사하지 못하고 일본말과 섞어서 썼으며, 당시 일본이 임시정부를 부를 때 쓰던 표현인 '가假정부'를 사용하는 등 도무지 정체를 알 수 없는 행동을 하는 인물이었기 때문입니다.

그는 사실 일본에 일찍 건너가서 일본인의 양자가 되어 이름

교과서에 실려 잘 알려진 이봉창 사진(오른쪽)과
어두운 표정의 또 다른 사진(왼쪽).
오른쪽 사진은 왼쪽 사진을 바탕으로
합성된 것이라 추정되고 있다.

도 '기노시타 쇼조'로 자진해서 바꾸었던 사람이었습니다. 그가
3·1운동으로 민족의식을 갖게 되었다는 것도 나중에 만들어낸 이
야기일 가능성이 높습니다. 그러니까 그는 초창기에는 일본인이
되고 싶어 애쓰던 철없는 청년이었던 것입니다.

그러던 그가 1928년 히로히토 천황의 즉위식을 보려고 오사
카에서 교토로 갔다가, 조선인이라는 이유로 유치장에 갇힌 뒤 자
의식에 극전 반전이 일어납니다. 아무리 일본인으로 살아가고 싶어
도 자신이 조선인이라는 사실을 버릴 수 없음을 깨달은 것입니다.

처음 상하이에 왔을 때의 그는 김구가 이끄는 한인애국단에
가입하는 것조차 쉽지 않았습니다. 하지만 그가 일본어를 잘하고
일본인들과 친교를 유지해왔던 것이 오히려 폭탄을 던지기 유리
한 위치까지 근접할 수 있는 기회가 되기도 했습니다. 그가 폭탄을
들고 있는 사진 대부분을 보면 환하게 웃고 있는데, 최근 연구에
의하면 본래는 어두운 표정으로 찍힌 사진이었지만 나중에 여기
에 웃는 얼굴의 사진을 합성한 것이라고 합니다.

게다가 이봉창이 도쿄로 돌아가 폭탄을 던지기까지 20일간의
기록은 우리가 기대하는 영웅의 모습과는 거리가 있습니다. 이봉
창의 행적에는 술 마시고, 영화 보고, 유곽에 드나들고, 골프를 치
며 소일하는 대목이 적지 않습니다.

"독립운동의 '영웅'과 식민지적 근대를 상징하는 인간형인 '모
던보이'는 어울리지 않는 상반된 이미지 같지만, 이봉창의 삶은 그

두 가지가 한 인간을 통해 복합적으로 드러날 수 있다는 사실을 잘 보여준다"는 배경식 선생님의 말씀은 새겨볼 만합니다.[1] 1901년 생이었던 이봉창은 1932년 안중근과 같은 나이였던 서른한 살에 일본 천황에게 폭탄을 던졌으나 실패하고 맙니다. 그리고 비밀 재판을 통해 사형 선고를 받고 10월 10일 짧은 생을 마감합니다.

안중근과 이봉창 두 사람의 의거는 분명 일제강점기를 뒤흔든 위대한 저항의 상징이자 행동이었습니다. 다만 이들의 행적을 지나치게 영웅적으로 묘사하기보다는 우리의 굴곡진 삶에 조금 더 밀착시켜 바라보는 작업이 필요하다 생각합니다. 한 사람의 인생은 살아가면서 많은 부침과 변화를 겪게 마련이니까요.*

---

*   2014년 8월 9일 페이스북

결과를 따질 것인가,
인생 전체를 평가할 것인가

―――――― 서재필과 윤치호,
운명을 바꾼 그들의 선택

갑신정변 행동대장 vs. 미국 공사관 통역관

개화파의 막내였던 서재필과 윤치호는 10대 후반부터 일본 유학을 거쳤고 1884년 갑신정변에 직간접적으로 참여했습니다. 두 사람은 당시 조선에서는 드물게 미국에 있는 대학교에 정식으로 진학했고 근대 서구문명의 영향을 직접적으로 받았습니다. 근대 지식인의 대표적 인물인 두 사람에 대한 평가는 오늘날 크게 엇갈립니다. 서재필은 독립유공자로서 국립묘지에 안장된 반면 윤치호는 친일파의 대표로 친일인명사전에 올랐습니다. 무엇이 두 사람을 극단적으로 다르게 만들었을까요?

1882년 19세였던 서재필은 문과 별시에 합격했으나 무관으로 과감히 변신해 일본의 도야마戶山 육군학교를 나온 후, 귀국하여 조련국 사관장에 보임되었다가 갑신정변에 적극적으로 참여했습니다. 정변 과정에서 고위 대신들을 살해하는 행동대장이었던 그는 결국 정변이 실패하면서 일본으로 향하는 망명길에 오릅니다.

　　한편 윤치호는 1881년 16세의 나이에 조사시찰단의 수행원으로 일본에 파견되었다가 그곳에 남아서 도진샤同人社에서 수학합니다. 그는 영어 공부를 시작한 지 4개월 만에 조선에 부임하는 초대 미국공사 푸트의 통역관으로 발탁되어 귀국합니다. 윤치호는 갑신정변 주도세력과 긴밀한 관계를 맺고 있었지만, 정변에 직접 참여하지는 않았습니다. 하지만 당시 김옥균 일파로 인식되고 있었기에 그는 중국으로 도피성 유학을 떠나게 됩니다.

　　정변 실패 후 일본에서 냉대를 받고 미국으로 떠난 서재필은 홀로서기를 감행했습니다. 그는 워싱턴 D.C.에서 야간 의과대학을 나와 1893년 마침내 의사 면허를 받습니다. 1890년에는 미국인으로 귀화하여 이름을 필립 제이슨Philip Jaisohn으로 바꾸고, 1894년에 미국인 여성과 결혼합니다. 그는 미국 주류사회에 완전히 편입되어 살아가려는 '아메리칸 드림'의 원조였습니다.

　　한편 윤치호는 1885년 초 중국 상하이 중서학원에서 유학을 시작했으며 1887년 세례를 받았습니다. 그는 1888년 미국 남감리교 선교부의 후원으로 밴더빌트와 에모리대학에서 신학과 인문학을 공부했습니다. 그는 미국 생활에 잘 적응했지만, 시민권 취득이나 국제결혼을 생각하지는 않았습니다. 유학을 마친 후에는 1893년 말 중국으로 돌아가 중서학원에서 교사 생활을 하다가 다음해 중국인 여성과 결혼했습니다.

《독립신문》의 발행인 vs. 계몽운동의 거목

서재필은 1894년 갑오개혁 정권이 고위직에 임명하면서 귀국을 요청했으나 수락하지 않다가, 마침내 1895년 12월에 귀국합니다. 그는 미국인 필립 제이슨의 신분으로서 김홍집 – 유길준 정부에 의해 중추원 고문관에 취임했습니다. 아관파천을 겪었지만 오히려 친미적 성향을 보인 인사들의 우대를 받으며 1896년 4월 7일《독립신문》을 창간했습니다. 또한 그해 7월에는 독립협회를 조직하는 데 고문 역할을 했습니다.

그러나 서재필은 1897년 후반 러시아의 만주 침략과 조선 진출 정책이 강화되자 반러시아적 입장을 드러내다가 중추원 고문에서 해고되어 미국으로 돌아갔습니다. 그는 당시 자신이 철저하게 미국인이라는 것을 내세웠습니다. 이름을 한글로 표현할 때는 서재필이 아니라 제손 박사 또는 '피제선皮堤仙'이라고 했습니다.

한편 윤치호는 갑오개혁 이후 귀국하여 학부협판이 됩니다. 그는 중립적인 태도를 취하려고 노력했으나 자연스럽게 구미 열강과 가까운 세력으로 분류됐고, 을미사변으로 미국 공사관에서 피신 생활을 해야 했습니다. 그러던 중 아관파천이 일어나자 권력의 핵심으로 진출했고 고종의 특사로서 러시아의 니콜라이 2세 대관식에 다녀옵니다. 따라서 독립협회 창립에는 참가할 수 없었지만, 귀국 후 그는 부회장에 취임하면서 독립협회를 계몽단체로 개조했습니다.

윤치호는 서재필이 떠난 후 독립신문을 운영했고, 이완용에 이어 1898년 8월부터 독립협회 회장을 맡아 이후 전개되었던 정치개혁 운동을 실질적으로 주도했습니다. 하지만 자신의 의도와는 달리 독립협회가 주도했던 만민공동회가 정부와 폭력투쟁을 벌이다가 강제 해산되는 일이 발생했습니다. 결국 그는 정부의 제안을 받아들여 지방관으로 떠남으로써 독립협회 회원들로부터 비난을 받기도 했습니다.

서재필은 미국으로 돌아간 후 대한제국으로부터 받은 자금을 바탕으로 필라델피아에서 사업을 시작했습니다. 그 후 20년 동안 조선 문제에 거의 관심을 두지 않았던 서재필은, 국내에서 3·1운동이 일어났다는 소식이 전해지자 필라델피아에서 한인연합대회를 개최하고 의장직을 수행했습니다. 그 후 일본의 만행을 폭로하며 독립 의지를 표현하는 잡지와 책자를 발행했습니다. 1921년 11월 워싱턴에서 열리는 태평양 군축회의에서 조선 문제를 상정하려고 노력하다가 실패하자 항일활동을 마감했습니다.

윤치호는 1904년 중앙정계에 복귀했으나, 대한제국이 보호국으로 전락한 후 다시는 관직에 나가지 않고 계몽운동에 뛰어듭니다. 그는 대한자강회의 회장이었고 개성에 한영서원을 설립했으며 안창호와 협력해 대성학교 교장과 청년학우회 회장을 맡았고 YMCA 운동을 주도했습니다. 1912년에는 105인 사건으로 투옥되어 3년간의 옥고를 치르기도 했습니다.

당시 윤치호에 대한 조선인들의 기대는 매우 컸습니다. 그러나 그는 3·1운동을 전후하여 파리 강화회의 대표, 대한민국 임시정부 참여, 워싱턴 군축회의 참가, 미국 망명 등 모든 요청을 거부했습니다. 그는 열강이 조선을 도와 일본과 싸울 의사가 없다는 것을 잘 알고 있었습니다. 따라서 3·1운동이 일어났을 때는 이를 반대하기까지 했습니다.

그는 일본의 통치정책에 대해서는 반감을 품었지만 조선인들이 독립을 쟁취할 능력이 없다고 보았습니다. 설령 독립되었다 하더라도 이를 유지해나갈 수 있는 능력이 없는 민족으로 간주하고 있었습니다. 그는 모든 형태의 독립운동을 부정하고 민족성 개조를 통한 민족역량을 기르는 것이 중요하다고 생각했습니다.

미국인으로 산 서재필 vs. 일본인이 된 윤치호

서재필은 1922년부터 1927년까지 갑자기 국내 일간지와 잡지 등

에 다시 등장하여 식민지배에 순응할 것을 권유합니다. 그는 식민
지화의 책임을 전적으로 대한제국 지배층의 무능과 민중의 무지
에서 찾았고, 독립운동과 같은 정치적 활동보다는 경제적 활동에
주력할 것을 권고했습니다. 아울러 그가 1937년부터 1년간 미주
한인 2세를 위해《신한민보》에 영문으로 기고했던 'MY DAYS IN
KOREA(나의 조선 시절)'를 보면 대부분 조선왕조의 무능과 부패를
비판하고 개화파를 정당화하면서 오히려 일본을 매우 높이 평가
했음을 알 수 있습니다. 그러던 중 태평양전쟁이 일어나자 그는 일
본과 맞서 싸우는 미국 시민으로서 다시 반일로 돌아섭니다.

　한편 윤치호는 국내의 다양한 사회단체와 교육기관에서 주도
적으로 활동했습니다. 그러다가 일본의 대륙 침략이 시작되고 내
선일체 정책이 강화되는 시기에 적극적인 친일 활동을 시작합니
다. 그는 자신이 '일본 국민'이라는 전제 하에 한국 기독교의 '일본
화'를 주도했으며 친일단체의 핵심 인물로 활동했습니다. 1945년
에는 마침내 일본 귀족원 칙선의원에까지 선임되었습니다.

　윤치호의 친일은 일제의 탄압에 따른 것이 아니라 나름대로
주관적인 확신에 따른 것이었습니다. 그는 당시의 조건 속에서 조
선 민족이 할 수 있는 현명한 선택이란 강대국인 일본을 따르는 것
이라고 보았습니다. 그는 일본이 서구 열강에게 승리한 것을 아시
아인이 백인의 인종차별주의를 이긴 것으로 보고 열광했습니다.
그는 철저한 반공주의자로서 일본이 소련에 승리하기를 기원했습

니다. 나아가 내선일체를 통해 민족차별 정책이 철폐될 것이라 기대하고 있었습니다.

1945년 해방이 되었을 때, 윤치호는 더 이상 공적 활동을 하지 않았지만 죽기 몇 달 전 미군정과 이승만에게 〈한 노인의 명상록〉이라는 편지를 보냈습니다. 거기서 그는 한국에는 민주주의가 불가능하며 공산주의에 대해 반대한다는 것, 그리고 조선의 해방은 항일민족운동의 결과가 아니라 연합국의 승리를 통해 이루어진 것이며 친일파를 사면하여 민족단결을 이루자고 호소하고 있습니다.

윤치호가 1945년 12월 사망했으므로 1947년 7월 미군정 고문으로 귀국한 서재필과의 재회는 영원히 이루어지지 못했습니다. 서재필은 점령국 미국의 시민으로서 미군정 고문으로 있었고 극진한 대우를 받았습니다. 대한민국이 수립되는 과정에서 그를 대통령으로 추대하는 세력도 있었습니다. 그는 이승만의 단정 노선에 대해 반대하면서 통일국가 수립을 주장했습니다. 하지만 결국 고국에 머무르기보다는 미국으로 돌아가는 것을 택했습니다.

결과를 따질 것인가, 인생 전체를 평가할 것인가

서재필은 전 생애에 걸쳐 새로운 도전에 직면하며 열정적으로 대응했습니다. 그는 어느 누구도 따라 하기 힘들 만큼 도전과 성취를 이루어낸 사람입니다. 그러나 자신은 항상 안전지대에 머물면서 다른 사람들에게 투쟁과 희생을 요구하던 사람이기도 했습니다. 그에게서 민족의 지도자가 지녀야 할 희생적 자세를 찾아보기는 어렵습니다.

사실 그가 서재필로 산 것은 불과 27세까지였고 나머지는 필립 제이슨으로 살았습니다. 그는 한국인으로서의 정체성을 스스로 버린 사람이었습니다. 심지어 그는 해방 후 부모의 묘소조차 참배하지 않았습니다. 그의 묘지명에는 분명히 '필립 제이슨'이라고 적혀 있습니다. 따라서 필립 제이슨으로서의 삶이 담긴 유해를 억지로 국내로 모셔와 국립 현충원에 안장하는 것은 분명 그가 원치 않는 일일 것입니다.

반면에 윤치호는 모든 판단에 있어 지나치게 신중했고 근대 시민윤리를 실천하려고 노력했습니다. 많은 고난을 겪으면서 국내에서 교육과 종교 활동을 통해 조선인들의 민족성을 개조하여 근대 국민으로 발전할 것을 희망했습니다. 그는 안창호를 누구보다 아끼고 후원한 사람이었습니다. 하지만 그는 당시 조선인들이 필요로 한 민족 저항의 지도자가 되는 길을 거부하고 결국은 친일파를 대표하는 인물이 되었습니다.

두 사람이 함께 활동한 기간은 합해서 5년이 채 안 되지만 이들은 대체로 비슷한 문제의식을 느끼고 같은 입장에서 행동했습니다. 서로 다른 공간에 살았지만, 두 사람이 식민지 조선을 바라보는 시각과 일본에 대한 선망과 동경도 비슷했습니다. 그러나 서재필은 긴 세월을 미국인으로, 윤치호는 일본인으로 살았습니다. 그 결과 오늘날 서재필은 과분한 대우를 받고 있고 윤치호는 매도의 대상이 되고 있습니다.

윤치호의 친일을 옹호할 마음은 없지만, 그것만으로 그의 인생을 단죄하기에는 안타깝다는 연민의 심정이 듭니다. 하지만 그의 친일을 '협력' 또는 '친일 민족주의'라고 정당화하는 데는 동의할 수 없습니다. 한 인물의 굴곡에 찬 긴 인생을 한마디로 규정하는 것이 얼마나 어려운 일인가를 역사학자에 앞서 한 인간으로서 더욱 깊이 새기게 됩니다.*

*   2012년 10월 22일 서울신문

독립운동의 물줄기를 가른
형제의 난

———————— 이승만은 살아남고
박용만은 잊힌 이유

옥중 결의형제, 미국 유학을 떠나다

대한민국 초대 대통령 이승만을 모르는 사람은 없을 것입니다. 하지만 박용만을 기억하는 사람들은 많지 않습니다. 두 사람은 절친한 동지였고 미국에서 유학한 뒤 독립운동의 지도자 역할을 했지만, 노선의 차이로 완전히 결별하게 되었습니다. 이승만의 '외교론'은 조선의 힘으로는 독립이 어려우니 열강과의 외교 교섭을 통해 그들이 조선을 독립시켜주도록 하자는 논리였습니다. 하지만 박용만의 '무장투쟁론'은 체계적으로 군사력을 양성해서 일본과 무력항쟁을 벌일 준비를 해 나가자는 것이었습니다. 이승만은

4·19혁명의 결과 하와이로 쫓겨난 뒤, 비서에게 자신의 일생에서 가장 힘겨웠던 상대는 바로 박용만이었다고 회고했습니다.

이승만은 몰락한 양반 출신으로 배재학당을 다니다 1898년 독립협회가 주최한 만민공동회를 통해 일약 청년 지도자로 부각되었습니다. 그런데 다음 해에 박영효 세력들이 꾸민 역모사건에 가담한 혐의로 투옥됩니다. 탈옥을 감행했다가 체포되어 죄가 가중되면서 종신형을 선고받았습니다. 그러나 선교사들의 주선으로 1904년 특별사면을 받고 감옥을 나왔습니다.

박용만은 관립일어학교를 다니다가 관비 유학생으로 일본에 다녀왔는데, 1901년 귀국 후 박영효와 연루되었다는 죄목으로 감옥생활을 몇 개월 하고 나왔습니다. 그는 상동교회를 중심으로 활동하면서 1904년 일제의 황무지 개척권 요구에 반대하다가 다시 감옥생활을 했는데, 바로 이때 이승만과 만나 옥중 의형제를 맺었습니다.

1904년 출옥한 지 몇 달 뒤에 미국으로 떠난 이승만은 루스벨트 대통령을 만납니다. 이때 그는 기자들에게, 자신은 일진회의 대표로 왔고 대한제국 국민은 고종을 지지하지 않으며 러시아보다는 일본에 더 우호적이라고 말합니다.

한국의 독립을 청원하는 외교 임무에 실패한 후 이승만은 워싱턴 D.C.의 유력한 장로교 목사의 추천으로 조지워싱턴대학에 들어갑니다. 이후 학업을 충실하게 수행하지 않았음에도 무사히 졸업하고 하버드대학 석사과정에 입학합니다. 그는 2년 만에 박사학위를 달라고 우겼지만, 성적 불량으로 석사도 마치지 못합니다. 그리고 또다시 프린스턴대학 박사과정에 입학하여 2년 만에 파격적으로 학위를 받습니다.

그는 박사학위를 받을 무렵, 하버드대학에 석사학위를 달라고 요청하여 계절학기 수업 하나를 이수하는 조건으로 학위를 받았습니다. 이런 식으로 억지를 부려 취득한 학위는 평생 그의 권위를 뒷받침해주었습니다. 그는 1908년에 일어난 '장인환·전명운의 스티븐스 저격 사건'[2] 재판 통역을 맡아 달라는 부탁을 거절하여 한인사회의 거센 비난을 받기도 했습니다.

한편 박용만은 주로 미국 중부의 네브래스카와 콜로라도를 근거지로 삼고 미국으로 오는 조선인들에게 숙소를 제공하고 일자리를 주선하면서 청년들을 규합했습니다. 그는 네브래스카주립대학에 입학했는데, 그 이유는 이 대학에 좋은 ROTC 프로그램이 있어 군사훈련을 받을 수 있었기 때문입니다. 그는 한인소년병학교를 창립, 젊은 학생들이 학기 중에는 학교에서 공부하다가 여름방학에 입소하여 8주간의 군사훈련을 받게 했습니다. 그 후 헤이스팅스대학에서 기숙사와 학교 시설을 제공받아 한인소년병학교를 이전하여 규모를 확대시켰습니다. 이 학교는 일본의 항의로 1914년 폐교될 때까지 6년간 90여 명의 생도를 훈련시켰습니다.

여러 단체로 분립되어 있던 미주 지역의 한인 조직들은 마침내 1910년 대한인국민회(국민회)로 통합되었습니다. 박용만은 이 때 '백성은 있으나 토지가 없어 남의 토지 위에 만든 국가'라는 의미의 '무형국가無形國家'를 조직하기 위해 1911년 신한민보 주필에 취임했습니다. 그는 샌프란시스코로 가서 중앙총회를 설립하는 데 전력합니다. 그가 주도한 헌장은 사실상의 헌법으로 국민회 중앙총회가 해외 한인의 대표기구이면서, 대한제국을 대신한 민주주의 정부임을 분명히 밝혔습니다. 이는 한국 역사에서 처음으로 나타난 '공화주의 선언'이었습니다.

한편 이승만은 1910년 귀국하여 신변보장을 받으며 YMCA에서 종교활동과 교육활동에만 전념했습니다. 그러던 중 105인 사건이 터지자 위협을 느낀 그는 선교사의 도움을 받아 1912년 세계 감리교대회에 조선 대표로 선발되어 다시 미국으로 향합니다. 그런데 그는 미국에 도착한 후 일본의 조선 통치를 비판하기는커녕 워싱턴포스트와의 인터뷰에서 "지난 3년 사이에 한국은 전통이 지배하는 느림보 사회에서 활발하고 웅성대는 산업경제의 중심으로 변모했다"며 오히려 찬양했습니다.

하와이에서의 결투

당시 하와이는 미국에서 조선인들이 가장 많이 사는 지역이었습니다. 노동자로서 이민을 통해 들어온 이들은 자신들을 지도해줄 사람으로 박용만을 초청했습니다. 박용만은 1912년 말에 성대한 환영식을 치르고 본격적으로 하와이에서 자치제도를 실현하고자 했습니다. 그는 하와이 한인지방총회를 법인으로 등록하고 특별경찰권을 인정받았습니다. 그리고 국민의무금제를 도입해 재정을 강화하고 이를 바탕으로 여러 사업을 추진했습니다. 특히 그는 1914년 앞으로 독립전쟁을 수행할 군사력을 양성하기 위한 대조선 국민군단과 장교 양성을 위한 사관학교를 설립했습니다. 교민들은 노동하는 틈틈이 군사훈련을 실시하는 등 대한제국군인 출신의 교관들이 주도하는 체계적인 훈련을 받을 수 있었습니다.

미국에 왔다가 귀국을 포기하여 오갈 데 없던 이승만을 하와이로 초청해준 이는 박용만이었습니다. 그는 1913년 이승만이 호놀룰루에 도착하자 성대한 환영행사를 열어주었습니다. 그리고 이승만이 창간한 《태평양잡지》를 후원했습니다. 그러나 파국은 곧 시작되었습니다. 문제는 주도권과 돈 때문이었습니다. 이승만은 여자 기숙사를 짓겠다며 모금을 시작했으나 여의치 않자, 국민회의 부지를 자신의 이름으로 이전시켜 달라는 등 무리한 요구를 했습니다. 그러나 국민회가 이를 수용하지 않자 다음 해에는 하와이 지방총회를 장악하려 했습니다. 그는 국민회를 강하게 공개 비판하고 각 지역을 돌며 추종자들을 모아 박용만 지지파에게 테러를 자행하면서 국민회를 장악합니다.

이때 박용만은 1915년 샌프란시스코에서 치러진 국민회 중

1913년 2월 하와이 호놀룰루 기차역 앞에 선
이승만(왼쪽)과 박용만(오른쪽).
이때만 해도 박용만은 이승만을 환영하는
성대한 행사를 치러줬지만, 얼마 지나지 않아
둘의 사이는 파국으로 치달았다.

앙총회 선거에서 부회장에 당선되었습니다. 회장으로 당선된 안창
호는 이승만을 만나 평화적으로 분쟁을 해결하기 위해 하와이를
직접 방문했습니다. 그러나 이승만은 그를 피해 넉 달간이나 잠적
해버렸고 안창호는 아무 성과를 거두지 못하고 떠나야 했습니다.
이승만의 탐욕은 국민회와 박용만이 심혈을 기울여 이룩해 놓은
조직과 재정을 송두리째 파탄 냈습니다. 결국 하와이 한인의 최고
기관이자 자치정부로 자리 잡아가던 국민회는 이승만 개인의 왕
국으로 전락하고 말았습니다. 이때 이승만은 1916년 10월 하와이
현지 신문에 자신은 반일교육을 하고 있지 않으며 한인사회에서
어떤 반일적 언급도 하지 않도록 통제하고 있다는 기고문을 실었
습니다.

그 후 1918년 회계감사에서 이승만의 부정이 드러나자 유혈
사태로까지 발전했고 이승만은 자신에게 문제제기를 하는 인사들
을 폭동죄 및 살인미수 혐의로 고발했습니다. 이승만은 법정에서
그들이 '박용만 패당이며 미국 영토에 한국인 군대를 만들어 위험
한 반일 행동을 하고 일본 함선을 파괴하려는 무리'라고 증언했습
니다. 그러나 결국 모두 모함이라는 것이 판명되고 살인미수 혐의
는 기각되었습니다. 그는 자신의 부정행위를 감추기 위해 항일운
동의 성과를 해치는 것마저 서슴지 않았습니다. 결국 참다못한 박
용만은 1918년 이승만의 독선과 야욕을 비판하며 새로운 조직을
만들어 하와이 한인사회는 양분되고 말았습니다.

이승만은 살아남고 박용만은 잊힌 이유

이승만은 3·1운동 이후 각지에서 임시정부 수립안이 나오자, 이를 수렴하는 과정에서 대통령을 자임하였고 이를 승인하도록 밀고 나갔습니다. 그리고 국채발행권을 고집하면서 구미위원부를 만들어 상하이에서의 집무를 거부했습니다. 그가 상하이에 나타난 것은 1920년 12월부터 1921년 5월까지에 불과했으며 그나마 위임통치 건의에 대한 비판에 직면하여 갈등만 벌이고 몰래 돌아갔습니다. 이승만은 궁지에 몰리자 자신이 배신했던 박용만에게 편지를 보내 도와 달라고 요청하는 강심장의 소유자였습니다.

하지만 박용만은 3·1운동이 일어나자 블라디보스토크를 비롯한 많은 지역을 다니면서 무장투쟁세력을 규합하고 있었습니다. 그는 상하이 임시정부의 외무총장에 선임되었으나, 자신은 '군사노선을 가지고 있기 때문에 취임을 거부한다'고 밝혔습니다. 베이징을 거점으로 이회영, 신채호 등과 함께 1921년 군사통일회의를 개최했고, 이승만과 상하이 임시정부를 강력하게 비판했습니다.

그 후 군사기지 건설 자금을 모으고 중국 군벌들의 지원을 받아 군사력을 양성하기 위해 노력하던 그는 1928년 친일파라는 누명을 쓰고 살해되었습니다. 하지만 지금까지도 그가 친일행위를 했다는 뚜렷한 증거는 나오지 않고 있습니다. 독립운동 노선의 차이에 의한 참극이었을 것으로 이해되고 있습니다.

한편 이승만은 1941년 태평양전쟁이 일어나자 미국 측에 한인 군사부대 창설을 제안합니다. 박용만이 오래전부터 주장해 1910년대부터 준비했지만 이승만에 의해 뿌리가 뽑힌 노선이었습니다. 이승만의 방해와 파괴공작이 없었다면 박용만이 양성했던 조선인 군사력은 태평양전쟁에 참전하여 훌륭히 제 역할을 해낼 것이었습니다. 또한 해방 이후 승전국의 대우도 받을 수 있었을 것이라는 아쉬움이 남습니다. 결국 박용만은 이승만과의 대립, 나아가 노선이 달랐던 상하이 임시정부와의 갈등으로 우리의 독립운동사에서 설 자리를 잃고 잊혀버린 존재가 되고 말았습니다.*

*   2012년 12월 3일 서울신문

서재필은 독립운동을
대표할 수 있는가?

서재필의 업적과 관련한
역사지식 바로잡기

순국선열 유해, 원칙 따라 송환해야

1993년부터 정부가 해외에 쓸쓸히 잠들어 있는 순국선열의 유해
를 송환하는 사업을 펼치고 있습니다. 이는 매우 바람직한 일로 생
각되며 꾸준히 추진되기를 바랍니다. 하지만 이 사업을 올바로 진
행하기 위해서는 최근의 연구 성과를 중심으로 먼저 충실한 조사
작업을 해야 하며 분명한 원칙과 우선순위가 있어야 할 것이라 생
각됩니다. 그렇지 않으면 독립유공자 선정기준을 두고 논쟁이 일
어나는 등 사업 추진이 곤란을 겪을 수 있습니다. 어떻게 우선순위
를 정하고 원칙을 적용해야 할까요?

첫 번째로는 일제에 직접 맞서다 숨졌거나 투옥된 경험이 있었던 분입니다. 그 가운데서도 현지에 유족이 살지 않아 방치되어 있는 분이 가장 먼저 송환 대상이 되어야 할 것입니다. 두 번째로는 다양한 민족해방운동 단체에서 활동하다가 자연사한 분이 될 것입니다. 반면에 일시적으로 민족해방운동을 하다가 중간에 포기하거나, 자의로 국적을 바꾼 경우는 사업추진 대상에서 제외해야 합니다.

그런 기준에서 볼 때 이번 송환 대상에 서재필이 포함되었다는 것은 재고의 여지가 있어 보입니다. 그는 위에서 언급한 제외 대상에 해당하기 때문입니다. 서재필은 1890년 자의에 의해 미국으로 귀화한 이후 죽을 때까지 61년 동안을 미국인으로 자처했습니다. 이름뿐 아니라 성까지도 고쳐 '필립 제이슨'이라고 했습니다. 심지어 그는 당시 자기 이름을 한글로 쓰는 경우에도 서재필이 아닌 '피제손'이라 하였습니다(독립협회 회보 1호). 물론 그의 묘비명 역시 필립 제이슨으로 쓰여 있습니다.

그가 미국인이 된 뒤 모국에 돌아와 활동을 한 것은 1895년부터 1898년, 1947년부터 1948년 두 차례에 걸쳐 5년이 채 되지 않습니다. 이때도 그는 약소국인 조선 백성으로 돌아오는 것보다 강대국인 미국 시민으로 행세하는 것이 훨씬 유리함을 알았고 이를 충분히 활용했습니다. 1차 귀국 때 30살도 안 되었던 그는 미국인 자격으로 고문관이 되었으며 봉급도 의정대신과 같은 액수를 받

있습니다. 그리고 계약기간 이전에 해고되어 미국으로 돌아갈 때도, 대한제국 정부를 위협하여 남은 계약기간의 봉급은 물론 많은 액수의 여비까지 받아낸 것으로 조선과 미국 공사 간에 오간 외교 문서가 밝히고 있습니다. 이런 행동은 당시 정부가 고용했던 외국인들이 하는 짓을 그대로 본 딴 것이었습니다.

그가 미국에 돌아간 뒤 1919년까지 사업에 열중하는 동안 과연 식민지가 된 조국 문제에 대해 관심을 기울였는지 그 흔적을 찾아보기가 어렵습니다. 그러던 그는 국내에서 3·1운동이 일어난 소식을 듣고 갑자기 필라델피아에서 한인대회를 주관했습니다. 대회 의사록에 따르면 이때도 그는 집회에 앞서서 애국가가 아닌 미국 국가를 부르도록 했으며 아주 사소한 사안이라도 미국의 이해관계에 상충하는 언동을 하면 의장직을 사임하겠다고 강조했습니다.

1921년 아시아·태평양 지역의 현안을 논의하기 위해 열린 워싱턴회의에, 서재필은 이승만이 주도하는 외교 독립운동의 노선에서 한국 대표단으로서 참석을 시도했습니다. 그러나 처음부터 제국주의 열강끼리의 협조를 위해 개최된 이 회의에서 미국이 조선 문제를 거론할 리는 없었습니다. 회의 직후 서재필은 모든 사업을 정지한다는 선언을 했고 그 뒤 어떠한 운동에도 관여하지 않았습니다. 따라서 그는 한때나마 민족해방운동과 관계를 맺었던 사람이라 할 수 있습니다.

그러나 일반적으로 알려진 것처럼 이때의 활동이 서재필 개인의 재산으로 이루어졌고 그 때문에 빈털터리가 되었다고 볼 수는 없습니다. 당시 미주 지역에서 고생하며 살던 동포들의 헌신적인 모금이 운동의 수입원이었습니다. 그리고 그가 활동을 정지한 것은 1922년이었으나 그의 회사는 1925년까지 영업을 계속하고 있었습니다.

저는 여기서 그의 역사적 역할을 전적으로 부인하고 싶지는 않습니다. 그는 《독립신문》을 통한 계몽활동을 했다는 점에서, 3·1운동 이후 미주 지역에서 항일운동에 관계했다는 점에서 일정한 의의가 있습니다. 따라서 돌보는 사람 없는 서재필의 유해를 그와 관련이 있는 가문이나 언론계 등의 단체에서 개별적으로 송환하는 사업을 추진할 수는 있을 것입니다. 그러나 정부가 이 일을 담당해야만 하는 것은 아니라고 생각합니다.

우리는 역사 속에서 얼마든지 편안하게 살 수 있었는데도 '무모하게' 항일투쟁을 전개해온 사람들을 보게 됩니다. 반면에 한때 민족을 위한 태도를 견지했다가 후에 변절해버린 사람들도 보게 됩니다. 그 가운데는 인간의 한계를 초월하는 고문과 탄압으로 인해 그 전에 이룩했던 모든 성과를 무로 돌린 채 준엄한 역사적 심판을 받았던 사람들도 많이 있습니다.

서재필의 경우 조선인으로 살아갔다면 과연 어느 쪽에 속했을까요? 안전지대에서 강대국 시민으로 보호를 받으며 살면서 특별한 과오를 범하지 않았으면 나중에 존경받는 인물이 될 수 있는 것일까요? 그렇다면 지하에서 그렇게 하지 못한 것을 후회할 분들이 너무도 많지 않을까요? 정부가 순국선열 유해를 모셔오는 이유는 한 인간이 자신을 위해서가 아니라 나라를 위해 삶을 살았을 때 언젠가는 역사에 길이 남을 수 있다는 것을 국민에게 보여주기 위해서가 아니겠습니까? 따라서 거기에는 확실한 원칙과 우선순위가 있어야만 하는 것입니다.*

독립문에 대한 오해와 진실

서대문독립공원의 독립문과 서재필의 동상은 독립운동의 상징이 될 수 없다는 지적이 나오고 있습니다. 현재 서대문독립공원에는 독립문과 독립관, 서재필 동상 등이 서 있어서 1896년부터 1898년까지 활동했던 독립협회의 역사를 돌아볼 수 있습니다. 그런데 독립문에 대한 일반적 상식에는 많은 오해가 있습니다.

지금도 독립문을 소개하는 여러 인터넷 정보나 보도자료를 살펴보면 다음과 같은 내용이 나옵니다. "1895년(고종 32년) 2월 미국에서 귀국한 서재필 박사가 조직한 독립협회를 중심으로 사대주의의 상징인 영은문을 헐고, 그 자리에 우리나라가 중국, 일본, 러시아와 그 밖의 서구 열강과 같은 자주독립국임을 국내외에 선포하기 위해 독립문을 건립하기로 하고, 1896년 7월부터 최초로 전국민적인 모금운동을 벌여 이 성금으로 공사를 시작했다." 그러나

1장 ∘ 사람의 역사

속방외교의 상징이었던 영은문(위쪽)과
헐린 영은문의 기둥 뒤에 세워진 독립문(아래쪽).

이 내용에는 틀린 부분이 많습니다.

첫째, 독립협회는 서재필이 조직한 단체라고 할 수 없습니다. 서재필이 아이디어를 제공한 것은 사실이라고 할 수 있지만, 독립협회를 조직한 것은 이완용을 비롯한 관료들입니다. 특히 이완용은 당시 자신이 대신으로 있던 외부에서 독립협회의 창립총회를 거행했고 건립위원장을 맡았습니다. 그 후 이완용은 2대 회장을 지내기도 했습니다. 우리에게 중요한 것은 이완용이 왜 나중에 친일파로 돌아섰는지를 올바로 이해하는 것이지, 있었던 역사마저 지워버리는 것은 아닙니다.

둘째, 독립협회가 영은문을 헐고 그 자리에 독립문을 건립한 것이 아닙니다. 영은문은 중국의 사신이 서울로 들어올 때 맞는 문으로서 속방외교의 상징이었는데, 이미 청일전쟁으로 서울에 침입한 일본군이 헐어버려 독립문 건립 당시에는 아래 기둥만 남아 있었습니다. 그러니까 독립협회는 영은문이 '헐린 자리'에 독립문을 세운 것입니다.

셋째, 독립문의 건립 목적은 조선이 여러 열강과 같은 자주독립국임을 선포하기 위해서라고 하기 어렵습니다. 독립문 건립이 발기되던 1896년 7월, 고종은 러시아공사관에 피신해 있었기 때문에 그럴 수 있는 상황이 아니었습니다. 독립문의 건립은 어디까지나 '중국으로부터의 독립을 기념한다'는 취지였습니다. 이는 일본의 논리에 말려들어간 것이기도 했습니다. 조선은 '이미' 독립국이었습니다. 일본은 조선을 청으로부터 독립시켜주었다고 선전했지만, 실은 청을 몰아낸 후 조선을 보호국으로 만들려다가 아관파천으로 좌절되었던 것입니다. 따라서 독립협회가 말한 독립은 일제강점기 하의 독립운동과는 의미가 다릅니다. 그러므로 독립공원 내에 복원된 독립관에 일제 하 독립운동으로 순국하신 선열들의 위패를 봉안하고 있는 것은 옳지 않습니다.

넷째,《독립신문》과 관련된 서재필의 업적이 과대평가되고 있습니다.《독립신문》발행은 갑오개혁 시기에 정부가 추진한 사업으로 일본의 방해를 막기 위해 미국인 서재필에게 진행을 맡긴 것이었습니다. 아관파천으로 정부가 바뀌었지만, 새 정부도 전적인 지원을 하여 모든 비용을 댔고 모든 관공서가《독립신문》을 구독하도록 했습니다. 서재필은 당시 미국인 필립 제이슨, 한국명 '피제손'으로 활동했습니다. 정부가 모든 비용을 부담했음에도 그는 《독립신문》을 자신의 소유로 등록했고 1898년 미국으로 돌아가면서 일본에 팔려고 했던 것은 비판받아야 마땅합니다.[**]

'신문의 날'을 바로잡아야 하는 이유

1957년 한국신문방송편집인협회는 최초의 민간 한글신문이라는 점을 들며《독립신문》창간일인 1896년 4월 7일을 '신문의 날'로 정했습니다. 하지만 신문의 날은《한성순보》가 창간된 1883년

10월 1일로 보아야 합니다. 그 이유는 다음과 같습니다.

첫째, 대개 '최초'와 '연원'을 따질 때에는 조금만 관계가 있으면 시점을 위로 끌고 올라가는 것이 일반적인데, 신문의 경우에만 오히려 13년이나 끌어내리고 있는 것이 이상합니다. 그리고 《한성순보》는 비록 정부에서 발행했고 한문으로 펴낸 신문이긴 하지만 박영효를 비롯한 국내 개화파들에 의해 추진되었던 신문임에 틀림이 없습니다.

둘째, 한국 최초의 한글 신문은 많이 알려지지는 않았지만, 일본인들이 1895년 2월에 창간했던 《한성신보》였습니다. 《독립신문》이 3면을 한글로, 1면을 영어로 발행한 것도, 바로 《한성신보》가 3면을 일어로, 1면을 한글로 발행했던 것을 모방한 것입니다. 그럼에도 불구하고 많은 사람들에게 《독립신문》이 최초의 한글신문이라고 여겨지는 것은 한국인이 발행했다는 이유 때문입니다. 하지만 엄격히 말해서 독립신문은 한국인 서재필이 아니라 한국계 미국인 피제손이 발행한 신문입니다. 실제로 당시 《매일신문》에서는 《독립신문》을 미국인이 발행하는 신문이라고 지칭하기도 했습니다.

셋째, 인터넷 정보를 보면 《한성순보》가 창간된 1883년 10월 1일을 양력으로 바꾸어 10월 30일이나 31일이라고 칭하는 경우가 있는데 굳이 그럴 필요는 없을 것이라고 생각합니다. 다른 기념일의 경우에도 음력을 그대로 양력으로 쓰는 경우가 많기 때문입니다. 따라서 앞으로 한국에서 '신문의 날'은 10월 1일로 기념하는 것이 바람직합니다.***

*   1993년 7월 30일 한국일보
**   2010년 5월 17일 한국일보
***   2013년 4월 7일 페이스북

박정희 대통령을
어떻게 기억할 것인가?

반성 없는
일방적 찬양에 반대하며

박정희기념관 국고 지원 철회할 때

2002년 4월 서울 상암 월드컵경기장 근처에서는 기공식조차 갖지 않고 박정희기념관 공사가 몰래 진행되고 있었습니다. 공사 현장에는 국고가 200억 원이나 들어가는 사업임에도 불구하고 공사명을 알리는 간판조차 붙어 있지 않았습니다.

　공사 규모는 당초 2,500평으로 짓겠다고 했으나 곧 4분의 1밖에 안 되는 650평으로 줄어들었습니다. 그 이유는 500억 원을 장담했던 국민모금 액수가 2002년 4월까지 3퍼센트 정도인 15억 원 정도밖에 되지 않았기 때문입니다. 그나마 기금을 낸 사람들의

53

명단조차 공개하지 못하고 있습니다. 따라서 500억 원을 모아 일부는 상암동에 기념관을 짓고 나머지로는 경북 구미에 생가를 복원하겠다던 약속도 지킬 수 없게 되었습니다.

기념사업회의 호언장담과 달리 대부분의 국민은 박정희기념관 건립에 대해 매우 부정적이라는 점을 알 수 있습니다. 또 기념사업회가 중심이 되어 국민모금을 통해 진행하는 기념관 건립사업을 국고로 지원한다는 본래의 취지는 사라졌습니다. 이제 거의 전적으로 국고에 의존한 공사가 되고 만 것입니다. 그렇다면 마땅히 국고로 환수되어야 함에도 불구하고 1차 년도 105억 원에 이어, 작년에도 100억 원이 지출되었습니다. 이를 바로잡지 않으면 국고 낭비의 전형이 될 것입니다.

그동안 역사학계에서는 박정희기념관의 건립에 대해 반대하면서도, 대통령을 역임한 이들에 대한 공정하고 객관적인 평가를 위해 '역대 대통령기록관' 건립을 대안으로 제시해왔습니다. 이왕 짓는다면 일방적으로 찬양론자들이 주도하는 기념관을 지을 것이 아니라, 공과 과를 함께 전시하고 자료를 수집해 심층적인 연구가 가능한 공간으로 만들자는 것이었습니다.

심지어 국고 지원이 아니라 지지자들끼리 모금해 그의 고향에 기념관을 짓겠다면 굳이 반대하지 않겠다고도 했습니다. 그러나 정부와 서울시는 진지한 노력을 기울이기는커녕 자신들의 약속마저 지키지 않았습니다. 고건 서울시장은 2000년 서울시 국정감사에서 분명히 박정희기념관에는 부지를 제공할 수 없으며 다만 공공도서관인 경우에만 가능하다고 답변했습니다. 그런데 2001년 9월 시장과 기념사업회장 사이에 체결된 협약서의 내용은 이와 다릅니다.

기념사업회에게 무상으로 사용을 허가하고, 모든 시설을 전담하여 운영·관리하며 건축물의 명칭도 기념사업회가 마음대로 정할 수 있게 했습니다. 그러므로 기념사업회가 '박정희기념관'이라는 명칭을 붙여도 제지할 수 있는 근거가 전혀 없고, 이곳의 운영이 박정희를 찬양하는 일변도로 이루어질 것임은 뻔한 일입니다. 도저히 납득할 수 없는 말바꿈이며 무책임 행정의 표본입니다.

기념사업회는 이 건물이 미국식 대통령기록관의 형태가 될 것이라고 거듭 주장하고 있습니다. 그러나 미국은 기념사업회가 민간모금을 통해 건물을 지어 정부에 헌납하고, 운영은 철저하게 연방정부에서 파견된 기록관리사와 큐레이터들이 담당하고 있다는 점에서 협약서의 내용과 전혀 다릅니다. 결론적으로 여건이 달라진 정부(당시 김대중 정부)는 당장 국고 지원을 철회해야 합니다. 이는 기념관 건립을 지원하겠다던 대통령이 약속을 어기는 것이 아닙니다.

장담했던 것과 달리 국민모금을 이루어내지 못한 기념사업회 측에 가장 큰 책임이 있습니다. 그렇게 되었을 때, 건립기금은 조성되지 않을 것이며 서울시도 그 책임을 물어 협약서를 파기하고 공사를 중단할 수 있을 것입니다. 다행히도 200억 원을 아직 정부에서 관리하고 있다니 다시 국고로 반납하면 될 것입니다. 그럼에도 불구하고 공사를 계속한다면 역사의 반역으로서 끊임없는 시비와 단죄의 대상이 될 것이며 박정희 전 대통령 또한 계속 모욕과 수치를 당하게 될 것입니다.

박정희 시대에 은혜를 입었던 사람들조차 기금을 내지 않는, 낸 사실조차 숨기며, 몰래 공사를 진행해야 하는 박정희기념관 건립이 도대체 무슨 의미가 있겠습니까?*

시대가 달라져도 바뀌지 않는 것들

2012년 2월 21일, 박정희기념관·도서관이 개관했다는 소식이 들려왔습니다. 물론 저는 박정희를 존경하는 분들의 마음도 존중해야 한다고 봅니다. 그런 사람들이 기금을 모아 기념관을 짓는다면 굳이 반대할 생각도 없습니다. 거기에 일방적인 찬양의 내용만 담아도 사실 어쩔 수 없는 일이지요. 그것은 제가 처음부터 일관되게 가지고 있는 입장이었습니다.

하지만 이 건물은 국고가 지원되지 않으면 지을 수 없었고, 서울시는 부지를 제공했습니다. 따라서 국고가 들어갔다면 기념사업회의 소유물이 아닌 '공공성'이 확보되어야만 합니다. 공과 과를 함께 알 수 있도록 지어져야만 합니다. 그런데 제가 우려했던 대로 이들은 국고로 지어진 건물을 '사유화'하고 전적으로 찬양 위주로 운영하고 있는 것입니다. 게다가 도서관도 공공도서관이 아니라 박정희와 관련된 서적만을 비치하겠다고 했습니다.

이들은 미국의 예를 따른 것이라고 이야기합니다. 하지만 미국에서 제가 직접 가 보았던 케네디, 존슨, 부시 대통령 기념관은 'Presidential Library'라고 합니다. 대개 대통령과 관련된 유물, 외국에서 받은 선물로 이루어진 전시실과 대통령 관련 자료를 분류하고 정리해 놓은 자료관으로 구성되어 있습니다. 여기에 소속된 기록관리연구사, 즉 '아키비스트'는 기념사업회 직원이 아니라 공무원입니다. 그런데 우리 사회에서 기념이란 객관적이기보다는 찬양의 의미가 강합니다. 따라서 객관적인 명칭인 '기록관'을 쓰자고 했고, 박정희만이 아니라 역대 모든 대통령을 대상으로 하자고 했던 것입니다. 그것이 바로 '역대 대통령기록관'이었습니다. 박정희기념도서관이 있다는 것 자체가 문제라기보다는 그 내용과 운영에 문제가 있다는 것입니다. 국고는 대통령의 호주머니가 아닙니다.

저는 그런 점에서 박정희기념관 건립을 지원했던 김대중 전 대통령의 태도에도 문제가 있었다고 봅니다. 자신이 박정희와 화해할 생각을 가지고 있다면 자신의 개인 재산을 내놓으면 되는 것입니다. 하지만 김대중을 '빨갱이'라고 매도하고 박해하던 자들이 김대중이 준다고 덜컥 받아 챙기는 모습이 더욱 경멸스럽습니다.

반성이 없는 일방적 찬양이야말로 역사를 왜곡하는 것이며 후대의 역사교육을 망치는 주범인 것입니다.**

나는 왜 박정희기념관 문제를 제기했나

박정희기념관 문제에 대응했을 당시의 저는 미국 하버드대학에서 1년을 '방문학자'로, 또 1년을 오스틴의 텍사스대학에서 강의로 도합 2년을 보내고 귀국한 지 얼마 되지 않은 시점이었습니다. 사실 저에게 대통령이란 국민학생 시절부터 대학생을 거쳐 군에서 제대한 직후까지 박정희밖에 없었습니다. 저는 운동권 학생도 아니었고 특별히 고난과 탄압을 받은 적도 없었습니다. 하지만 저는 친일과 좌익활동, 독재와 인권탄압 그리고 파시즘적 문화압살에 이르기까지 우리 현대사를 망가뜨린 장본인이 박정희라는 생각에는 변함이 없었습니다. 그런데 텍사스에 있는 동안 박정희기념관에 200억 원의 국고를 지원한다는 기사를 보고 용납하기 어려웠습니다.

　더욱이 저는 학자들, 그중에서도 역사학자들이 이 문제에 대해 침묵하고 있는 것이 의아했습니다. 귀국하자마자 역사비평 편집위원회에 이 문제를 제기했더니 저에게 직접 나서서 대응해 보라고 했습니다. 저는 순진한 마음에 덜컥 맡아버리고 말았습니다. 결국 '박정희기념관 건립 및 국고 지원을 반대하는 역사학자 모임'

이 꾸려졌고 저는 실무위원장을 맡았습니다. 이 모임은 원로 교수 님들을 비롯하여 역사학자, 역사교사 2천여 명이 참여하는 큰 집 단이 됐습니다.

2년 동안 저도 미국에서 힘들었지만 국내에서 고생하신 분들 에게 미안하다는 마음이 들었고 어떻게든 사회에 기여하고 싶은 마음에 이런 책임을 안게 된 것입니다. 실무위원장을 맡아 전국의 역사학자들에게 참여를 권유하고 대표단을 구성했으며 모금을 포 함하여 기자회견, 대토론회, 성명서 작성 등을 진행했습니다. 학술 심포지엄을 주관하고 '박정희 주간'을 설정하여 집중적으로 역사 수업을 하기도 했습니다. 그런데 행사가 끝난 후에도 각종 언론 인 터뷰, 기고문까지 대부분 제가 담당해야 해서 당시 현대사 연구자 들에 대한 아쉬움도 있었습니다. 그럼에도 저는 공공적 시민의식 에 따라야 한다는 생각에 묵묵히 일들을 수행해 나갔습니다.

당시 열정에 가득 차서 실무위원장 일을 하던 저 자신을 돌아 보게 됩니다. 시민운동을 조직해본 경험이 전무했던 제가 이런 일 을 하기에는 너무나 어려웠고 부족했습니다. 하지만 제가 그동안 살면서 해왔던 많은 일들 가운데 가장 의미 있는 일이었음은 틀 림없습니다. 어떻게 보면 박정희 대통령 기념사업회가 발기했던 1999년이 역사학자로서 제 삶에 있어 분수령이었던 것 같습니다. 제가 번역했던 장 셰노의 책《실천을 위한 역사학Pasts and Futures: Or, What is History for?》의 가르침을 직접 현장에서 구현해보는 출발

점이기도 했습니다.

　당시 김대중 대통령의 의중이라, 여당 의원들조차 눈치를 보느라 침묵을 지키고 있었습니다. 그래도 애쓴다면서 저에게 격려 전화를 해주었던 국회의원 두 분이 있었습니다. 돌아가신 김근태 의원과 민주당의 추미애 의원이었습니다. 저는 박정희기념관에 200억 원이나 국고를 지원하기로 한 것이, 당시 막 정치에 입문했던 박근혜가 유력한 정치인으로 성장하는 계기를 만들어주었다고도 생각합니다.***

---

*　　2002년 4월 25일 한국일보
**　2012년 2월 21~22일 페이스북
***　2016년 10월 26일 페이스북

역사의 법정에는
시효도, 사면도 없다

――――――――― 전두환에 대한 심판이
끝나지 않은 이유

내가 역사공부를 계속하게 된 이유

1980년 5월 17일 자정부터 비상계엄이 전국으로 확대되었습니다. 이를 통해 국가가 정당 및 정치활동 금지·국회 폐쇄·국보위 설치 등의 조치를 내리고, 영장 없이 학생·정치인·재야인사 2,699명을 구금하는 일이 벌어졌습니다. 이는 분명히 전두환 일당이 또다시 헌정을 중단시킨 내란이었습니다. 이미 학내에는 '5월의 봄'이라고 불리는 학생들의 가두시위가 계속되는 동안, 군부가 동원되어 권력을 장악할 것이라는 소문이 떠돌았습니다. 당시 고등학생이던 막내를 제외한 저희 세 남매도 각각 자신의 대학 시위대에 참가했습니다.

연세대 사학과 3학년 복학생, 서울대 경제학과 4학년생, 고려대 교육학과 2학년생이 집에 돌아와 하루의 상황을 부모와 함께 이야기 나누던 기억이 생생합니다. 그런데 5월 18일에 학교를 가보니 교문은 닫혀 있고, 백양로에는 탱크를 앞세운 계엄군이 진주해 있었습니다. 당시 학생들 사이에서는 계엄 확대가 선포되면, 서울역 앞으로 모이자는 이야기가 나돌았습니다. 하지만 그런 공포 분위기에서 서울역으로 나갈 엄두를 감히 내지 못했습니다. 동생 주진형만 우직하게 나갔다가 겨우 도망쳐 왔을 뿐이었습니다.

당시에는 광주에서 그런 끔찍한 일이 벌어지는 줄도 전혀 알지 못했습니다. 보도지침에 따라 언론 검열이 시행되어, 보도되지 않거나 폭도들의 난동이라고 매도하는 것이 전부였습니다. 그러다가 우연히 〈Voice of Korea〉라는 미국의 단파방송을 통해, 광주에서 끔찍한 일이 벌어지고 있다는 것을 알았습니다. 하지만 아무것도 할 수 없다는 무력감에 빠져 하루하루를 보내고 있었습니다.

다시 개교된 후 학교로 돌아온 많은 학생들의 얼굴에서, 살아남은 자의 슬픔과 부끄러움을 보았습니다. 역사공부를 포기하기로 마음먹고 군대를 지원해 다녀왔던 복학생이, 다시 역사학자의 길을 가겠다고 결심했던 결정적 계기는 바로 광주민주화운동이었습니다. 과연 당시 품었던 생각을 제대로 실천하며 살고 있는가, 항상 스스로에게 묻게 됩니다.

전두환은 역사의 법정에 다시 서야 한다

"그때 어느 누가 국민에게 총을 쏘라고 하겠어, 바보 같은 소리 하지 말라고 그래." 전두환이 어느 일간지와의 인터뷰에서 한 말이랍니다.[3] 당시 그들이 언제 광주에서 저항을 벌이는 학생, 시민을 국민으로 대접했나요? 단지 '북괴의 사주를 받은 폭도'들로 간주했지요. 말하자면 '비국민'이었던 것입니다. 계엄군이 그렇게 무자비한 폭력을 휘두르며 시민을 살상하고, 끔찍하게 고문할 수 있었던 이유는 바로 광주 시민들을 국민으로 보지 않았기 때문입니다.

"전두환은 전직 대통령으로 예우되어선 안 되고 범죄자로 취급받아야 한다. 그는 군사 쿠데타로 스스로 대통령이 되었을 뿐이다. 전두환은 종신형을 받고 지금도 감옥에 있어야 한다." 이 말은 캐나다의 브리티시컬럼비아대학에서 한국사를 가르치는 도널드 베이커Donald Baker 교수가 신문 인터뷰에서 했던 말입니다.[4]

전두환은 분명히 내란죄로 사형을 선고받았던 인물입니다. 그런데 제대로 된 반성과 사죄도 하지 않았던 그를 쉽게 사면해주고 말았습니다. 역사의 심판을 어정쩡하게 하고 넘어가니, 이런 역사의 죄인들이 국민들을 우습게 알고 망언을 함부로 떠들고 있는 것 아닐까요? 전두환은 자신이 광주 시민들을 향한 발포명령을 내린 적이 없다고 계속 억지를 늘어놓고 있습니다. 권한만 무제한 행사하고, 책임은 지지 않는 전형적인 모습입니다.

이와 관련해 JTBC 뉴스룸 〈팩트체크〉에서 저에게 인터뷰를 요청했습니다. 방송에 나간 인터뷰를 다시 정리하자면 다음과 같습니다. "군대에서 아무 명령도 없이 발포가 이루어졌다는 것은 있을 수 없는 일이다. 만약에 그런 일이 벌어졌다면, 현장에서 발포명령을 내린 자에게 당연히 책임을 물어 엄중한 처벌을 했어야 한다. 그런데 오히려 훈장까지 주었다는 것은 그들이 잘했다고 칭찬한 것이라 할 수 있다. 그렇다면 당시 최고 실권자였던 전두환에게 당연히 최종 책임이 있는 것이다."[5]

전두환은 사형 선고를 받고도 정치적인 고려로 인해 사면을 받았습니다. 지금도 전직 대통령 대접을 받으며 잘 살고 있습니다. 하지만 그가 서야 할 역사의 법정에는 결코 시효도, 사면도 없을 것입니다.*

오늘날에도 여전히 계속되는 모욕

교통방송의 〈여균동의 오늘〉로부터 '5·18민주화운동, 역사훼손 논란'과 관련하여 생방송 인터뷰 요청을 받았습니다. '광주민주화운동에 북한군이 참가했다'는 황당한 이야기가 계속 나오는 이유를 설명하고 그러한 주장에 대해 반박했습니다. 방송에서 나온 이야기 중 몇 가지만 추려서 말씀드리겠습니다.

1. 광주민주화운동에 북한군의 개입이 있었다는 주장은 그 당

시에도 나왔지만, 광주 청문회에서 이희성 당시 계엄사령관
도 부인했습니다. 그리고 광주특별법을 만든 것은 김영삼 정
부로서 현 집권여당인 새누리당의 뿌리가 되는 정부입니다.
만약에 그들의 주장이 사실이라면 이는 정말 우리 군의 존재
자체를 뒤흔들고 북한군을 초인적 능력을 가진 군대로 인정
하는 것 아닙니까?

그 정도의 정보를 우리 군이 모르고 있었을 리 없습니다. 만
약 북한군 개입 정황이 사실이라면 당시 현장 지휘관들에게
당장 책임을 물어야 할 것입니다. 나아가 그동안 왜 침묵하고
있었는지에 대해서도 말이죠. 이같이 무책임한 주장을 내놓
는 종편 언론들에 대해서 법적 심판이 내려져야 합니다.

2. 더욱이 광주민주화운동 자료는 2011년부터 유네스코 세계
   기록유산에 등재되어 있습니다. 당시에도 이번 종편 방송의
   배후라고 할 수 있는 지만원과 같은 극우세력들이 유산 등재
   를 방해하기 위해 별 짓을 다 했지만 거부되었습니다. 참고로
   지만원이 2012년 명예훼손 혐의에 대해 무죄 판결을 받은 것
   은 그의 주장이 옳기 때문이 아니라 명예훼손의 대상이 특정
   되지 않았기 때문이라는 점을 분명히 해야 합니다.

3. 우리 사회 극우세력의 사이버 및 사회에서의 폭력은 이미 위
   험수위에 도달했습니다. 그러나 이들에 대한 제대로 된 법적
   처벌은 미약하며 공권력이 방조하고 있다는 의심까지 사고

있습니다. 그런데 세계의 역사를 보면 이런 세력들이 보수 정권의 지지기반으로 도움이 될 것 같지만, 궁극적으로는 건전한 보수의 기반을 무너뜨리고 파시즘이 등장하는 온상이 됩니다. 정부가 건전한 보수를 자부한다면 이러한 세력이 위험하다는 것을 깨닫고 빨리 적절한 대책을 세워야 합니다.

4. 광주민주화운동은 후대에 비로소 국가가 책임을 인정하고 배상을 하게 됨에 따라 보훈처가 기념식과 국립묘지 운영을 행정적으로 담당하게 된 것입니다. 따라서 정부가 광주민주화운동 기념식 행사에서 어떤 노래를 불러라 마라 하는 것은 '월권'에 가깝습니다.

기념식은 당시 참가했던 희생자와 시민들의 의사에 따라 진행되는 것이 마땅합니다. '임을 위한 행진곡'은 정부가 광주민주화운동을 인정하지 않던 시절부터 불려온 노래입니다. 잠시 그 자리를 차지하고 있는 것에 불과한 국가보훈처장이 불러라 마라 할 수 있는 자격은 없습니다. 광주민주화운동을 기리는 것은 종북이나 좌파같은 이념적 차원이 아니라 평화와 인권 그리고 민주주의라는 인류의 보편적 가치에 입각한 것입니다.**

*   2016년 5월 17~18일 페이스북
**   2013년 5월 17일 페이스북

희생을 치르며 더욱 타오른 민주화의 열망

박종철과 이한열이 일으킨
6월 항쟁

박종철, 진실 규명은 계속되어야 한다

전두환은 1987년 4월 13일 또다시 체육관 선거를 통해 대통령을 선출하겠다는 '호헌선언'을 발표했습니다. 이에 맞서 6월 10일에는 국민운동본부 주최로 '박종철군 고문치사 조작·은폐 규탄 및 호헌철폐 국민대회'가 열렸습니다. 1월 14일에 경찰의 고문으로 사망한 박종철 열사는 당시 서울대 언어학과를 다니던, 소년의 모습을 간직한 학생이었습니다.

젊은 학생을 물고문하여 죽이는 나라, "책상을 탁 하고 치니 억하고 죽었다"는 희대의 사기극을 경찰 총수가 서슴없이 저지르는 나라였습니다. 그리고 박종철 열사의 시신을 빼돌려 화장해버리는 만행을 저지르고 그를 추모하는 행사를 폭력으로 진압하는 나라였습니다.

1987년 6월 10일은 전두환이 노태우를 차기 대통령 후보로 낙점하는 날이기도 했습니다. 그리고 젊은 학생을 고문하여 죽음에 이르게 하고도 반성과 사과 없이 정권을 연장하겠다는 그들에 대한 국민적 분노가 타오른 날이었습니다.

그런데 당시 박종철 열사가 고문으로 죽었음을 증언한 것은 바로 제 고등학교 동창, 오연상 교수였습니다. 그는 고등학교 시절 이과에서 일이등을 하던 수재였고, 거구에 항상 온화한 미소를 가진 친구였습니다. 서울대 의대를 다니는 동안에도 학생운동에 전혀 참여한 적이 없었던 친구였습니다. 그런 그가 실로 용기 있게 언론에 "바닥이 물에 흥건하게 젖어 있었고, 박 군도 물에 빠진 사람처럼 젖어 있었다"고 증언해 진실 규명의 첫발을 딛게 했습니다.

오연상 교수는 2006년 6월 6일 쿠키뉴스와 가진 인터뷰에서 "박 군이 대공분실에서 이미 사망했거나, 혹 다시 살아났다면 아무것도 아닌 일이 되었겠지만, 수사관들이 병원에 찾아올 때만 해도 박 군은 살아 있었다"고 말했습니다. 박종철 군이 고문 중 절명했으면 경찰 측이 외부에 협조 요청 없이 '조용히' 처리했겠지만, 숨을 쉬고 있었기 때문에 경찰이 위험을 무릅쓰고 외부인인 오 교수에게 왕진을 요청하게 됐다는 것입니다.

그는 대공분실로 이동 중에 수사관 한 명이 "술을 많이 마셔서 그런지 갈증을 느껴 물을 많이 먹었다"는 말을 들었습니다. 그러나 조사실 도착 10여 분 전쯤에 박 군은 이미 사망한 상태였습니다. 오 교수는 당시 수사관들이 자신의 책임을 줄이기 위해 사망한 박 군을 중앙대 병원으로 옮기려 하자 몰래 병원 측에 전화를 걸어 이를 무조건 막으라고 통보했습니다. 결국 시신은 경찰병원으로 이송하게 되었습니다.

오 교수는 사건 이틀 뒤에 신길동 분실에서 경찰 조사를 받을 때, 옆방에서 박 군을 고문했던 수사관들이 박 군 고문치사 사건을 수사하는 다른 경찰관들에게 고문당하는 소리를 들었습니다. 이처럼 온갖 불합리가 난무하는 시대의 한복판에 서 있던 그는 "내가 겪었던 일은 우연이 아니라 하나님의 뜻이라는 생각이 들어 믿음을 갖게 됐다"며 "난 의사로서 환자의 사인을 정확하게 알리려 한 것이며 지금도 박 군이 사망해 민주투사가 됐다기보다 내가 다시 살려내 부모 품으로 돌려보냈길 바란다"고 했습니다.[6] 그는 지금 대한민국 최고의 당뇨병 전문의 가운데 한 사람입니다. 저는 그를 통해서 낮은 목소리로 양심을 지켜나가는 사람들이 이 땅에 많다는 믿음과 희망을 발견하게 됩니다.

이한열, 한 장의 사진이 일으킨 폭발

1987년 6월 9일, 당시 연세대 경영학과 2학년이던 이한열 군이 다음날 열릴 예정이던 6·10국민대회 출정식을 마치고 교문 앞에서 시위를 벌이다가 직격으로 날아온 최루탄을 머리에 맞고 실신했습니다. 그때 찍힌 유명한 사진은 당시 로이터 통신의 정태원 기자가 촬영하여 보도했다가 국내 언론으로는 중앙일보가 처음으로 입수하여 실었다고 합니다.

저를 대표로 한 천재교육 집필진은 이 사진을 2012년에 검정을 통과한 중학교 교과서에 실었습니다. 8종의 검정교과서 가운데 우리 교과서만이 유일했습니다. 그런데 국사편찬위원회(국편)의 검정심의위에서 사진을 삭제하라는 수정보완 요구가 왔습니다. 너무 참혹하다는 이유에서였습니다. 사실 당시의 분위기를 이 사진만큼 잘 보여주는 사진은 없을 것입니다. 처음에는 거부하려 했다가 결국 명동성당 농성사진으로 교체했지요.

그 후 2012년 국정감사에서 이 사실이 문제가 되자 이번에는 다시 넣어 달라고 국편에서 요청이 왔습니다. 마다할 이유가 없었기에 이 사진을 이제 천재교육 교과서에서 볼 수 있게 되었습니다. 검정심의권을 내세워 집필진의 의사는 묵살했던 국편이, 정치권과 시민단체에는 꼬리를 내리는 이중적인 태도를 보인 셈입니다.

아울러 6·10항쟁을 기념하는 여러 글들에서 몇 가지 틀린 사실이 있어 바로잡고자 합니다. 6월 9일 직격탄을 맞은 이한열 열사

박종철 장례식에 모인 학생들(위쪽)과
이한열 영결식에 모인 시민들(아래쪽).
모두 1987년 한 해 동안 일어난 일이었다.

가 뇌사상태에 있다가 숨을 거둔 것은 7월 5일이었습니다. 연세대학교에서 장례식을 치르고, 시청광장에 운집한 사람들이 추모행사를 가진 '민주국민장'은 7월 9일이었습니다. 별 것 아닌 일이라고 할 수도 있지만 사실은 분명하게 해둘 필요가 있다고 생각합니다.

당시 많은 연세대 학생들이 거의 한 달 동안 세브란스 병원을 에워싸고 혹시라도 있을 경찰의 환자 빼돌리기를 가로막기 위해 밤을 새웠습니다. 저는 당시 연세대학교회를 다니고 있었는데 특별히 공동 담임목사셨던 은준관, 이계준 목사님께 허락을 받고 그의 회복을 기원하는 기도회를 주도했던 적이 있습니다. 많은 교인들이 자신의 정치적 생각과 관계없이 모여서 한마음으로 기도했던 모습이 지금도 기억납니다. 그리고 발사수칙을 어기고 학생들에게 직격으로 최루탄을 쏠 수 있었던 국가폭력에 대해서 분노했던 것이 생각납니다. 지금 그때 그 학생들, 교인들은 각자의 삶을 살아가고 있겠지만 당시 우리를 하나로 묶어 주었던 마음이 또한 그리워지기도 합니다.

그렇게 잘생긴 청년이 만약 살았다면 현재 50대 초반의 중년이 되어 있을 것입니다. 그가 대학생활을 마치고 지금쯤 어디서 무엇을 하고 있을지 모를 일입니다. 하지만 그의 희생은 6월 항쟁의 기폭제가 되었다는 점에서 결코 헛된 죽음이 아니었습니다.*

누가 한열이에게 직격탄을 쏘았나?

누구나 인생에서 전환점이 된 사건들이 있을 것입니다. 저에게는 얼굴도 본 적이 없는 이한열이라는 후배의 죽음이 그중 하나였습니다. 저는 그가 최루탄을 직격으로 머리에 맞아 의식불명 상태에 빠졌다는 소식을 다음 날 신문을 보고 알았습니다. 6월 10일 '민주헌법쟁취국민운동본부'가 개최하는 '박종철군 고문치사 조작·은폐 규탄 및 호헌철폐 국민대회' 출정식이 각 대학에서 열리고 있었지요. 그해 교수임용을 받은 새내기 교수였던 저는 참가할 엄두도 내지 못했습니다. 그런데 이 소식을 듣고는 분노가 치밀어 동료 교수의 차를 타고 시내에 나갔습니다.

하지만 겁이 나서 성공회 교당 주변까지는 가지 못하고 시청 부근을 빙빙 돌기만 했습니다. 저녁 6시가 되자 이미 공지된 대로 많은 차들이 경적을 울려댔습니다. 우리 차도 마찬가지였고요. 그것이 6월 10일에 겨우 제가 했던 일입니다. 그리고 그날 이후 한열이는 깨어나지 못했습니다.

그런데 지금도 풀리지 않는 의문이 있습니다. 도대체 그에게 직격탄을 쏜 사람은 누구일까요? 분명히 최루탄 발사수칙은 45도 각도로 쏘는 것이었습니다. 그럼에도 불구하고 직격탄을 쏘았기 때문에 그런 사고가 난 것입니다. 최루탄은 소총의 총구에 끼워 쏘아서 포물선을 그리며 날아가 땅에 떨어지게 됩니다. 깨진 최루탄에서 나온 분말이 눈물을 쏟게 해서 시위대를 무력화시키는 것이

목적인 것입니다. 설령 날아온 최루탄을 머리에 맞는다고 해도 죽음에까지 이르지는 않습니다. 그렇다면 누군가 직격탄을 쏘라고 명령을 했거나 아니면 그런 명령이 없었음에도 멋대로 쏜 자가 있었다는 것입니다. 물론 서로 자기는 아니라고 발뺌을 할지 몰라도 수사를 해보면 알 수 있지 않을까요? 그런데 저는 지금까지 그런 수사를 했다는 이야기를 들은 적이 없고 누가 가해자인지 밝혀졌다는 말도 들어본 적이 없습니다.

이제 와서 그런 것을 따져 무엇 하느냐고 할지 몰라도 당시에는 왜 그런 요구를 하지 않았는지 의문이 남습니다. 연세대 교정에서는 이한열 추모비를 다시 세우는 제막식이 열리고 있습니다. 벌써 30여 년 전의 일이지만, 그다지 폭력적이지도 않았던 시위에 가담한 대학생을 죽이는 살인정권에 대한 분노는 지금도 생생하게 남아 있습니다. 이미 교수가 된 제가 역사 앞에 책임감을 가져야 한다는 자각을 깊게 가지게 된 날이 바로 그날이고 그의 죽음이었습니다.**

*   2013년 6월 9~10일 페이스북
**   2015년 6월 9일 페이스북

힘들지만 의연하게,
비판을 넘어 책임으로

정치인 노무현이
걸었던 길을 회상하며

2002년 대선을 앞두고, 새로운 정치문화를 기대하며

그동안 '양 김씨(김영삼, 김대중)'라 불리는 분들에 대한 애증이 교차하는 가운데 한국현대정치사를 지켜보았습니다. 어찌 보면 기뻐해야 할 그들의 대통령 당선이 항상 개운치 못했습니다. 두 사람 모두 오로지 대통령에 당선되기 위해 자신이 오랫동안 비판해왔던 반민주화 세력과 서슴없이 야합을 해왔기 때문입니다. 게다가 자신의 측근과 친인척들의 부정부패가 민주화세력 전반에 대한 치명적 불신을 초래하는 모습을 보면서 분노와 좌절을 느끼기도 했습니다.

무엇보다도 그들은 민주화를 내세우면서도 한국의 정치 구도를 민주적으로 개혁하는 일에 소홀했습니다. 그들은 새로운 지도력의 성장을 가로막는 보스 중심의 권위주의적 행태를 고수하며 자신에게 충성을 바친다면 정치적 경력과 성향에 상관없이 마구 세력권으로 끌어들였습니다. 그러다 보니 여·야당을 막론하고 도저히 정체성과 정치경력이 일치할 수 없는 사람들이 모였습니다.

김대중 전 대통령만 하더라도 박정희 정권 때부터 5~6공화국에서 민주화운동을 탄압해왔던 사람들을 행정 경험만을 내세워 고위직에 임명했습니다. 또 야당 활동이나 민주화운동이 핍박을 받았던 군부독재 시절에는 외면하고 있다가 지역주의에 편승하여 뒤늦게 정치판에 참여한 사람들이 핵심 측근으로 자리 잡았습니다. 김대중 정권을 부패비리 정권으로 비난받도록 한 장본인들과 민주당 내에서 후보교체론을 주도하는 정치인 대부분이 그런 사람들입니다.

그들은 2002년 6·13지방선거 및 재·보선 패배와 지지율 하락을 이유로 들먹이지만 사실은 그동안 민주화운동의 일반적 입장에 바탕을 둔, 특별히 더 과격할 것도 없는 후보의 정치적 입장과 함께 할 수 없다는 것, 더 솔직히 말하면 '내가 지지하는 후보가 되지 못했으니 재라도 뿌리고 대선 패배 이후의 정국을 주도해보겠다'는 속셈이라는 것을 알 사람은 다 알고 있습니다.

그러나 그들 일부가 주장하는 '반이회창연대'는 또 하나의 정치야합에 불과하며 결코 성공할 수 없을 것입니다. 추대의 대상으로 거론되고 있는 정치인도 그들과 손을 잡는 순간 지지율이 급전직하할 것이며 국민의 극심한 정치 불신과 노회한 정치꾼들과의 끊임없는 갈등을 각오해야 할 것입니다.

사실 '노무현 바람(노풍)'은 기성정치세력에 대해 총체적 불신을 가진 사람들과, 당시 민주당에서 가장 유력했던 이인제가 대통령 후보가 된다면 연말 대선에서는 과연 누구를 위해 투표장에 가야 하는지 고민했던 사람들이 대거 노 후보를 지지함으로써 나타난 현상이었습니다.

그러나 노무현은 후보가 된 후 새로운 정치적 리더십의 창출이 아니라 '양 김' 연대의 복원에 매달리는 모습을 보임으로써 지지자들의 이탈을 불러왔습니다. 더 본질적인 문제는 참신하고 구체적인 정치적 비전을 제시하지 못했다는 점입니다. 자신의 정체성을 분명히 하기보다 상대 후보의 과거와 실책에 대한 공격을 통해 지지기반을 확대해보겠다는 전략은 결코 새로운 정치문화가 아닙니다.

노 후보가 지지율에서 뒤진 이유는 그의 지지기반을 형성했던 젊은 세대들의 참신한 정치에 대한 기대가 월드컵 성공과 맞물려 다른 곳으로 이동했기 때문이기도 합니다. 디지털 시대는 이미지 정치라고 했을 때, 그는 바로 그 덕을 보았고, 또 바로 그것 때문에 지지율의 하락을 경험하고 있는 것입니다. 이제 더 이상 민주화운동의 계승을 자처하는 것만으로는 디지털 세대의 지지를 받기 어려울 것입니다.

디지털 세대가 원하는 것은 자신들의 자유롭고 발랄한 감수성을 제도화할 수 있는 정치와 정치인입니다. 정치는 결국 표의 대결입니다. 어떤 생각을 하는 사람들이 다수인지, 누구의 생각이 더 바람직한 것인지 여부가 아니라 득표수에 따라 당락이 결정됩니다. 민주사회의 시스템과 원칙이 아직 확립되지 않았다고 믿는 사람들도 기꺼이 투표하고 싶은 대선이 되기를 간절히 바라봅니다.*

내가 노무현에게 미안했던 이유

2017년 5월 12일 문재인 대통령이 국정교과서 폐지를 지시했다는 소식을 듣고 잠시 울컥했습니다. 아니, 사실은 그날 밤 제주대 숙소에서 혼자 꺽꺽거리며 펑펑 울었습니다. 15년 가까이 역사교과서를 대표집필해오면서 정말 많은 일들이 있었습니다. 방송출연 정지를 당하고 학교와 집 앞에서 벌이는 1인 시위, 심지어 화형식 퍼포먼스도 목격하고 고소까지 당했습니다. 그동안 의연하게 대처해왔지만 힘들었던 것이 사실입니다. 왜 그렇게 살았어야 했나 다시 돌아보고 싶었는데요. 쓰다 보니 또 길어졌습니다.

저는 노무현을 좋아했지만, 그의 임기 5년 동안 한 번도 만나본 일이 없었습니다. 그의 선거캠프는커녕 '노사모'도 아니었습니다. 정권 말기에 제2기 한일역사공동연구위의 근현대사 분과 간사를 맡았지만, 1기 때와 달리 청와대에 초대된 적도 없습니다. 주변에 알던 선후배들이 청와대로, 정부로 많이 들어갔지만 그들을 따로 만난 적도 없었습니다. 하지만 그가 부당하게 탄핵 소추되었을 때, 광화문 촛불집회에 나갔습니다. 그리고 그가 임기를 마칠 무렵 거의 만신창이가 되어 있는 모습에 가슴이 아팠습니다.

그의 진심이 그렇게 보수와 진보 양쪽에서 철저히 유린되는 것에 분노를 느꼈습니다. 하지만 역사학자인 제가 할 수 있는 일은 없다는 무력감에 사로잡혀 있었습니다. 그가 세상을 떠난 후 혼자 분향소를 찾았을 때, 정부 요직에 있던 지인들이 "지켜 드리지 못해 미안하다"라고 하는데 이유 모를 분노가 치밀었습니다. 정말 그들은 제대로 역할을 해왔던가, 완장을 찼다고 교만하게 굴어 노무현 정부를 실패로 몰아간 장본인들이 아닌가라는 생각에 말이죠.

그의 장례식 날, 도저히 가만히 있을 수 없어 시청 앞 광장에 나갔습니다. 광화문 안에서 벌어지는 장례식에 초대되지도 않았고, 들어갈 자격도 없었으니까요. 추모행사가 진행되는데, 기어이 울음이 터지기 시작했습니다. 제가 사람들 많은 거리에서, 그렇게 펑펑 소리 내어 눈물을 흘릴 줄은 몰랐습니다. '내가 그를 참 많이 좋아했구나, 그런데 난 그를 위해 해준 것이 아무것도 없었구나' 하는 것을 그때 뼈아프게 느꼈습니다. 참 미안했습니다.

하지만 지금까지 봉하마을 한번 가본 일 없고, 기념행사에도 참석해본 일이 없습니다. 대신에 역사학자인 제가 할 수 있는 일을 하겠다고 마음먹었습니다. 그것이 바로 역사교과서에 대한 이명박·박근혜 정부와 뉴라이트의 공세에 맞서는 것이었습니다. 30살에 전임강사가 되어 41살에 벌써 정교수가 된 기득권자였지만, 오히려 그런 혜택을 누린 사람으로서의 의무감도 있었습니다. 많은 언론과 페이스북 친구 분들께서 저를 국정교과서 반대운동의 선봉장이라고들 하십니다. 뻔한 겸손이 아니라 정말로 부끄럽고 미안할 뿐입니다. 저는 국정교과서를 반대하기 위해 노력해오신 분들의 성과를 정리해서 전달하는 역할을 했을 뿐입니다.

문재인 정부의 첫 교육관련 조치가 국정교과서 폐지로 나타난 것은 그분들의 말없는 노고가 있었기 때문입니다. 국정제는 폐지되었지만, 역사교육을 제대로 돌려놓고 21세기에 맞는 열린 교육으로 가기 위해서는 아직 갈 길이 먼 상황입니다. 새로 임명될 분들이, 역사학계와 역사교육계 그리고 시민사회단체들의 의견을 수렴해서 잘해 주시기를 바랍니다. 저도 힘이 닿는 데까지 돕도록 하겠습니다. 또다시 아무것도 하지 않고 비판만 하거나, 일하는 사람들에게 책임을 돌리고 혼자 편안하게 살아가지만은 않겠습니다. 10년 전에 눈물을 흘리며 가졌던 그 다짐을 결코 잊지 말아야겠습니다.**

*   2002년 8월 29일 한국일보
** 2017년 5월 14일 페이스북

정부의 통솔력보다는
'직접민주주의'를 믿는다

촛불혁명으로 집권한
문재인 정부를 생각하며

내가 문재인을 지지한 이유

박근혜 정부 이후를 기다리고 있는 지금, 대다수 야당 지지자들이
그리워하는 대통령은 김대중과 노무현입니다. 하지만 그들도 완전
한 대통령은 아니었고 인간이었습니다. 그들은 한국 정치에 분명
한 희망을 제시하기도 했지만 여러 실망을 안기기도 했습니다. 그
럼에도 저는 민주주의의 맥을 이어간다는 관점에서 현존하는 정
치인 가운데 문재인이 그들의 뒤를 잇는 가장 바람직한 대안이라
고 보고 있습니다.

물론 그에게는 김대중 같은 강력한 카리스마도, 노무현의 열

정도 느껴지지 않습니다. 하지만 반대로 김대중이 겪어야 했던 지역감정과 이념시비, 노무현이 겪어야 했던 학력비하와 구설수도 없습니다. 직접 만나서 대화를 해본 문재인은 신사의 품격과 따뜻한 인간성을 가진 정치인이었습니다. 그에 대해 전통적인 야당의 지지자들 가운데 불만을 가진 사람들이 있다는 것도 알고 있습니다. 하지만 우리에게 김대중과 노무현은 이제 더 이상 없습니다. 오늘의 시대와 소통하면서도 상식과 원칙을 가지고 민주주의를 회복시키고자 노력하는 정치인이 그들의 뒤를 잇게 될 것입니다.

2017년 4월 25일 JTBC에서 대선후보 토론이 있었죠.[7] 제가 대선후보 TV 토론을 보지 않는 이유는 홍준표가 보기 싫어서라고 할 수 있습니다. 그의 거짓과 무례 그리고 오만을 과거에 익히 봐왔기 때문입니다. 그를 보고 나면 불쾌감이 며칠을 가기 때문에 아예 보지 않으려고 합니다. 그래도 페이스북이나 뉴스를 통해 그가 어떤 전략을 쓰고 있는지 알게 됩니다. 그는 트럼프의 전략을 그대로 쓰고 있습니다. 보수표의 결집과 진보의 분열 나아가 '투표의 포기'를 유도한다고 할 수 있습니다. 그는 보수가 원하는 방향을 철저히 따르고 있습니다. 아무리 SNS 상에서 진보적 성향의 유저들에게 경멸과 조롱의 대상이 되어도 아랑곳하지 않습니다. 어차피 그들이 자기를 찍지 않을 것을 아니까요.

그래서 '동성애 문제' 같은 주제는 꽃놀이패라고 할 수 있습니다. 동성애 문제에 대해 찬성한다고 하는 순간, 기독교 세력을 비롯한 보수 세력의 공적으로 몰아갈 수 있을 것입니다. 그것 하나만으로도 아마 대형 교회들의 단체 채팅방에서는 불이 났을 것입니다. 이미 거기서는 '문재인은 빨갱이'라는 말로 도배가 되어 있겠지요. 이를 통해 안철수에게로 간 보수 표를 끌어올 수 있을 것입니다. 만약 동성애 문제에 반대한다고 하게 되면 진보 층의 반발을 초래할 것입니다. 그렇게 됨으로써 결국 문재인의 표가 심상정에게 이동하거나 아예 찍을 사람 없다고 투표를 포기하는 현상이 나타날 것입니다. 지금 우리가 그런 현상을 목격하고 있습니다.

사실 문재인이 '진보후보'이거나 더불어민주당이 '진보정당'인 것은 아닙니다. 문재인은 아마 중도에서 진보 사이에 걸쳐 있다고 보는 게 맞을 것입니다. 그리고 민주당 내에는 '중도보수'라고 할 수 있는 세력도 공존하고 있습니다. 그런데 많은 분들이 문재인에게 '진보후보'를 요구하고 있는 것 같습니다. 하지만 한국의 정치지형에서 진보가 차지하고 있는 공간은 매우 좁습니다. 정의당의 의석수를 보면 알 수 있지 않습니까?

그래도 문재인이 지지율 1위를 달리고 있는 이유는 합리적 진보에서 보수를 아우를 수 있는 후보이기 때문일 것입니다. 진보 나아가 급진적 의제를 받아들이지 않는다고 해서 그가 다른 후보와 다를 것이 없다는 판단은 동의하기 어렵습니다. 저는 여러 번 이야기했듯이 정치에서는 최대주의가 아닌 최소주의가 필요하다고 생각합니다. 단 하나만 달라도 지지를 철회하겠다는 것이 최대주의

이고, 최소한의 합의점을 찾아내 연대해서 작은 변화라도 이루어 내겠다는 것이 최소주의입니다.

저는 동성애를 개인의 선택의 문제라고 생각하고 아이들에게 도 그렇게 이야기해왔습니다. 당시 미국에서 한인교회를 다니며 늘 동성애가 죄악이라고 배웠던 아이가, '어떻게 아빠는 크리스천 인데 동성애에 대해서 그렇게 생각하느냐'고 물었습니다. 저는 '동 성애자를 인정하고 존중하는 것이 내가 생각하는 크리스천'이라 고 대답했습니다. 따라서 저는 그날 문 후보의 발언에 동의하지 않 습니다. 하지만 그것이 그를 판단하는 유일한 기준이라고 생각하 지 않습니다. 과거 박원순 시장이 인권헌장을 보류했던 것도 같은 맥락이라고 생각합니다.

우리의 현실정치는 아직 가야 할 길이 멉니다. 다만 조금씩 나 은 방향으로 향해 가면 된다고 믿습니다. 그러니 진보적 생각을 가 진 분들의 분노를 이해는 하지만, 저는 그에 대한 지지를 바꾸고 싶지 않습니다. 그리고 간곡하게 말씀드리고 싶습니다. 우리가 언 제까지 홍준표 같은 정치꾼의 모략에 넘어가야 하겠습니까? 굳이 과거의 행태에 대해서는 언급하지 않더라도, 저렇게 인권과 동성 애 문제에 대해서 폭력적이고 저급한 정치인보다는 낫지 않느냐 고 말입니다.*

전 세계에 유례가 없는 한국의 직접민주주의

"대한민국은 민주공화국이다. 대한민국의 주권은 국민에게 있고, 모든 권력은 국민으로부터 나온다." 대한민국의 헌법에서는 이렇게 규정하고 있습니다. 그런데 과거 독재정권과 수구권력은 자유민주주의를 수호한다고 하면서, 실제로는 자유를 무시하고 민주주의를 유린했습니다.

원래 민주주의의 본질은 직접민주주의일 것입니다. 하지만 현실적으로 운영이 어렵다 보니, 대의제인 의회민주주의가 될 수밖에 없었습니다. 국민이 선출한 국회의원들이, 국민의 대표라고 자임하는 이유가 거기에 있습니다. 그런데 이 국회의원들이 선거 때만 되면 큰절을 하고 살려달라고 울며 허리를 굽히다가, 당선이 되면 국민 위에 군림하는 경우가 많았습니다. 하지만 국민들에게는 어떻게 응징할 방법이 없었습니다. 4년을 더 기다려야만 했지요.

그런데 대한민국의 국민들은, 세계에서 가장 높은 직접민주주의를 체험한 사람들입니다. 국민주권을 위협하면 떨쳐 일어나 반민주세력을 들어낸 역사적 전통을 가지고 있습니다. 전 세계 어디에서도 이런 나라는 찾을 수 없습니다. 그 시작이 바로 부정선거를 통해 권력을 연장하려던 이승만을, 4·19혁명으로 내쫓아버렸던 것입니다. 그리고 계엄령을 통해 권력을 장악하려던 신군부에 맞서, 광주시민은 5·18민주화운동을 일으켰습니다. 비록 압도적 무력 앞에 스러졌지만, 결국 역사의 승리자가 되었습니다.

간접선거로 또다시 권력을 연장하려는 전두환에 맞서, 6월 항쟁을 통해 직선제를 쟁취했습니다. 원내 다수의 힘으로 노무현 대통령을 탄핵했을 때는, 17대 총선에서 그들을 투표로 응징했습니다. 최근에 박근혜 대통령을 탄핵으로 쫓아낸 촛불혁명은, 직접민주주의의 모범이었습니다. 다양한 생각을 갖고 있는 국민들이 광장에 함께 모여, 가장 창의적이고 평화적인 방법으로 탄핵을 이끌어냈습니다. 당시 여당 의원들도 탄핵에 찬성할 수밖에 없었던 것은, 바로 직접민주주의의 힘이었습니다. 국민들이 결국 촛불혁명을 완성시킬 것으로 선택한 사람이 바로 문재인 대통령이었습니다. 문재인 정부를 '촛불정부'라고 하는 이유입니다.

그런데 그 과정에서 걸림돌이 된 것이 바로 '수구집회'와 야당이었습니다. 이들은 촛불이 비운 자리를 차지하고 온갖 행패를 부렸습니다. 국회에서도 야당은 탄핵을 당했다는 수치에 대한 반성 없이, 차마 눈 뜨고 볼 수 없는 난동과 막말을 일삼았습니다. 이는 자신들이 아직도 대한민국의 주류라 착각하고, 대통령과 대의제 민주주의 나아가 직접민주주의를 무시한 것입니다.

2020년 4월 15일에 실시된 제21대 총선은 바로 꺼진 줄 알았던 촛불이 다시 살아나, 박근혜의 잔당들을 응징한 것이었습니다. 지역의 특성상 어쩔 수 없는 예외를 제외하고, 국회를 파행으로 이끌었던 의원들을 저격해서 쫓아냈습니다. 더구나 시대착오적인 '수구집회'를 주도한 세력에게 싸늘한 민심을 보여주었습니다. 소

대통령 직선제를 쟁취한
1987년 6월 항쟁(위쪽)과
박근혜 대통령 탄핵을 불러온
2016년 12월 촛불혁명(아래쪽).

음만 컸을 뿐, 그들 자신을 제외한 어떤 국민도 그들에게 표를 주지 않았습니다.

저는 세계가 찬사를 보내는 코로나19 사태의 성공적인 방어도, 직접민주주의의 힘이라고 생각합니다. 물론 '사람이 먼저'라고 생각하는 대통령이 이끄는 정부가, 질병관리본부를 효과적으로 운영한 것도 하나의 이유가 됩니다. 하지만 무엇보다 국민들이 눈물겹도록 협조를 잘해주셨기 때문에 가능했다고 생각합니다. 국민들에게 현 대통령과 정부는, 자신이 직접 촛불을 들었고 투표를 해서 만든 대통령이고 정부이기 때문입니다. 그리고 국가가 나의 생명과 안전을 지켜줄 것이라는 믿음을 갖게 되었습니다. 유교적 공동체 문화 때문이라느니, 지나친 통제와 사생활 침해라느니 하는 것은 한참 빗나간 해석입니다.

그동안 선진국이라 자처하던 나라들보다, 지금 대한민국이 세계에서 가장 안전한 모범국가입니다. 그 이유는 바로 직접민주주의의 원리가 가장 잘 작동하는 나라이기 때문입니다. 강요당해서가 아니라 자발적으로 협조하는 주체적 국민이 된 것입니다. 강제적인 셧다운이 아니면 유지될 수 없는, 허약한 민주주의 국가들과는 전혀 다른 차원의 나라가 되었습니다. 아무 준비도 하지 않다가 뒤늦게 사회적 격리하라니까 못 참고 시위나 하는 미국을 보시기 바랍니다.

우리 국민들은 이미 대선에 이어 지방선거에서도 여당에게 압승을 안겨 주었습니다. 2020년 4월 15일 헌정사에 유례없는 총선에서의 대승은, 우리가 걸림돌을 모두 치워줄 테니 어디 한번 촛불혁명의 정신을 실현해 보라는 준엄한 명령이기도 합니다. 이제 대한민국 사회는 주류가 바뀌어가고 있습니다. 오로지 색깔론밖에 내세울 것이 없는 재벌과 검찰, 족벌언론의 기득권 카르텔이 더 이상 마음대로 지배하는 사회가 아닌 것입니다. 선출되지 않은 집단이 무소불위의 권력을 휘두르는 것을, 국민들이 더 이상 용납하지 않습니다. 전국의 촛불 시민들이 이제 대한민국의 주류가 되어가고 있는 것입니다. 이렇게 여건을 만들어 주었음에도 불구하고 개혁에 실패한다면, 국민들은 싸늘하게 등을 돌리고 응징을 할 것입니다. 이미 직접민주주의의 달콤한 맛을 본 대한민국의 촛불시민들이기 때문입니다. 하지만 그런 일이 없이 잘 해낼 것으로 믿습니다.

4·19혁명이 일어난 지 어느덧 60주년이 되었습니다. 그날 독재와 맞서 대한민국의 민주주의를 지켜낸 분들께 감사드리며, 매년 이날이 오면 다시 읽어 보는 이영도 시인의 〈진달래〉를 소개합니다.**

눈이 부시네 저기
난만히 멧등마다

1장 • 사람의 역사

그 날 스러져 간
젊음 같은 꽃사태가

맺혔던 한이 터지듯
여울여울 붉었네

그렇듯 너희는 지고
욕처럼 남은 목숨

지친 가슴 위엔
하늘이 무거운데

연연히 꿈도 설워라
물이 드는 이 산하[8]

*   2016년 4월 28일 페이스북
**   2020년 4월 19일 페이스북

"이제 대한민국 사회는 주류가 바뀌어가고 있습니다.
오로지 색깔론밖에 내세울 것이 없는 재벌과 검찰,
족벌언론의 기득권 카르텔이
더 이상 마음대로 지배하는 사회가 아닌 것입니다.
선출되지 않은 집단이 무소불위의 권력을
휘두르는 것을, 국민들이 더 이상 용납하지 않습니다.
전국의 촛불 시민들이 이제 대한민국의
주류가 되어가고 있는 것입니다."

2장 ———————————————

역사란 과거와 현재의 대화라는 말이 있습니다. 그런데 실제로는 과거와 현재가 역동적인 관계를 맺고 상호작용을 하면서 우리의 세계관과 삶의 태도를 바꾸기도 합니다. 저는 이러한 역사학의 실천적 과제를 수행하고 자 여러 방면에서 노력해왔습니다. 이 장에서는 한국근현대사를 가로지르는 중요한 역사논쟁과 관련하여 그동안 제가 제시해온 의견들을 담았습니다. 일본의 역사왜곡부터 '일본군 위안부' 문제 그리고 건국절 논란, 대한제국 논쟁에 이르기까지 새롭고도 의미 있는 평가를 제시하고자 합니다.

사료 비판 없는 역사는
신화에 불과하다

역사학자가 제기하는
한국사 '팩트체크'

인터넷에 알려진 역사정보를 믿기 곤란한 이유

제가 대표집필한 고등학교 한국사교과서의 발행을 맡은 천재교육 편집부에서 연락이 왔습니다. 안창호가 세운 평양의 대성학교가 우리 교과서에 '1908년'에 설립된 것으로 나타나 있는데, 검토하신 선생님들이 '1907년'으로 고쳐야 한다고 문의를 해온다는 것입니다. 사실 설립연도 같은 것은 꼼꼼히 찾아보지 않으면 틀리는 경우가 많습니다.

인터넷을 검색하면 대성학교 설립연도가 '1907년'이라고 쓰여 있는 곳이 압도적입니다. 특히 브리태니커백과사전과 한국학중

양연구원에서 낸 《한국민족문화대백과사전》에도 '1907년'으로 되어 있습니다. 심지어 국사편찬위에서 만든 한국사 데이터베이스의 연표에도, 도산안창호기념사업회 홈페이지에도 '1907년'이라 쓰여 있습니다. 물론 일부에서는 '1908년'으로 쓰고 있는 경우도 있지만 매우 드물었습니다. 그래서 잠시 내가 틀렸나 하는 생각이 들기도 했습니다.

그런데 이 문제는 실로 간단하게 풀릴 수 있는 것이었습니다. 당시 신문을 찾아보면 되는 것입니다. 그래서 《대한매일신보》를 찾아보니, 1908년 9월 30일자 '잡보雜報(뉴스)'에 분명히 "그달 26일 대성학교의 개교식이 열렸다"는 기사가 실려 있었습니다. 그러니 1908년에 대성학교가 설립된 것이 맞는 것입니다.

이 같이 인터넷에는 확인되지 않은 역사 정보들이 넘쳐나고 있습니다. 심지어 누구나 신뢰하는 백과사전과 정부 기관에서조차 오류를 범하는 경우가 많습니다. 그러니까 누가 한번 잘못 쓰기 시작하면, 다음 사람들이 제대로 확인도 하지 않고 그대로 가져다 쓰고 그것이 역사적 사실이 되어버리는 것입니다. 도대체 언제 누가 대성학교 설립을 '1907년'이라고 잘못 쓰기 시작했는지 궁금해집니다.*

별기군의 올바른 명칭

역사용어를 어떻게 쓰는가에 따라서 그 사건에 대한 평가가 달라지곤 합니다. 그런데 당대에 사용되었던 용어를 쓰기보다 역사학자가 직접 이름을 붙이는 경우가 많습니다. 게다가 한국사 연구가 본격적으로 시작된 지 얼마 되지 않은 상태에서 붙여진 역사용어들이 지금까지 관성적으로 사용되기도 했습니다. 이에 따라 아무리 새로운 연구 성과가 나와도, 받아들이는 데까지 많은 시간이 걸리거나 아예 수정되지 않는 경우도 많습니다.

《역사용어 바로쓰기》라는 책을 2006년 역사비평사에서 낸 적이 있었고, 저도 독립협회 관련해서 한 편을 썼지만 별로 달라진 것은 없었습니다. 역사교과서를 계속 집필하면서 바로잡아 보려고 애썼지만 대부분 실패했습니다. 겨우 하나 고친 것이 있다면 갑신정변이 시작되었던 곳을 전에는 '우정국'이라고 썼다가 원래의 명칭인 '우정총국'으로 수정한 것입니다.

예를 들어 교과서 대부분은 일본인 교관을 초빙하여 1881년에 창설된 최초의 신식군대에 대해 '별기군'이라는 표현을 쓰고 있습니다. 그런데 당대의 기록인 《고종실록》, 《승정원일기》 등에는 별기군이라는 명칭이 등장하지 않고 모두 '교련병대' 또는 '기예병대'라고 쓰여 있습니다. '별기군'으로 쓰인 기록은 전혀 없습니다.

물론 별기군이라는 표현이 실록에 나오지 않는 것은 아닙니다. 특별히 선발하여 훈련을 시키는 병사들을 일컫는 명칭으로 조선 후기에 사용되었습니다. 그들이 특별한 신식 무기를 사용한다고 해서 '별기군'이라는 속칭을 쓴 것입니다. 그러니까 그냥 '별기군'이라고 하면 교련병대를 특징짓는 명칭이 아닌 것입니다. 당시 청군의 훈련을 받은 부대를 '청별기'라고 했듯이, 그들은 일본인들에게 훈련을 받는다고 해서 '왜별기'라고도 불렸습니다.

사실 이러한 내용은 제가 직접 연구한 것이 아니라 기존의 성과를 정리한 것에 불과합니다. 1989년에 이미 최병옥이라는 군사 연구자가 〈교련병대(속칭 왜별기) 연구〉라는 논문을 발표했습니다. 그는 2001년 《개화기의 군사정책연구》라는 저서도 발간했습니다. 그리고 2002년에 나온 배항섭의 저서 《19세기 조선의 군사제도 연구》에서도 역시 '교련병대'로 쓰고 있습니다.

이렇게 여러 사료를 제시하며 교련병대로 바꾸려 했지만 여의치 않았습니다. 제가 썼던 교과서에서조차 '공식명칭은 교련병대'라고 썼지만, 본문에는 결국 별기군으로 써야 했습니다. 이미 별기군으로 다들 알고 있다는 것이 이유였습니다. 검정을 통과하기 위해서라는데 별 도리가 없었지요.**

사료 비판이 꾸준히 이루어져야 하는 이유

대구의 어떤 기자 분이 국채보상운동을 제안했던 서상돈에 대한 취재를 하고 있다면서 전화를 해왔습니다. 서상돈이 독립협회 활동을 했다는 것이 맞는지 물어보더군요. 《한국민족문화대백과사전》과 국가보훈처 공훈자료에도 그가 '만민공동회의 재무부 과장 및 부장급'이었다고 되어 있는데, 당시 대구에서 활동하던 사람이 어떻게 한성에서 독립협회를 했다는 것인지 이해가 가지 않는다는 것이었습니다.

사실 이 시기를 연구한 학자로서, 대한제국 시기의 인물사 연구를 읽다 보면 답답할 때가 많습니다. 너무나 많은 사람들, 그것도 전혀 근거가 없는 사람들까지도 독립협회, 만민공동회 활동을 했다고 쓰여 있기 때문입니다. 그런데 그들 모두는 신용하 교수의 《독립협회연구》(일조각, 1976) 101쪽을 자료로 제시합니다. 그런데 신 교수가 근거로 삼고 있는 것은 1970년 《창작과 비평》 봄호 '자료소개'에 실렸던 〈독립협회연역략獨立協會沿歷畧〉이라는 자료입니다.

그는 이 자료가 "약간의 혼란이 있으나 대체로 자료로 이용할 수 있다"고 주장하면서 만민공동회의 각 부서 담당자와 구속된 회원명단을 제시하고 있습니다. 물론 새로운 자료가 나와 자신의 견해를 뒷받침해준다면 그만한 기쁜 일이 없을 것입니다. 하지만 엄밀한 사료 비판 없이 자신의 입맛에 맞는 내용만 가져다 쓰는 것은 허용되어서는 안 되는 일입니다.

독립협회 연구를 시작하면서 저도 당연히 이 자료를 보았습니다. '해제'는 고서애호가로 추정되는 하동호라는 분이 썼는데, 공개 경위를 보면 인사동의 경문서림에서 가지고 있던 필사본 자료를 소개한 것으로 되어 있습니다. 그의 설명에 따르면, 필사일은 1926년으로 추정하고 있는데 필사본에는 연월일도 지워져 있음은 물론 서명 부분을 까맣게 지우고 그 위에 종이를 덧대어 판독하지 못하게 되어 있었다는 것입니다.

아울러 신용하 교수 이전에 독립협회에 대한 최초의 논문을 작성했던 박성근 교수가 쓴 '자료비판'에서, 이 자료에 여러 가지 문제가 있다는 점을 지적하면서도 "문제는 있지만 좋은 자료"라는 평가를 내리고 있습니다. 그런데 저는 읽자마자 어떻게 이런 자료를 신뢰할 수 있었는지 의문이 생기더군요. 논문을 통해서도 이 자료의 문제점을 조목조목 밝힌 적이 있습니다.

그럼에도 불구하고 지금도 독립협회뿐 아니라 19세기 말부터 20세기 초의 인물사 연구에서 이 자료에 대한 의존도가 매우 높습니다. 예를 들어 신채호, 박은식, 장지연, 박용만, 안창호, 이동휘, 이승훈, 신흥우, 김규식, 이동녕 등 이 시기 행적을 잘 알 수 없는 인물들이 독립협회에 참여했다고 하면서 바로 신용하 교수의 저서를 인용하고 있는 것입니다.

어떤 점에서 문제가 있는지 궁금하시죠. 물론 구체적인 내용은 《창작과 비평》 1970년 봄호를 찾아보시면 되겠지만, 어려우신 분들을 위해 몇 가지만 지적해 드리겠습니다.

1. 독립협회가 "서광범, 박영효, 서재필 등에 의해 발기되었다가 1896년 봄에 서광범, 유길준, 박정양, 민영환 등에 의해 다시 창립되었다"고 합니다. 그러나 독립협회는 1896년 7월에 설립되었고, 분명히 창립 당시에 서광범, 유길준, 박정양, 민영환은 참여하지 않았습니다.

2. 초대 회장이 유길준이었다고 기록되어 있으나, 사실은 초대 회장이 안경수였고 위원장은 이완용이었습니다.

3. 독립협회의 개혁안으로 나와 있는 것은 갑오개혁에서 제시된 것이었습니다.

4. 소장파 200여 명이 명성황후 시해에 반발하여 일어난 의병들과 연결되었다고 하였으나 이 역시 1895년의 일로, 성립이 불가능한 이야기입니다.

5. 역시 소장파가 1896년 2월의 아관파천을 비난하다가 감옥에 갇혔다는 것도 성립될 수 없는 이야기입니다.

6. 독립협회의 다른 기록에서 찾을 수 없는 총재원이라는 직함이 있었다는데 여기에는 흥선대원군을 비롯하여 김병시, 조병세 등 당시 '수구파 원로대신'들이 총망라되어 있었습니다.

7. 임원 명단을 보더라도 앞에서 언급한 신채호 등의 인물들이 나오는데 다른 자료를 통해 전혀 나타나지 않는 내용들입니다. 아울러 회장에 결코 참여할 수 없었던 서광범, 박영효, 유길준 등이 언급되고 있으나 막상 윤치호의 이름은 빠져 있으

며 그를 교섭외교부 과장 및 부장으로 적고 있습니다.

8. 더욱이 갑오개혁 당시 외부대신이었으며 아관파천 이후 제주에 유배를 갔던 김윤식과 이미 죽었던 유대치, 그리고 독립협회와 대립했던 학부대신 신기선을 문교부장으로 잘못 쓰고 있습니다. 그밖에 허위, 김복한, 안병찬, 기산도, 기우만 등의 의병장들도 나타나고 있으며 황국협회의 핵심세력이었던 정낙용, 원세성 그리고 독립협회의 탄핵을 받았던 민종묵, 민영기를 비롯한 갑오개혁 당시 대부분의 대신들도 이름이 올라와 있습니다.

이렇게 누가 언제 썼는지도 정확히 알지 못하고, 위와 같이 도저히 성립 불가능한 내용을 담고 있는 문서를 사실대로 인정할 수 있을까요? 〈독립협회연역략〉을 쓴 사람은 갑오개혁과 독립협회를 혼동하고 있으며 그저 알 만한 인물들을 총망라하고 있다는 생각을 지울 수가 없는 것입니다. 결론적으로 독립협회 활동가에 대한 설명은 물론, 신채호 등의 인물에 대한 연구에 있어서 이런 믿을 수 없는 자료에 의존하는 태도는 빨리 그만두어야 할 것입니다.

그러니까 애초에 기자 분이 문의했던 서상돈의 경우에도 독립협회의 임원을 맡았을 가능성은 없었을 것으로 생각됩니다. 물론 1898년 9월에 독립협회가 인가한 대구지회에서 활동했을 가능성을 완전히 배제할 수는 없습니다. 하지만 지금까지 대구지회의 활동을 보여줄 수 있는 자료를 살펴보면 향리들과 갈등을 벌였다는 것 이외에는 딱히 없으며 그나마 이름도 언급되지 않고 있습니다. 이처럼 사료 비판을 통한 검증 절차를 꾸준히 거쳐야만 제대로 된 역사교육과 연구가 이루어질 수 있는 것입니다.***

*   2014년 2월 27일 페이스북
**   2014년 9월 16~17일 페이스북
***   2015년 3월 23일 페이스북

대한제국과 고종은
우리에게 무엇이었나?

---------------　자생적 근대화의 역사가
　　　　　　　　　중요한 이유

대한제국과 고종은 근대화의 기수였는가?

곧 끝날 것으로 생각했던 '대한제국 논쟁'이 언론의 조명을 받으면서 계속되고 있습니다.[9] 그런데 이 논쟁이 이태진 교수가 그렇게 자처하지 않음에도 마치 '내재적 발전론(내발론)'에 입각한 한국사학계와 '식민지 근대화론'에 입각한 경제사학계 간의 논쟁으로 비춰지고 있다는 점에 우려를 표합니다. 사실 역사학계에서는 이 교수의 학문적 열정과 문제제기를 높이 평가하지만, 그의 주장이 널리 받아들여지고 있다고 할 수는 없습니다.

이는 대한제국 100주년을 기념해 《역사비평》 1997년 여름호에 실린 좌담과 한국역사연구회에서 주최했던 '대한제국의 역사적 성격' 학술토론회(《역사와 현실》 제26호, 1997년 12월)에서도 확인할 수 있습니다. 그러니까 《교수신문》에서 이 논쟁의 성격을 이태진 교수가 "내발론을 대한제국으로 옮겨 와서 이어가려는 시도"라고 파악하면서, 그의 주장이 "내발론자들을 중심으로 환대를 받았다"라고 한 것과 "대한제국이 자생적 근대화론이 기댈 수 있는 마지막 보루"라고 한 것은 오해라고 할 수 있습니다.[10] 이 논쟁은 이태진 교수와 식민지 근대화론자 간의 논쟁일 뿐입니다.

이 교수의 '고종이 정조를 계승해 민국이념으로 통치했다'는 주장은 인정하기 어렵습니다. 그것은 어디까지나 왕권 유지를 위한 레토릭일 뿐이며, 그 자체를 근대국가를 지향하는 군주의 이념적 기반으로 내세우기도 어렵습니다. 대한제국이 수행했던 개혁사업의 결과가 민에 대한 수탈 강화로 나타났다는 점도 분명히 지적되어야 합니다.

한편 대한제국의 역사적 의미를 과대평가하고 반대로 개화파의 노력에 대해서는 친일이라고 규정해버리는 논리의 연장선상에서, 일본을 모델로 근대개혁을 추진하려 했던 세력을 훗날 국권침탈과정에서 일본에 협력한 세력과 동일하게 파악할 수는 없다고 봅니다. 오히려 고종의 역할에 대한 지나친 강조가 당시의 민족문제를 고종과 일본의 대립으로만 축소시킬 우려가 있습니다. 다른 한편 황실의 재정을 관리하던 궁내부 내장원의 재정운영과 관련하여 나타났던 수탈과 낭비는, 황실이 근대개혁을 주도하는 과정에서 어느 정도 불가피한 측면도 있었지만 분명 재정구조가 바람직한 것은 아니었음을 보여줍니다.

이렇게 이 교수의 논리가 당시의 시대적 조건에 비춰 고종과 대한제국에 대한 지나친 의미 부여에 치우쳐 있다면, 식민지 근대화론자들의 주장 역시 지나치게 의미를 부정하는 쪽으로 일관하고 있습니다. 양자 모두 특정 사실만 지나치게 부각시키는 용법에 빠져 있는 것입니다.

대한제국과 고종은 근대화의 장애물이었는가?

김재호 교수는 식민지 근대화론이 식민지 시기에 근대경제성장이 개시됐다고 주장하는 것일 뿐이라고 하지만, 궁극적으로는 대한제국 식민지화의 필연성과 식민지 기간 동안 일본의 시혜를 강조하는 논리로 귀결될 수밖에 없습니다. 그는 내발론이 바라마지 않는 '굴절 없이 탄탄대로를 거쳐 근대경제성장을 시작했던 나라'가 과연 몇이나 되는지 궁금하다고 합니다. 가보지 않은 길과 비교하기보다 식민지 시대에 진행된 근대경제성장의 실상을 파악하고 지금의 한국 사회와 어떻게 연결되는지를 이해하는 일이 더 가치 있고 흥미롭다고 합니다.

오히려 김 교수에게 되묻고 싶습니다. 과연 세계사적으로 순

조롭게 자본주의를 바탕으로 한 근대국민국가를 수립하고 제국주의로 전화했던 나라가 얼마나 되는지 말입니다. 당시 대한제국이 경제성장에서 뒤처지고 근대국가 체제를 완성시키지 못했다고 해서 반드시 식민지로 전락해야 하는 근거가 무엇입니까? 나아가 식민지 기간 동안 근대적 경제성장을 이룩한 부문이 많다 해도 그것은 무엇을 위한 것이었는지요? 식민지 지배를 통한 인적·물적 수탈을 통해 식민지 이전 시기에 성장하고 있던 부문이 오히려 피해를 입지는 않았는지요?

뒤늦게 논쟁에 합류한 이영훈 교수는 민국이념을 내세운 고종을 '성리학적 군주'라고 평가하면서 성리학과 개명군주는 서로 합치되는 개념이 아니라고 주장했습니다. 그러면서 다산이 고대했던 개명군주의 출현이 무산된 것을 아쉬워합니다. 그는 19세기 이래 조선 사회가 외부와의 영향과 관계 속에서 근대를 준비하고 성장시켜왔다는 '근대 개혁론'의 실체를 전적으로 부인합니다.[11]

문호 개방으로 말미암아 조선의 경제가 급속히 성장해가는 과정에서 나타난 당시 지식인들의 논리는 '동도서기론'과 거기서 발전한 '변법개화론' 및 '문명개화론' 등이 각축하고 있었습니다. 고종도 이들 논리 사이에서 그때그때 자신의 입장을 바꿔가면서 현실에 대응해나가고 있었던 것입니다.

1873년 20세에 친정에 나서서 30여 년을 다스렸던 군주가 아무런 사상적 발전을 거치지 않았다고 하는 것은 상식적으로 납득

107

곤룡포를 입은 고종 어진(왼쪽)과
대례복을 입은 고종 사진(오른쪽).

하기 어렵습니다. 1876년부터 이루어진 문호 개방의 과정에서 고종은 대체로 개방론의 입장에 손을 들어주고 있었습니다. 유생들의 '얕은 식견을 깨우친다'는 명목으로 김홍집이 들여온《조선책략》과《이언》을 인쇄해 반포하도록 한 것이 고종이었습니다. '청으로부터의 독립을 주장한 조선 사람들이 고종과 김옥균, 박영효 정도밖에 없다'고 파악한 1882년 일본의 자료는 어떻게 볼 것입니까?

아관파천 이후 척사론자들의 요구에도 단발령의 취소를 거부했고 대한제국 수립 후에는 대신들의 단발을 강요하기까지 했던, 그리고 과거제의 부활과 연좌제의 재도입을 주장하는 보수 세력의 요구에 끝까지 응하지 않았던 고종이 '성리학적 도학군주를 지향했다'고 하는 것은 고종의 의미를 철저하게 부정함으로써 식민지화의 필연성을 유도하려는 의도가 보입니다. 비록 실패했고 한계를 지니고 있었던 것은 사실이나 고종이 개명군주를 지향했다는 점은 인정해도 무방하다고 봅니다.

물론 고종의 한계와 대한제국의 개혁사업에 나타난 문제점들은 많습니다. 그러나 그렇게 될 수밖에 없었던 원인을 반드시 고종 자신에게서만 찾을 것이 아니라 그렇게 될 수밖에 없도록 만들어 간 당시 개화파 관료들의 문제도 함께 지적돼야 합니다. 김재호 교수는 "개화기 선각자들의 고투를 단지 외세에 부화해 권력을 장악하고자 하는 권력투쟁으로 폄하하고 있다"라고 비판합니다.[12] 그러나 이같이 개화파에 대해 각별한 애정과 이해를 보여주는 김 교수라면 당연히 고종과 대한제국의 개혁사업에 대해서도 왕권 유지를 위한 것으로만 몰아붙여서는 안 될 것입니다.

개화파들은 왜 국민적 지지를 받지 못했나

조선왕조는 봉건적 분권 경험을 지닌 서양이나 일본과 달리 19세기 초까지 400여 년 동안 전제적·중앙집권적 국왕을 중심으로 정치가 이뤄졌습니다. 따라서 왕권을 폐기한 뒤 국민국가를 구성하려는 시도는 거의 불가능했으며 국왕 중심의 정치가 강고하게 자리 잡혀 있었던 점을 유념해야 합니다. 그러므로 한국근현대사 연구에서 국왕의 향배를 제외해서는 곤란합니다. 근대 국민국가 수립을 주도하려는 왕권은 많은 한계를 가질 수밖에 없고, 국민의 역량이 성숙됨에 따라서 언젠가 타도되거나 무력화되어 입헌군주제나 공화정으로 이행하는 것이 일반적입니다.

그런데 그 과정에 외세가 개입해 일부 관료와 결탁해 왕권에 대한 위협과 제약을 가하게 되는 경우, 국민들은 민족적 입장에서 반발을 보이게 됩니다. 일부 개화파 관료들에 의해 진행됐던 1884년 정변과 1894~1895년의 개혁, 나아가 독립협회 운동이 선진적 정치의식과 전망을 가지고 있었음에도 국민적 지지를 받지 못하고 뿌리를 내리지 못한 것도 바로 이 때문이었음을 분명히 할 필요가 있습니다.

언론과 교육을 통한 계몽운동보다 외세와 결탁해 권력을 장악하고 왕권을 무력화한 가운데 근대개혁을 주도하겠다는 그들의 방식이 좌절하면서 '개화망국론'이 널리 퍼지게 되었습니다. 이에 따라 국민들 사이에서는 근대개혁을 부정적으로 여기는 경향이 나타났고 이는 개화파 지식인들이 초래한 결과라고 할 수 있습니다. 더욱이 그 과정에서 고종을 보필해 근대개혁을 주도해나가야 했던 유능한 개화관료들이 살해되고 망명해 인적 자원을 고갈시킨 것도 심각한 문제를 초래했습니다.

따라서 고종이 외척과 측근세력들을 통해 정치를 했다는 것은 분명히 비판을 받아야 합니다. 특히 대한제국 시기에 개혁주도세력, 이데올로그가 누군지 알 수 없을 정도로 혼란스러웠고 황제가 정부 관료를 믿지 못하고 있었던 점은 분명 국정의 난맥상을 보여주는 것이었습니다. 그러나 당시 정부 관료들이나 망명자들의 행태를 보면 고종이 그런 방식으로 운영해나갈 수밖에 없었다는 생각이 들게 하는 대목도 있습니다. 따라서 고종에게 근대 국민국가 수립의 실패 책임을 묻는 것은 가능하나, 전적으로 그에게만 몰아가는 것은 부당한 일입니다.

'근대화 지상주의'에 빠진 식민지 근대화론자들

그런데 식민지 근대화론자들은 자신들이 '근대화 지상주의'로 지칭되는 것에 대해 불편한 심정을 표하면서 오히려 내재적 발전론이 근대화 지상주의라고 몰아세웁니다. 한국사학계에서는 근대화를 당시의 시대적 조건에서 반드시 거쳐야 할 과정으로 이해해왔고, 비록 성공하지는 못했지만 근대국가를 수립하기 위한 노력이 진행되는 가운데 수없이 나타난 갈등과 혼란까지도 하나의 과정으로 포괄하고자 했던 것입니다.

반면에 역사학계가 그들을 '근대화 지상주의'라고 하는 것은, 그들이 '산업화'를 근대화의 가장 중요한 지표로 내세우면서 근대화만 이룩됐다면 그 권력의 주체가 한국인이든 일본인이든 무슨 상관이냐는 논리에 빠져 있기 때문입니다. 그런 관점에서 봤을 때, 식민지화에 기여했고 식민지배에 협력했던 친일 세력은 역사의 흐름에 순응했고 한국의 근대화에 기여한 세력이 된다고 보기 때문입니다.

이 논쟁이 생산적인 토론으로 전개되기 위해서는 무엇보다 이태진 교수와 일부 경제사학자들 간의 공방전으로 진행되지 않아야 합니다. 사실 이 논쟁에 역사학계가 본격적으로 개입하기를 주저했던 것은 식민지 근대화론자들이 그동안 방대하고 치밀한 실증작업을 통해 이룩한 성과를 반박하기 쉽지 않다는 이유도 있었지만, 서로 간의 역사인식의 거리가 너무 멀고 논쟁을 통해 상호

소통이 과연 가능할 것인가에 대해 회의적인 생각이 들었기 때문이기도 합니다.

지금까지 진행되어온 논쟁을 보다 생산적인 방향으로 전환해 나가기 위해서는 관련 연구자들이 한국근대사에 대한 총체적 인식과 내용을 가지고, 역사학과 경제사 영역만이 아니라 다양한 학문분야의 참여가 이루어져야 합니다. 그리고 신문이라는 매체의 한계를 뛰어넘어 대한제국을 총체적으로 연구하고 토론할 수 있는 본격적인 장이 마련될 수 있기를 희망합니다.*

---

*   2004년 11월 11일 교수신문

역사를 '추앙하기'보다 '만들어가기' 위하여

이승만의 국적 논쟁과
건국절 논란

'이승만 왕족설'에 대한 반론

박근혜 정부에서 국사편찬위원회 위원장이 된 유영익이 "이승만은 고귀한 왕족이었다"는 황당한 주장을 했다더군요.[13] 한 역사교사께서 그의 주장을 확인하기 위해 조선시대에서 왕족의 범위가 어디까지인지 물으셨습니다. 제가 조선정치사 전공은 아니지만, 아는 대로 간단히 말씀드리겠습니다.

조선왕조에서는 사실 '왕족'이라는 말보다는 '종친'이라는 말을 썼습니다. 그들을 관장하는 기구도 종친부였습니다. 이때 왕비가 낳은 대군大君은 4대까지만 종친으로 인정했고, 후궁이 낳은 군君

은 3대까지로 줄어들었습니다. 칭호도 대군大君 - 군君 - 정正 - 수守 순으로 내려갑니다. 즉 대군의 아들은 대군이 아니라 군이고, 손자는 정이며 증손자는 수를 뒤에 붙이는 것이죠.

그러니까 '전주 이씨'라고 해서 원래부터 모두 종친은 아니었습니다. 종친이 아닌 전주 이씨들도 많았습니다. 그리고 종친이라 하더라도 4대 또는 3대가 지나면 자연스럽게 종친이 아닌 사족으로 취급되었습니다. 이렇게 종친으로서의 대우가 끝나는 것을 친진親盡이라고 했습니다. 그 후에는 종친에게 허용되지 않았던 과거도 볼 수 있었고 관직에 진출할 수 있었습니다.

물론 이것마저 조선 말기가 되면 원칙이 훼손되어 종친 가운데 벼슬을 하는 사람들이 나오긴 합니다. 대표적인 사람이 흥선대원군의 형이었던 흥인군 이최응입니다. 그는 고종 친정 후 영의정까지 지내다가 임오군란 때 대원군의 사람들에 의해 살해되고 맙니다. 그러니까 이승만의 경우 '양녕대군 파'라고 하는데, 그것을 그대로 믿는다 하더라도 이승만은 이미 종친의 범위를 벗어난 지 오래된 사람입니다. 그저 몰락양반이었을 뿐이고 출세를 위해 배재학당에 들어간 것입니다. 만민공동회에서의 활동과 감옥생활, 미국에 유학하고 이후 활동하는 동안 누구도 이승만을 왕족으로 생각하지 않았고 그 자신도 그런 주장을 하지 않았습니다. 그러니까 결코 그가 왕족, 즉 종친이었다고 할 수는 없는 것입니다.

국편위원장 유영익이 그걸 모를 리 없고 처음에 그가 이승만에 대해 쓴 책에도 '왕족'이라는 말은 없었던 것으로 기억합니다. 그런데 그에게 이승만이 역사적 연구대상에서 점차로 종교적 숭배의 대상으로 옮겨가면서 이런 허황된 말이 나온 것이라고 생각합니다. 정말 역사학자들이 경계해야 할 일이지요.*

'백색테러'에 침묵하는 정부

박근혜 대통령이 비서관회의에서 2014년 12월 10일 신은미 씨에게 일어난 백색테러에 대해 침묵하면서 오히려 피해를 입은 사람들을 '종북콘서트'에 참가했다며 비판했습니다.[14] 실질적으로 테러를 옹호한 것이죠. 더 해도 괜찮다고 사인을 보내고 있는 것입니다.

박근혜 대통령은 그동안 단 한 번도 극우세력의 비윤리적인 행동에 대해서 비판한 적이 없습니다. '야권 전체가 반反대한민국 세력'이라는 둥 지극히 못된 발언을 일삼던 윤창중을 등용했던 것도 대통령 자신이었습니다. 그러니까 평소 그들과 같은 생각을 가지고 있었음을 스스로 드러낸 것이죠. 이제 유신독재 시대가 아니라 '해방 직후'로 돌아간 것 같습니다. 남북분단도 모자라 대한민국 내에서 분열과 갈등을 폭력으로 해결하려는 세력을 오히려 조장하는 대통령은 우리의 정치문화를 후퇴시키고 있음을 자각해야 합니다.

이 정부가 역사학자랍시고 등용한 이인호, 유영익, 이배용 등이 그토록 숭배하는 이승만이 했던 것이 바로 백색테러 세력을 조장하는 것이었습니다. 반민족행위특별조사위원회(반민특위)도 그렇게 해서 해산되었고 제주도민에게 무참한 만행을 저질렀던 서북청년단도 이승만의 비호를 받았습니다. 그들은 그것을 '건국운동'으로 미화하고 있는 것이죠.

저는 신은미 씨의 글을 모두 읽지는 않았지만 지나치게 일면적이라는 느낌을 받기도 했습니다. 요즘 같은 분위기에서 북한 사회에 대한 긍정적 경험담을 나누는 토크콘서트가 언론이나 극우 세력의 공격을 받게 될 것을 예상하지 못했을까 하는 생각도 들었습니다. 하지만 어떤 정치적 의사를 표명한다고 해서 이에 대해 폭력을 부추기고 백색테러를 조장하는 것은 용납할 수 없습니다. 이것은 이념의 문제가 아니라 우리 사회를 지탱하고 있는 기본과 상식의 문제입니다.**

어린 아이들까지 참여한 4·19혁명

"형과 누나들이 총탄에 쓰러지자 서울 수송국민학교의 어린 학생들이 행진을 하고 있다." 1960년 5월 9일자 《LIFE》에 실린 사진에 대한 설명입니다. 저는 4·19 당시 사진 가운데 이 잡지에 실린 사진에 가장 애정이 갑니다. 목 놓아 외치는 듯 절규하는 어린 학생들의 머리 위로 "(우리) 부모형제들에게 총뿌리를 대지 말라!!"라

는 현수막이 들려 있습니다.

수송국민학교는 지금의 종로구청 자리에 있었습니다. 그 자리는 조선 초기 정도전의 집이 있던 곳인데, 왕자의 난으로 살해당한 후 파괴된 곳이기도 했습니다. 덕수, 혜화, 재동, 교동과 함께 명문 중학교에 진학을 많이 시킨다고 해서 '5대 공립 국민학교'로 불렸습니다. 특히 광화문 네거리 가까이에 있었기 때문에 수송국민학교 학생들은 당시 각종 행사에 단골로 동원되었습니다. 아마 이승만의 행차 때에도 가장 많이 나가 태극기를 흔들었을 것입니다.

그랬던 저들이 거리로 나선 것은 4·19의 참극을 가장 가까이에서 볼 수 있었기 때문일 것입니다. 그리고 '피의 화요일'이었던

1960년 4월 26일 이승만 정권의 총격에 친구 전한승 군을 잃고 시위에 나선 수송국민학교 학생들.

4월 19일의 희생자 가운데 6학년 학생이 포함되어 있었기 때문이기도 합니다. 사진 속의 저 아이들은 지금쯤 60대가 되어 있을 것입니다. 그들은 지금 어떤 생각을 하면서 살고 있을까요? 지금 초등학생들이 다시 4·19와 같은 비극이 일어났을 때, 저렇게 거리로 나올 수 있을까요?

지금 우리는 이승만을 국부라고 칭송하고 그의 동상을 세우는 시대에 살고 있습니다. 이승만을 비판하면 '종북좌파'라고 매도하는 사람들이 나라를 주도하고 역사교과서를 국정으로 만들고자 합니다. 그렇다면 4·19혁명에서 희생된 영령들은 역사의 죄인이라는 뜻이 됩니다. 그러나 그것은 '4·19 민주이념을 계승한다'는 헌법에 명시된 정신을 명백하게 위반하는 것입니다. 이러한 현실을 그대로 두면서 4·19혁명을 기념한다고 하는 것은 허위이며 기만입니다.***

이승만의 진짜 국적은 어디였나?

오로지 국정교과서를 위해 억지와 망언을 일삼았던 공로로 국회의원이 된 전희경이 주최한 행사에서, "이승만은 평생 무국적자였으나, 다른 독립운동가들의 국적은 중국이나 미국이었다"는 망언이 나왔다더군요.[15] 그런데 과연 이승만은 무국적자로 남아 있었을까요?

2013년 10월 2일자《미주 한국일보》가 미국 국가기록원과 민간 고문서 보관 웹사이트 엔세스트리닷컴Ancestry.com이 공개한 자료에서 이승만 관련 문서 60여 점을 확인했습니다. 특히 이승만이 1918년 작성해서 미국 정부에 제출했던 징집카드에 국적을 '일본'이라고 한 것이 충격을 주었습니다.[16] 당시 그 내용이 보도되자 신문사가 이승만 추종자들로부터 엄청나게 시달렸다고 합니다.

이에 최초에 기사를 작성한 함지하 기자는 '취재수첩'을 통해 반론을 제기하고 있습니다.[17] 특히 기사의 마지막 문장이 인상적입니다. "동시대 미국에 거주하던 한인들은 어떻게 당시 한·일 합방으로 존재하지도 않았던 나라 '한국Korea'을 자신의 국적이라 했을까. 확인할 방법은 없다. 하지만 한 가지 분명한 사실은 당시 징집카드에 '한국'이라고 국적을 기재했다고 해서 미국 정부로부터 제재를 받거나 수정을 요구당하지 않았다는 점이다."

대한제국이 일본의 식민지가 되었기 때문에, 자동적으로 한국인들은 일본 국적을 가지게 되었습니다. 특히 문제가 되는 것은 해외에 나갈 때, 일본 여권을 가지고 가야 한다는 것이었습니다. 따라서 민족운동가들 가운데는 아예 출국을 포기하거나 여권 없이 비밀리에 망명하는 길을 택한 사람도 있었습니다. 해외에서 활동하던 분들은 무국적자로 있을 수 없어서, 살고 있는 나라의 국적을 취득한 적도 많았습니다. 따라서 그들이 미국이나 중국 또는 구소련 국적을 가졌다고 해서 문제가 된다고 보지는 않습니다.

건국절을 주장하는 사람들이 이제 와서, 과거 독립운동을 하시던 분들이 사실은 외국 국적을 가졌었노라고 비판하고 있습니다. 그렇다면 1890년에 이미 미국 국적을 취득하고, 이름은 물론 성까지 필립 제이슨으로 바꾼 서재필은 왜 그렇게 추앙하는 것입니까? 그리고 국내에 체류하고 있는 것도 아니고 미국에 살면서 스스로를 일본인이라고 밝힌 이승만을 어떻게 이해해야 하나요? 박용만을 비롯한 많은 다른 재미 한국인들이, 나라가 없어졌음에도 불구하고 당당하게 스스로를 한국인이라고 밝히고 있을 때였는데 말입니다. 게다가 왜 건국절을 주장하는 사람들은, 이승만이 무국적자로 살았다고 거짓말을 하는 것일까요?

그런데 어떤 분은 다른 자료를 들어 이승만이 국적을 한국으로 적었다는 것을 제시하면서, 이승만의 국적을 두고 비판하는 것이 '단일민족주의'와 '순혈주의'에 입각한 사관 때문이라고 규정을 했다더군요. 그 글이 반드시 저를 대상으로 한 것인지는 모르겠지만, 저의 의견을 분명히 해 두어야겠다는 생각이 듭니다.

　일단 저는 일제강점기 하에 있던 독립운동가들의 국적에 대해 논란을 벌이는 것 자체가 바람직하지 않다고 생각합니다. 저의 입장은 위에 쓴 바와 같이 "그분들이 미국이나 중국 또는 소련 국적을 가졌다고 해서 문제가 된다고 보지 않는다"는 것입니다. 1910년 이전에 미국으로 갔던 한국인들은, 대한제국의 여권을 가지고 있었습니다. 1910년 8월 29일 이후 대한제국은 일본의 식민지가 되었지만, 이미 한국인으로서 해외에 나가 있던 사람이 '일본인'이라고 써야 할 이유는 없었습니다.

　1918년에 국적을 한국이라고 쓴 사람들은 아마도 대한제국 국민으로서의 정서를 가지고 있었기 때문에 그렇게 썼을 것입니다. 한편 이승만의 경우에는 미국 유학을 마치고 귀국한 것이 1910년 10월이었습니다. 그리고 그가 다시 미국으로 출국했던 것은 1912년 3월입니다. 역사학자 유영익에 따르면, 일본에 있는 감리교 동북아 총책 해리스 감독이 일본 정부에 부탁하여 이승만의 여권을 마련해주었다고 합니다. 그러니까 그는 어쩔 수 없이 일본인으로서, 일본 여권을 가지고 출국을 한 것입니다.

그렇기 때문에 그가 국적 란에 '일본'이라고 쓴 것으로 충분히 이해할 수 있습니다. 설령 그렇게 했다고 해서 그를 친일파라고 매도하고 싶지도 않습니다. 다만 민족지도자로서 그리 바람직한 태도는 아니었다고 생각은 합니다. 제가 처음 이 내용이 보도되었던 2013년에 아무런 언급을 하지 않았던 이유입니다. 그런데 보수적인 학자들이 뜬금없이 임시정부 구성원들의 국적을 문제로 삼아 거론하기에 이 자료를 가져온 것일 뿐입니다. 게다가 이승만은 다른 독립운동가와 달리 무국적자로 있었다고 거짓말까지 하면서 말입니다.

1919년 이후에 이승만이 국적 란에 'KOREA'라고 적기 시작했던 것이 사실입니다. 그럼 그 이유가 무엇이었을까요? 바로 대한민국 임시정부가 수립되었기 때문입니다. 이승만은 대한민국 임시의정원에서 국무총리에 임명되었습니다. 참고로 대통령이라는 호칭은 스스로 만들어 부른 것입니다.

이때의 KOREA는 대한제국이 아니라 대한민국입니다. 그러니까 대한민국 임시정부의 수립이 없었다면, 이승만이 한국인이라고 자처하는 일도 없었을지 모릅니다. 그랬다면 해방 이후 대한민국의 초대 대통령에 선출되는 일도 없었을 것입니다. 이승만이 임시정부가 수립된 날(1919년 4월 11일)을 대한민국이 시작된 날로 기념하려고 했던 이유가 바로 거기에 있습니다.

그러니까 이승만을 국부로 추앙하는 보수 세력들이 1948년

8월 15일 대한민국 정부가 수립된 날을 '건국절'로 주장하는 것은 사실상 이승만을 부정하는 것입니다. 이승만 자신이 직접 1948년 취임선서에서 제헌국회부터 쓰이고 있던 단군기원을 쓰지 않고 '대한민국 30년'이라고 해서 문제가 되기까지 했으니 말입니다. 그러니까 대한민국 임시정부를 국가로 인정하지 않는 것은, 이승만이 바라던 것도, 그를 계승하는 것도 아닙니다. 무엇보다 이는 대한민국 헌법의 정신을 정면으로 위배하는 것입니다. 이에 대해서는 따로 말씀드리도록 하겠습니다.

분명히 말씀드리지만, 저는 국적으로 사람을 구분하지 않습니다. 자신이 실제로 거주하는 나라의 국적을 가지고 있다고 해서 그에 대해 비난하고 싶지도 않습니다. 그리고 이승만이 국적을 일본이라고 썼다가 나중에 한국이라고 바꾼 이유를 분명히 알아야 합니다. 그것이 진정한 실사구시입니다.****

건국절 논란을 넘어 '대한민국 건국기념일'로

표창원 의원이 보수 학계에서 제기하는 건국절이 문제가 된다면, 이에 대한 대안적인 의견은 없는지 질문을 주셨습니다. 제 생각을 다음과 같이 정리해서 답변을 드립니다. 결론부터 말하면, 4월 11일을 '대한민국 건국기념일'로 지정하는 것도 가능하다고 생각합니다.

1. 개천절이 건국절이라는 견해가 있으나, 이는 대한민국이라는 국가에만 해당되는 날이 아닙니다. 따라서 별도로 대한민국이 건국된 날을 기념할 이유가 분명히 있습니다.

2. 대한민국 헌법 전문에는 '대한민국 임시정부의 법통을 계승'한다고 적혀 있습니다. 그에 따라 임시정부가 대한민국을 선포한 날이, 대한민국 건국기념일이 될 수 있습니다.

3. 대한민국을 선포한 것은 하나의 '시민혁명'이라고 할 수 있습니다. 대한제국의 황제가 아직 살아 있었음에도 불구하고, 해방이 되더라도 황제의 나라로 돌아가지 않겠다는 선언이었습니다.

4. 현재 임시정부 수립기념일은 4월 13일로 되어 있습니다. 하지만 이는 일본 문서를 통해 잘못 기록된 것에서 유래한 것입니다. 실제로는 4월 11일이었음이 김희곤, 박찬승, 한시준 교수 등에 의해 이미 밝혀졌습니다(2019년부터 임시정부 수립기념일을 4월 11일로 수정).

5. 아시다시피 그동안 이명박·박근혜 정부와 뉴라이트 세력들은, 끊임없이 8월 15일을 광복절에서 건국절로 바꾸려고 시도해왔습니다. 따라서 이번 기회에 또다시 그런 망동이 일어나지 않게, 확실한 법률로 못 박아 두는 것도 의미가 있을 듯합니다.

6. 다만 '건국절'이라는 용어는 이미 이명박·박근혜 정부와 뉴

라이트 세력에 의해 남발되었다는 느낌이 다분합니다. '대한
민국 건국기념일' 정도가 어떨까 생각합니다.

　위의 내용은 어디까지나 저의 개인적 의견일 뿐입니다. 제가
제안한 '대한민국 건국기념일'과 관련해서는 학계에서 좀 더 구체
적인 논의와 결론이 나올 수 있기를 바랍니다.*****

*	2013년 10월 17일 페이스북
**	2014년 12월 15~16일 페이스북
***	2016년 4월 19일 페이스북
****	2016년 8월 23~24일 페이스북
*****	2017년 5월 16일 페이스북

전쟁에 짓밟힌
'여성'이라는 이름으로

'위안부' 피해자들의
명예회복을 위하여

전쟁의 가장 큰 피해자는 여성이다

2013년 3월 북한이 남북 간 정전협정을 완전히 백지화하겠다고 선언하는 소식을 들었습니다. 또다시 전쟁이 일어날지도 모르는 현실 속에서 우리가 살고 있다는 것을 실감합니다. 그럼에도 불구하고 우리 사회의 반응은 놀랄 만큼 차분한 분위기입니다. 한국인들이 전쟁 불감증에 걸린 것인지, 아니면 북이 전쟁을 일으킬 여력이 없다는 믿음을 가지고 있는 것인지 모르겠습니다. 어쨌든 우리는 전쟁을 막아야 하고, 그 누가 됐든지 간에 이 땅에서 전쟁을 일으키는 세력은 역사의 준엄한 심판을 받게 될 것입니다.

역사를 보면 전쟁은 대체로 남성 지배층들이 일으켰지만 여성에게 더 끔찍한 결과를 가져왔습니다. 우리는 학창 시절 '900여 회의 외세 침략을 받았다'고 배웠습니다. 그런데 한반도에서 벌어진 전쟁은 북방민족들의 세력이 강해지면서 중국을 공격해 들어가기 전, 사전 정비작업으로 침략해온 경우가 대부분이었습니다.

그 가운데 몽골과 만주족의 침략은 이 땅의 지배층들이 방어할 능력도 없으면서 전쟁을 자초한 측면이 있었습니다. 몽골이 침략해 들어오자 고려의 최씨 무인정권은 강화도로 천도했고, 그 결과 본토는 완전히 쑥대밭이 됐습니다. 결국 항복한 고려에게 몽골이 세운 원나라는 여성을 '공녀'라는 명칭으로 요구했고, 신분을 막론한 많은 고려 여성들이 원에 강제로 끌려가야 했습니다.

병자호란 이후에도 역시 많은 여성들이 청으로 끌려갔습니다. 대항할 힘도 없으면서 전쟁을 불사하자고 주장했던 남성 지배층들은, 전쟁 기간 중에 어쩔 수 없이 겪어야 했던 여성들의 성적 피해의 책임을 그녀들에게 전가했고 심지어 자결까지 강요했습니다. 간난고초를 겪고 청에서 겨우 돌아온 여성들은 '화냥년'이라고 해서 사람 취급조차 받지 못했습니다. 남성들은 그녀들을 보호하지 못한 자신의 허물을 반성하기보다 비겁하게 책임을 전가하기에 급급했습니다.

또 일본이 일으킨 중일전쟁과 태평양전쟁 중 벌어진 여성들의 강제 동원과 성적 수탈은 결국 '군 위안부'의 강제 동원이라는 비극적 결과를 낳았습니다. 전쟁에 동원돼 언제 죽을지 모르는 죽음의 공포에 떠는, 그러나 총칼이라는 막강한 무기를 가진 일본 병사들은 전쟁에서 승리할 때마다 자신의 성적 욕망을 강간을 통해 또는 집창촌에서 해결했습니다. 이를 통해 생긴 일본의 국가 이미지 추락과 성병으로 인한 전투력 상실이 바로 조선의 여성들을 '군 위안부'로 동원하는 결정적 이유가 된 것입니다.

이렇게 강제 동원됐다가 간신히 살아 돌아온 여성들 대부분은 다시 그리운 집으로 돌아가지 못했습니다. 가문과 사회가 그들을 받아들이지 않았고 기억하려 하지 않았던 것입니다. '군 위안부'가 사회적 이슈가 된 것이 1990년대 이후부터이니 그때까지 이들은 숨죽여 살아야 했습니다. 이런 점을 생각해보면 사실 우리 사회가 일본을 비난할 자격이 있는지 의심이 들기도 합니다. 일본에서는 '군 위안소' 출입을 증언하는 사람이 나왔지만, 지금까지 한국인 가운데는 어느 누구도 나서서 증언한 사람이 없는 실정입니다. 그리고 그녀들을 위한 기념관을 지으려는 시도를 나라 망신이라며 비난하는 사람들도 있습니다.

결국 역사 속에서 전쟁은 남성 지배층들의 지배 욕망을 채우기 위해 일어나는 것입니다. 그러나 결과는 대체로 힘없는 사람들에게 피해가 집중되고, 여성은 그 가운데서도 항상 가장 큰 피해자였습니다. 목숨을 잃었을 뿐만 아니라 강요된 성적 대상물로 전락하는 경우가 많았던 것입니다. 그 어떤 그럴듯한 말로 전쟁을 유도

한다 해도 여성이 이에 대해 단호하게 반대해야 하는 이유가 바로 여기에 있습니다.*

한·일 위안부 문제는 아직 종결되지 않았다

2015년 12월 28일 한국과 일본 정부의 '위안부' 문제에 대한 합의가 가슴을 답답하게 합니다. 지난 1965년 일제에게 피해를 받은 당사자들의 동의도 없이 제멋대로 한일협정을 강행한 사람이 박정희였습니다. 그로 인해 당시에는 노출되지 않았던 '위안부' 문제를, 일본 정부가 청구권 문제가 소멸되었다는 이유로 계속해서 거부하는 빌미를 주었습니다. 이제 그 딸(박근혜)이 마치 그동안 '위안부' 문제의 해결이 한일관계의 기본인 것처럼 쇼를 하다가, 이번에 또다시 할머니들의 가슴에 대못을 박았습니다.

이렇게 해결할 것이었으면 이미 그분들은 2000년대에 일본에서 민간 차원의 모금으로 지급된 '아시아여성평화기금'을 받고 편안히 노후를 보내실 수 있었습니다. 왜 그분들이 비가 오나 눈이 오나 수요집회를 계속하면서 그 고생을 해 왔는지 전혀 공감도 이해도 하지 못했다는 것이 이번 합의에서 드러난 것입니다. 이 정부가 무슨 권한으로 '위안부' 문제를 해결할 자격이 있습니까? 피해 당사자들의 의견이나 입장은 철저히 무시한 채 말입니다. 일본에서 받은 돈으로 재단을 만들어, 또 어떤 이상한 인사들에게 맡겨이 문제를 한일 간이 아니라 국내적 갈등으로 몰고 가려는 것입니까? 법적 책임과 배상도 없이, 제대로 된 역사교육을 통해 잘못을 반성하지 않는 현 일본 정부와 한국 정부 간 합의는 결코 인정할 수 없습니다.

저들은 앞으로 세월호 피해 유가족들의 경우와 마찬가지로 할머니들을 고립시키려고 할 것으로 예상됩니다. 한일관계의 정상화를 가로막는 고집불통 할머니들로 몰아가겠지요. 상상할 수 없는 일을 당했던 할머니들에게 2차, 3차 피해를 가하는 이런 정부의 책임자들은 참 나쁜 사람들입니다. 5년짜리 정부가 앞으로 '위안부' 문제를 재론하지 않는다는 '최종적·불가역적' 합의를 할 자격이 있습니까?

국정교과서에 이어서 역사를 제멋대로 좌우할 수 있다는 오만과 독선을 막아내야만 합니다. 제대로 해결할 능력이 없으면 다음 정부, 또 그다음 정부로 이어져서라도 할머니들의 한을 풀어드리고 피눈물을 닦아드려야 합니다. 일본한테 손 벌리지 말고 국가 예산과 국민모금을 통해서라도 일단 그분들에게 지원을 해드리는 방안을 찾아볼 필요가 있습니다. 그리고 나중에 본질적인 결과를 이루어냈을 때, 일본으로부터 배상을 받아 보충하는 것도 하나의 방법이 될 것입니다. 역사학자로서 이번 한일 외무장관의 야합은 인정할 수 없습니다.

일본이 내놓기로 한 10억 엔, 그러니까 97억 원이 넘으니 그만하면 큰 돈 아니냐고 하는 분들이 계시죠? 그런데 말입니다. 박정희 기념사업에만 들어간 예산이 2015년에 403억 원이며 최근 7년간 1,356억 원이라고 합니다. 게다가 상암동에 박정희기념도서관을 건립하는 데 들어간 국고가 208억 원입니다.[18] 지금까지 일본만 탓해왔지 이 정부가 '위안부' 할머니를 위해 투입한 예산이 얼마입니까? 그런데 97억 원 받기로 했으니 큰 외교적 성과라고요? 대통령이 직접 챙겼다고 생색까지 내면서 말입니다.

그나마 이들이 재단을 만들면, 그동안 '위안부' 문제에 아무 관심도 기여도 없던 관료 출신들을 요직에 앉힐 것입니다. 결국 운영비와 인건비에 대부분이 들어가리라 예상됩니다. 막상 할머니들께 전달될 돈은 그중 얼마 되지도 않을 것입니다. 외교부를 비난하시는 분들은 재고하시기 바랍니다. 그들은 대통령 잘못 만나 고생은 고생대로 하고, 그것도 모자라 총알받이로 온갖 욕을 뒤집어쓰고 있을 뿐입니다. 비난을 하려면 몸통에다 하시기 바랍니다.

이번 합의가 미국의 동아시아 전략 가운데 하나라고 운운하는 것도 그다지 적절치 않아 보입니다. 그걸 누가 모릅니까? 이는 또 다른 초점 흐리기가 될 수 있다고 생각합니다. 아무리 미국에서 종용한 것이라 한들 제 정신이 있는 지도자라면 충분히 거부할 수 있는 것입니다. 결국 이번 야합의 책임추궁은 몸통이자 근원인 대통령에게 향해야 한다고 생각합니다. 온갖 아버지 기념사업으로 국민의 세금이 줄줄 새게 만들고 있는 바로 그 사람에게 말입니다.**

배봉기 할머니를 진실로 기억하고 싶다면

고 배봉기 할머니! 김규항 덕분에 참 오랜만에 들어보는 이름입니다. 그는 한국 사회가 이미 1975년에 위안부 증언을 했던 배봉기 할머니를 고의로 기억하지 않았다고 합니다.[19] 제가 그동안 바라보고 생각해온 것과는 너무 달라 제 경험과 기억에 비추어 이 글을 씁니다.

저는 1990년에 KBS 3·1절 특집 〈역사의 빛, 친일〉이라는 다큐멘터리로 방송 '데뷔'를 했습니다. 한국 방송사상 최초로 친일문제를 다룬 작품이었습니다. 2월 28일 방송 날짜가 다가올 때까지도 방영이 불발될지 모른다고 걱정하던 기억이 생생합니다. 다행히 심의를 통과하여 역사에 관심이 있던 많은 분들이 방송을 보셨지요.

당시 제작을 맡았던 고 김종찬 PD가 저에게 다음 해에 어떤 주제를 하면 좋겠냐고 해서 '정신대'가 어떠냐고 했습니다. 그때만 해도 정신대와 '군 위안부'에 대한 구분이 되지 않았던 시기입니다. 그런데 김 PD가 난색을 보였습니다. 영상으로 담을 그림이 없다는 것이었습니다. 그때만 해도 전문 연구자도, 관련 자료도 많지 않을 때였습니다. 당시 유일한 증언자가 바로 배봉기 할머니밖에 없었습니다. 그러니 증언을 들으려면 오키나와까지 가야 하는 상황이었습니다. 결국 포기하고 말았지요. 하지만 그분의 이름을 잊지는 않고 있었습니다.

2009년 오키나와에서 한일역사공동연구위원회 근현대사 분과 회의가 열렸습니다. 회의가 마무리된 후, 한국 측 위원들끼리 배를 타고 배봉기 할머니가 살다가 돌아가신 도카시키 섬으로 갔습니다. 그분의 무덤에 뒤늦은 참배를 했습니다. 많이 가슴이 아팠습니다. 현지 주민들께서 뜻을 모아 묘소를 예쁘게 단장해주신 모습을 보고 감동했습니다.

그러니까 고 배봉기 할머니를 우리 사회가 잊었다고 하는 김규항의 말은 사실이 아닙니다. 그런데 만약에 한국과 일본에서 '위안부' 할머니를 기억하기 위해 노력해오신 분들, 문서보관소를 뒤지며 작은 흔적이라도 찾으려 했던 분들의 뜨거운 가슴과 노고가 없었다면 어떻게 되었을까요?

저는 늘 그분들에게 죄송하고 고마운 마음으로 살고 있습니다. 그런데 주로 2차 저작에 의존하는 박유하나 그녀를 옹호하는 성명서를 주도했던 김규항 등의 사람들은, 그동안 실질적으로 애써오신 이분들에게 어찌 그리 도끼눈을 뜰 수 있는 것인지 모르겠습니다. 정작 맞서야 할 것은 외면하고, 역사적 맥락도 무시한 채 말입니다.

그가 '가부장제'이자 '싸구려 정의'라고 매도하는 사람 중에는 저 또한 포함될 것입니다. 박유하를 비판했고 그들이 발표한 성명서를 반박하는 학자, 활동가들의 성명서에 동참했으니까요. 그런데 정작 '가부장제'라는 비판을 들어야 할 사람들이란, 수치스러운

배봉기 할머니의 피해를
국내에 처음으로 상세하게 고발한
1977년 4월 23일 조선신보 기사.

역사를 왜 기념하느냐며 '위안부' 기념관에 반대하고 나섰던 일부 독립유공자 단체들이 아닐까요? 그리고 남에게 아무 말이나 쏟아 부어도 되는 '표현의 자유'보다 자신의 인격을 침해받지 않을 자유가 더 소중한 것 아닐까요?***

*   2013년 4월 23일 여성신문
**   2015년 12월 28~30일 페이스북
***   2016년 2월 3일 페이스북

'학문의 자유'가
피해자의 권리보다 우선하는가?

―――――――― '제국의 위안부' 사태에
대한 입장

법적인 다툼을 넘어 학문적 토론으로

학교에 도착해 보니 〈'제국의 위안부' 사태에 대한 입장〉이라는 성
명서에 동참해 달라는 이메일이 왔습니다. 자세히 읽어보고 평소
저의 생각과 같아 서명하겠다는 의사를 보냈습니다. 이 성명서는
그동안 '위안부' 문제를 연구해온, 한국과 일본의 여성학계와 역사
학계가 중심이 되어 진행된 것입니다. 박유하 교수의 형사책임을
묻는 것에는 반대하지만, 그가 쓴 책에도 결정적인 문제가 있다는
것을 분명하게 지적하고자 합니다.

저는 2014년 여름 처음 '제국의 위안부' 사태가 일어났을 때

간단하게나마 두 가지 입장을 표명했습니다. 하나는 법적인 다툼보다는 학문적 영역에서 해결하면 좋겠다는 점, 다른 하나는 분명히 박유하 교수의 저술에는 동의할 수 없으며 문제가 많다는 점이었습니다. 우선 역사에 대한 해석을 역사 전문가도 아닌 법관에게 맡긴다는 것은 바람직하지 않다고 생각합니다. 더욱이 그것을 형사사건으로 기소한다는 것은 더욱더 동의하지 않습니다. 충분히 학문적 영역 안에서 비판과 극복이 가능하다고 믿습니다. 박 교수를 피해자, 순교자로 만들지 않았어야 했습니다. 나아가 SNS 상에서 박 교수에 대한 욕설과 모욕을 가하는 사람들에게 결코 동의하지 않습니다. 하지만 박유하 교수를 학문의 자유를 침해당한 피해자로만 보려는 시각에 대해서도 동의할 수 없습니다. 그의 책에 의해 정작 가장 큰 피해를 입은 사람은 '위안부' 할머니들입니다.

어떤 연구자도 다른 사람의 명예를 훼손하고 모욕적인 표현을 해 놓고는, 학문의 자유를 내세워 합리화할 권리는 없다고 생각합니다. 저는 박 교수와 10년 전에 한겨레를 통해 대담을 한 적이 있습니다. 〈마주 치닫는 한-일 관계〉라는 기사였는데요. 대담을 하게 된 계기는 바로 당시 고려대 명예교수였던 한승조와 지만원의 식민지 미화 발언 때문이었습니다. 원래 저의 상대로는 이영훈 교수가 섭외되었다가 불발되고 박유하 교수가 나왔습니다. 그때만 해도 박유하 교수가 어떤 분인지 몰라서 《반일 민족주의를 넘어서》라는 책을 읽어 보았습니다. 가슴이 답답해 왔습니다.

마침내 2005년 3월 14일 한겨레신문사에서 만났습니다. 대담을 진행하는 동안 답답함을 넘어서 여러 모로 불편한 감정을 느꼈습니다. 박 교수에게 한국과 일본 사이에서 발생했던 역사와 현실의 문제들은, '합리적 일본'과 '비합리적 한국' 사이에서 벌어지고 있는 일에 다름 아니었습니다. 저는 당시 박 교수에게 '타자의 시선으로 한국을 바라보고 있다'는 비판을 한 적이 있습니다. 그리고 그렇게 일본어에 능통하고 일본 사회를 잘 안다면, 그런 사람이 해야 할 일은 한국 사회에 일본을 이해하도록 요구하는 것이라기보다는 일본인들에게 한국의 입장을 설득해나가는 것이라고 강조했습니다.

저는 박유하 교수에 대한 기소를 비판하는 성명서에 참여하신 분들 모두가, 그 내용대로 책에는 정말 문제가 없다고 생각하는지 궁금합니다. 제가 평소에 좋아하고 공감하는 분들도 많이 계시더군요. 아마 책에 문제는 있지만, 사법처리에는 반대한다는 생각으로 동참하신 분도 계실 것이라는 생각이 들지만 확실치는 않네요. 2005년 당시 박 교수와 저의 대담 기사를 읽고, 박유하 교수를 극찬했던 김규항 씨를 보고 어안이 벙벙했던 적이 있었는데요. 그가 이번 성명을 주도했더군요.

저는 그동안 가급적 말을 아끼려고 했습니다. 어쨌든 어려운 처지에 있는 사람에게 비판을 가한다는 것이 꺼려졌습니다. 하지만 계속해서 자신을 정당화하며 자신에 대한 비판에 대해 무차별

139

적으로 공세를 취하고 있는 모습을 보니 안타깝다는 생각이 들었습니다. 나아가 책에는 문제가 없는데 학문의 자유가 침해되고 있다는 성명서가 일본과 한국에서 나오는 것을 보면서 이제는 한마디 해야겠다는 판단이 들었습니다. 2005년 당시 한겨레 대담 기사에서 위안부 문제와 관련한 내용만 인용하자면 다음과 같습니다. 두 사람이 가진 생각의 결이 얼마나 다른지 이해하실 수 있을 것입니다.*

> 박유하 : 일본에 대한 비판이 필요 없다는 게 아닙니다. 다만 이제까지와 같은 비판이 생산적이지 못했다는 겁니다. … 또 우리 자신의 가해와 피해의 문제도 들여다봐야 합니다. 최종적으로 화해와 용서를 지향하기 위해서도 무슨 일이 있었는지 제대로 알아야 합니다. 예를 들어 제가 인터뷰한 위안부 할머니는 일본군보다 자기를 판 아버지가 더 밉다고 말했어요. 이런 이야기를 하면 많은 한국 사람들이 '그건 아주 소수다'라며 흘려버립니다. 그러면 그런 소수의 억울함은 누가 풀어줘야 하는 걸까요?
>
> 주진오 : 저도 처음엔 종군 위안부 문제를 민족 문제로만 바라봤습니다. 나쁜 일본인들이 선량한 조선 처녀들을 능욕한 것으로 생각했고 분노를 참을 수 없었지요. 그런데 여성학자들의 연구를 보면서 많이 깨달았습니다. 저만의 깨

달음은 아니죠. 위안부 문제는 남성과 여성의 문제이고 국가에 의한 집단적 성폭력의 문제인데 이에 대한 한국 사회의 반성은 과연 있는가? 우리 자신을 돌아보자는 문제제기는 의미가 있다고 봅니다. 그런데 일본을 잘 알고 오래 연구해온 분들이 정작 해주어야 할 작업은 한국인들에게 일본 사회의 정확한 모습을 알리는 것과 동시에 일본인들에게 한국인들의 정서를 전달해주고 반성을 촉구하는 게 아닐까 생각합니다. 그런데 오히려 한국 사회의 대응, 그 가운데서 가장 극단적인 사례를 들어 한국이 불필요한 문제를 만들어나가고 있다는 주장을 하시는 것 같습니다. 일본의 과거사에 대한 인식이 한국의 반발을 부추기고 차분한 대응을 가로막고 있다는 점을 잊지 않았으면 좋겠습니다.[20]

＊   2015년 12월 3일 페이스북

'제국의 위안부' 사태에 대한 입장

일본군 '위안부' 문제에 대해 깊이 고민하며 그 정의로운 해결을 위해 노력해온 우리는, 박유하 교수의《제국의 위안부》와 관련한 일련의 사태에 대해 참으로 안타깝게 생각합니다. 2013년에 출간된《제국의 위안부》와 관련하여, 2014년 6월에 일본군 '위안부' 피해자 9명이 박유하 교수를 명예훼손 혐의로 한국 검찰에 고소했고, 지난 11월 18일에 박유하 교수가 불구속 기소되었습니다. 이에 대해 한국의 일부 학계와 언론계로부터 학문과 표현의 자유에 대한 억압이라는 우려의 목소리가 나오고 있고, 지난 11월 26일에는 일본과 미국의 지식인 54명이 항의성명을 발표하기도 했습니다.

우리는 원칙적으로 연구자의 저작에 대해 법정에서 형사책임을 묻는 방식으로 단죄하는 것은 적절하지 않다고 생각합니다. 그러나 이번 검찰 기소가《제국의 위안부》로 인해 심대한 마음의 상처를 입은 일본군 '위안부' 피해자들에 의해 이루어진 것이라는 점을 고려할 때, 지금 이 시점에서 그 기소를 평가하는 데는 매우 신중해야 한다고 생각합니다.

우리가 더욱 우려하는 것은 이 일련의 사태가 문제의 본질을 떠나 학문과 표현의 자유로 초점이 옮겨지고 있다는 점입니다. 일본군 '위안부' 문제가 일본 국가기관의 관여 아래 본인의 의사에 반하여 연행된 여성들에게 '성노예'를 강요한, 극히 반인도적이고 추악한 범죄행위에 관한 것이라는 사실, 그 범죄행위로 인해 참으로 심각한 인권 침해를 당한 피해자들이 지금 이 순간에도 커다란 아픔을 견디며 삶을 이어가고 있다는 사실이야말로 무엇보다 중요하게 인식되어야 합니다. 그 범죄행위에 대해 일본은 지금 국가적 차원에서 사죄와 배상을 하고 역사교육을 하지 않으면 안 된다는 것이 국제사회의 법적 상식입니다.

하지만 일본 정부는 1965년에는 그 존재 자체를 인정하지 않았고 그래서 논의조차 되지 않았던 문제가 1965년에 해결되었다고 강변하는 부조리를 고집하고 있습니다. 일본군 '위안부' 피해자들은 그 부조리에 맞서 1,200회 이상 매주 '수요시위'를 개최하고 있고, 지친 노구를 이끌고 전 세계를 돌며 '정의로운 해결'을 간절하게 호소하고 있습니다. 우리는 이 엄중한 사실들을 도외시한 연구는 결코 학문적일 수 없다고 믿습니다. 우리는 《제국의 위안부》가 사실 관계, 논점의 이해, 논거의 제시, 서술의 균형, 논리의 일관성 등 여러 측면에서 많은 문제를 안고 있는 책이라고 봅니다. 기존의 연구 성과와 국제사회의 법적 상식에 의해 확인된 것처럼, 일본군 '위안부' 문제의 핵심은 일본이라는 국가의 책임입니다. 그럼에도 불구하고 《제국의 위안부》는 책임의 주체가 '업자'라는 전제에서 출발합니다. 법적인 쟁점들에 대한 이해의 수준은 매우 낮은 데 반해 주장의 수위는 지나치게 높습니다.

충분한 논거의 제시 없이 일본군 '위안부' 피해자들이 "일본제국에 대한 '애국'"을 위해 "군인과 '동지'적인 관계"에 있었다고 규정하는 것은, '피해의 구제'를 간절하게 호소하고 있는 피해자들에게 또 하나의 커다란 아픔을 주는 일이 아닐 수 없습니다. 이렇게 우리는《제국의 위안부》가 충분한 학문적 뒷받침 없는 서술로 피해자들에게 아픔을 주는 책이라고 판단합니다. 그래서 우리는 일본의 지식사회가 '다양성'을 전면에 내세워《제국의 위안부》를 적극적으로 평가하고 있다는 사실에 접하면서, 과연 그러한 평가가 엄밀한 학문적 검토를 거친 것인지 커다란 의문을 가지지 않을 수 없습니다.

우리는 이 사태를 무엇보다 학문적인 논의 속에서 해결해야 한다고 봅니다. 한국과 일본과 세계의 연구자들이 문제에 대해 함께 논의하고, 그 논의 속에서 문제의 실체를 확인하고 해결방안을 마련하기 위해 함께 지혜를 모으는 것이 필요하다고 봅니다. 그래서 우리는 연구자들이 주체가 되는 장기적이고도 지속적인 논의의 장을 마련할 것을 제안합니다. 그리고 그 일환으로 우선 박유하 교수와《제국의 위안부》를 지지하는 연구자들에게 가능한 한 가까운 시일 내에 공개토론을 개최할 것을 제안합니다. 끝으로 우리는, 명예훼손에 대한 손해배상 청구와 고소라는 법적인 수단에까지 호소하시게 된 일본군 '위안부' 피해자들의 아픔을 깊이 되새기며, 일본군 '위안부' 피해자들에게 거듭 상처를 주는 이러한 사태에 이르게 되기까지 우리의 고민과 노력이 과연 충분했는지 깊이 반성합니다. 그리고 외교적·정치적·사회적 현실에 의해서가 아니라, 정의의 여신의 저울이 진정 수평을 이루게 하는 그런 방식으로 일본군 '위안부' 문제가 해결될 수 있도록 더욱 열심히 노력할 것을 다짐합니다.

2015년 12월 9일

일본군 '위안부' 피해자들의 아픔에 깊이 공감하고, '위안부' 문제의 정의로운 해결을 위해 활동하는 연구자와 활동가 일동(이상 122명)

철저한 반성 없는
용서와 화해는 기만이다

바람직한
한일관계를 위하여

친일 청산은 역사에 대한 책임이다

2002년 2월 28일 '민족정기를 세우는 국회의원 모임'이 광복회로
부터 넘어온 자료를 바탕으로 '친일 반민족행위자' 708명의 명단
을 발표한 것으로 인해 뜨거운 논란이 일고 있습니다. 대부분의 언
론은 이번 발표를 긍정적인 방향으로 받아들이고 있으나, 자신들
의 뿌리가 포함된 일부 언론에서는 강력히 반발하면서 명단 발표의
의의를 부정하려고 총력을 기울이는 듯한 인상을 주고 있습니다.
그러나 애써 사실을 은폐하려 하기보다는 어떤 근거에서 친일이
라고 할 수 없는지를 제시하고, 독자들에게 그러한 과오를 뛰어넘

을 수 있는 역사에 대한 그들의 공헌도를 제시하면 되는 것입니다.

사실 역사의 평가나 시선은 한 사람의 생애 전체에 비추어져야 합니다. 그리고 한 사람의 삶에는 다양한 얼굴이 존재합니다. 따라서 사람이 한 평생을 살아감에 있어서 영욕이 함께 하는 것은 자연스러운 일입니다. 어떤 사람이 친일을 했다고 해서 그가 한 사람의 교육자 또는 예술가로서 지녔던 가치조차 부정할 필요는 없으며, 반대로 아무리 훌륭한 종교인 또는 언론인이었다 해도 그가 친일을 했던 과오가 없어지는 것은 아닙니다. 이번에 발표된 명단은 단지 친일이라는 기준을 가지고 선정한 것일 뿐입니다.

여기에서 중요한 것은 자신이 저지른 과오가 있을 때 진정한 참회를 통해 반성할 수 있는 자세입니다. 그 후손들은 억울하다고 생각할지 모르지만, 조상의 친일 행위로 말미암아 누릴 수 있었던 안락한 삶과 교육의 기회 이면에는 독립운동가와 그 가족들이 치러야 했던 큰 희생이 있었음을 직시할 필요가 있습니다. 따라서 친일 청산 작업을 증오할 것이 아니라 오히려 이에 적극적으로 동참하는 것이 역사에 대해 책임을 지는 자세입니다.

다른 한편으로 친일에 대한 논의가 또 하나의 연좌제가 되어 역사적으로 큰 업적을 남겼음에도 이를 인정하지 않는 것은 바람직하지 않습니다. 우리도 만약 식민지 시대에 살았다면 친일의 삶을 살지 않았을 것이라고 아무도 장담할 수 없기 때문입니다. 이번에 국회의원들이 제시한 명단은 그 자체가 결정적인 권위를 지닌 것도, 최종적인 것도 아니며, 그들이 그러한 권한을 가지고 있는 것도 아닙니다. 이 문제는 언론 공방을 통해 해결할 일도 아닙니다. 또다시 우리 사회에서 잠깐 들끓다가 잊히게 할 문제로 만들 것이 아니라 구체적인 해결 방안을 모색해야 할 때라고 생각합니다.

이를 위해서는 국회의원들이 제시한 '일제하 친일 반민족행위 진상규명을 위한 법률' 제정이 적절한 방법이라고 생각됩니다. 또 이미 민간 차원에서 진행되고 있는 '친일 인명사전 편찬 작업'을 정부 차원의 지원과 협조를 통해 공식화하는 것도 하나의 방법이 될 수 있을 것입니다. 그 과정에서 대상자들 및 후손들에게도 충분한 반론권이 보장되어야 할 것입니다. 당연히 이번 명단에 포함된 사람들의 옥석을 가리는 일뿐 아니라, 포함되지 않은 사람들에 대한 엄밀한 검증도 필요할 것입니다. 이번 명단 발표가 철저한 진상 규명을 바탕으로 회개와 반성이 이루어지고, 용서와 화해를 통해 과거를 씻어내는 중대한 전환점이 되기를 진심으로 바랍니다.*

일본의 역사교과서 개악이 노리는 것

2002년 3월 28~29일 중국 난징에서 열린 '역사인식과 동아시아 평화 포럼'에 발표자로 다녀왔습니다. 한·중·일의 학자, 교사와 시민운동가가 모여 군국주의의 부활을 기도하는 일본 신우익세력의 역사교과서 왜곡을 비판하고 대안을 모색하는 자리였습니다.

한국에서는 '일본교과서바로잡기운동본부'를 중심으로 30명의 대표단이 참가했습니다.

앞으로 세 나라가 공동으로 역사 부교재를 제작하고 각국이 매년 돌아가면서 포럼을 이어가기로 합의했습니다. 또 일본 신우익세력들이 집필하여 메이세이샤明成社에서 출판할 고등학교 역사 교과서가 검정을 통과할 것이 확실하다는 보고를 듣고 이에 대한 대책을 논의했습니다. 민간 차원의 교류와 협력이 얼마나 중요한 것인지를 깨닫게 한 회의였다고 생각합니다.

그런데 정부 당국자들은 '한일역사공동연구위원회'가 구성되면 모든 문제가 해결될 것으로 생각하는 모양입니다. 좋은 결과가 있기를 바라지만 이 위원회에서 역사인식 문제를 근본적으로 해결할 수 있을 것으로 보이지 않습니다. 그동안 한국 정부는 일본 정부가 받아들일 리 없다는 것이 뻔히 내다보이는데도 우리의 역사연구 결과를 그들의 교과서에 반영할 수 있다고 장담해왔습니다.

사실 1997년에도 양국 정상의 합의로 '한일 역사연구촉진 공동위원회'가 출범했고 '한일역사포럼'을 1998년과 1999년 양국에서 각각 한차례씩 가졌습니다. 그러나 어떠한 성과도 내지 못했고 그 후 일본의 역사교과서는 개악되고 말았습니다. 이번에도 그런 일이 되풀이되지 않으리라는 보장이 없습니다. 그들에게 한일 파트너십이란 '명분建前(다테마에)'에 불과하고 그들의 '본심本音(혼네)'은 일본이 '전쟁을 할 수 있는 신의 나라'로 돌아가는 것입니다.

역사교과서 왜곡이 단순히 역사교육의 문제에 그치는 것이 아니라 동아시아의 평화를 위협하는 것이 되는 이유가 거기에 있습니다. 우선 한국 정부가 곧 발표될 일본의 고등학교 역사교과서에 대한 정보를 입수해 시급히 대책을 세워야 합니다. 또다시 안이하게 대처하다가 뒤늦게 여론에 밀려 강경 대응을 하고서는 슬그머니 후퇴하는 일을 반복하지 않기를 바랍니다. 아울러 이 문제는 단순히 한일 간의 문제가 아니라 동아시아 전체의 문제이므로 중국, 북한과의 공조를 모색하여 일본 정부에 압력을 가해야 할 것입니다.

그동안 일본의 역사교과서 문제에 대처하는 데 있어 시민단체는 정부가 미온적이고 무능하다고 비난해왔으며, 반대로 정부는 시민단체가 현실을 무시한 채 과격한 주장이나 펼치고 있다고 여기는 경향이 없지 않았습니다. 그러나 앞으로는 서로 협조하여 역할을 분담할 필요가 있습니다. 특히 정부가 시민단체의 운동을 일본과의 유리한 협상을 위한 카드로 활용할 줄 아는 지혜를 가지기 바랍니다.

또 우리 언론과 국민은 일본의 역사왜곡 문제가 대두될 때마다 흥분했다가 곧 잊어버리는 모습을 반복해왔습니다. 그러나 이 문제는 냉정한 이성을 가지고 지속적인 노력을 해나가지 않으면 결코 해결될 수 없습니다. 진정으로 시정되기를 바란다면 이미 전개되고 있는 운동에 돈으로든 시간으로든 실질적으로 참여하거나 지원을 아끼지 않아야 합니다. 한일 간의 '2002 국민의식 조사' 결과를 보면 일본인도 양국이 공동으로 해결해야 할 가장 중요한 과제가 역사인식 문제라는 점을 잘 알고 있었습니다.

따라서 지나친 감정적 대응은 오히려 일본 국민이 교과서 문제를 외면하거나 신우익세력에 기울게 하는 결과를 초래할 수 있으므로 세심한 접근이 필요합니다. 아울러 한일 양국의 젊은이들이 서로를 이해할 수 있는 기회를 많이 만들어줘야 합니다. 우리가 진정으로 바라는 것은 미움과 대결이 아닌 사랑과 평화이기 때문입니다.**

위기의 한일관계가 진전하기 위해서는

한국과 일본 정부는 2005년 한 해를 '한일 우정의 해'로 정하고, 새로운 관계 정립을 위해 여러 가지 노력을 기울이고 있습니다. 그러나 여전히 독도와 역사교과서 문제 등이 대두되면서 한일관계는 다시 어려움에 처했습니다. 이러한 한일문제의 본질은 일본의 식민지 지배에 대한 반성과 청산이 제대로 이루어지지 못한 데서 기인합니다. 일본 극우세력은 일본이 태평양 전쟁에서 연합국에 패배한 것일 뿐, 식민지배에 대해 반성할 것이 없을 뿐 아니라 오히려 자신들이 식민지에 시혜를 베푼 것이라고 주장하고 있습니다. 역사교과서의 왜곡을 자행하고 독도를 분쟁지역으로 만들고 군사 대국화를 지향하는 여러 움직임을 보이고 있는 것은 바로 그같은 인식에서 출발하는 것입니다.

일본의 역사교육 문제를 당사자인 일본인들이 결정하는 것은 당연한 일이겠지만 그것이 자국의 역사를 미화하는 데 그치지 않고 주변 국가의 역사를 비하하고 왜곡하는 차원으로까지 나아가는 것은 심각한 문제입니다. 그 결과는 자칫 또다시 동아시아를 침략과 전쟁의 수렁에 빠뜨릴 위험이 있기 때문입니다. 따라서 그들에게 식민지배에 대한 책임을 요구하는 것은 단순히 과거에 대한 집착이 아니라, 진정한 동아시아 평화를 이룩하기 위한 미래지향적 사고에서 비롯된 것입니다.

우리 사회 안에도 일본 극우세력에 동조하면서 식민지배를 미화하고 친일을 옹호하는 세력이 있다는 사실이 확인되면서 논란이 일어난 바 있습니다. 그런 세력들은 현재 진행되고 있는 과거사 청산노력을 친북 행위로 매도하고 있습니다. 또 일본 극우세력들이 식민지 책임을 반성해온 자국의 역사교과서를 비난할 때 사용했던 '자학사관自虐史觀'이라는 용어까지도 그대로 차용하는 등의 태도를 보이고 있습니다. 양국의 극우세력 모두 과거사에 대한 반성을 두려워하고 있다는 점에서 서로 간에 공감대가 형성돼 있음을 보여주는 근거라고 할 수 있겠습니다.

그러므로 한국인들 스스로는 못하면서 일본에 대해서는 과거사 청산을 요구하는 모순에 빠져서는 안 될 것입니다. 반면에 그들에 대한 분노를 표출함에 있어 양심적인 일본 국민들의 자존심마저도 존중하지 않는 지나친 행동은 오히려 반감을 초래할 수 있다는 점을 세심하게 고려해야 할 것입니다. 일본인들 가운데는 민족과 국가의 차이를 넘어서 식민지배를 반성하며 평화주의에 입각해 한일 간의 우호를 희망하는 사람들이 많다는 점을 잊어서는 안 됩니다. 그런 점에서 극우집단과 일본의 시민사회를 분리해서 대응하겠다는 정부의 방침은 의미가 있고, 구체적으로 추진되어야 합니다.

사실 일본 극우세력이 두려워하는 것은 한일 간의 진정한 평화와 우호관계가 성숙되는 것입니다. 그들은 한국인들을 자극함으로써 강력한 저항을 유도하고 그 결과 일본의 선량한 시민들로 하여금 반한감정을 갖도록 함으로써 자신들의 세력을 넓히겠다는 목적을 가지고 있습니다. 따라서 오늘날 한일 양국의 양심적 정치인과 지식인들은 지나친 민족감정을 유발함으로써 지지기반을 넓히려는 민족상업주의적 유혹에서 벗어나, 양 국민이 서로 이해의 폭을 넓힐 수 있도록 하는 데 노력을 기울여야 할 것입니다.

지금은 극심한 대립과 반목이 필요한 시기가 아닙니다. 오히려 국가의 경계를 넘어선, 평화를 사랑하는 세력의 연대가 절실하게 필요한 시점입니다. 그런 점에서 '한일 우정의 해' 행사는 오히려 확대되는 것이 바람직합니다. 또 이렇게 하는 것이 한일 양국의 극우세력을 고립화시키는 결과로 이어질 수 있을 것입니다.

아울러 그들의 역사왜곡에 맞설 수 있는 차분한 논리와 바른 역사인식을 자라나는 세대에게 가르치는 일을 게을리 해서는 안 될 것입니다. 그 점에서 한국근현대사 과목이 2002년부터 선택과 목으로 지정돼 반수 가까운 학생들이 아예 배우지도 못한 우리의 교육현실도 우려되는 바가 크다고 할 수 있겠습니다.***

미국인들을 내세우는 일본의 전략

데니스 블레어 일본 사사카와笹川 평화재단 이사장이 한·미·일 3국 대학생 대표들이 참석한 미국 워싱턴 D.C. 카네기 국제평화연 구소의 세미나에서 이렇게 주장했다고 합니다. "일본이 과거 끔찍 한 일을 저질렀지만, 한국도 베트남전 때 아주 무자비했다." 그런 데 연합뉴스의 기사에서, 다음과 같은 대목이 눈에 들어왔습니다. 어떤 학생이 토론 과정에서 블레어 이사장에게 이렇게 말했다고 합니다.

"2차 대전 당시 일본이 저지른 과거의 일들은 우리 국민들의 마음에 상처가 되고 있습니다. 과거에 모든 나라가 다른 나라에 대 해 범죄를 저질렀다고 하더라도, 이것이 과거에 한 일들을 정당화 할 수는 없습니다. 야스쿠니 신사를 참배하는 일본 고위관리들의 행동을 이해할 수 없습니다. 진전은 상호 이해를 통해 이뤄져야 합 니다."[21]

어떻게 보면 옳은 말을 용기 있게 잘 한 것처럼 보입니다. 그러나 한국이 일본으로부터 당한 피해는 2차 세계대전 기간으로 국한되지 않고 식민지 지배기간으로, 나아가 1905년의 보호조약 강요로 확장되어야 합니다. 이 학생도 '2차 대전 당시 일본이 저지른 과거의 일'이라고 함으로써 기간도 축소시키고 나아가 '과거의 일'이라는 모호한 표현을 쓰고 있습니다. 물론 발언의 전문이 아니기에 기사만 보고 정확한 표현을 단정하기는 어렵다는 점을 전제로 말씀드립니다.

아울러 중국이나 미국 등에게는 '일본의 전쟁범죄'라는 표현이 적절하겠지만 식민지배를 당했던 우리에게는 맞지 않는 표현이라는 점을 확인해 둡니다. 참고로 일본 정부는 중국과 미국에 대해서는 전쟁의 패배자로서, 전쟁의 책임을 인정했고 전범재판을 받았으며 공식적으로 사과도 했습니다. 하지만 그들은 한국에 대한 식민지배와 강제 동원에 대해서는 사과를 한 적이 없습니다.

한 가지 더, 이 행사를 주최한 재단은 일본 전범출신이 만든 '사사카와 평화재단'입니다. 전범이 반성도 없이 평화를 내세운다는 것이 어처구니없는 일이지요. 여기에 참석한 학생들은 아마도 이러한 사실들을 잘 모르고 참석했을 것입니다. 학생들은 앞으로 이런 성격의 행사에는 참여하지 않는 것이 좋다고 생각합니다. 결국은 이용당하게 되어 있으니까요. 국내에서도 학생들에게 많은 혜택을 주면서 모집하는 행사를 보면 대개 이념적으로나 정치적으로 편향된 단체인 경우가 많습니다.

물론 전쟁기간 중에 많은 비극이 벌어지지만 그것이 전쟁수행 과정에서 불가피한 것으로 인정되는 경우와 반인륜적 범죄행위로 평가되는 경우는 분명히 다릅니다. 예를 들어 전범재판에 회부된 것은 전쟁에 동원되었던 병사들이 아니었습니다. 블레어의 발언은 사실 '나치가 저지른 반인륜적 전쟁범죄가 있었지만, 미군도 전쟁 과정에서 독일군과 민간인들을 많이 죽였으므로 나치와 미군 둘 다 대동소이하다'고 하는 것과 마찬가지입니다. 물론 그는 그런 말을 절대 하지 않지요.

그런 점에서 블레어의 발언은 전범재단 이사장에 걸맞은 반역사적인 것에 불과합니다. "한일관계 갈등의 책임은 한국에 있다"는 로버트 샤피로 전 미국 상무부 차관의 발언과 마찬가지로,[22] 여기서도 일본의 전략을 엿볼 수 있습니다. 일본 정부가 스스로 나서는 것이 아니라 미국인들을 통해서 자신들을 지지하는 발언을 하게 함으로써 미국 내의 여론을 자신들에게 우호적인 방향으로 돌리려는 것입니다.

마치 과거 1904년 제1차 한일협약의 결과, 미국인 스티븐스를 외교고문으로 채용하게 한 것과 같은 수법입니다. 일본은 대한제국 정부에 고문채용을 강요하면서 재정고문에 일본인 메가타를 임명한 반면 외교고문은 미국인 스티븐스를 임명했습니다. 고문을 독식한다는 인상을 주지 않고 나아가 미국도 일본을 지지하고 있다는 인상을 주려고 한 것입니다. 앞으로도 이런 식으로 가해자가 오히려 피해자를 나무라는 적반하장이 계속될 것입니다. 이러한 상황에서 한국 대통령과 정부는 어떤 대책을 가지고 있을지 궁금합니다. 이럴 때는 그동안 좌편향, 심지어 종북으로 몰리던 역사학자들이 필요할 텐데요. 블레어와 비슷한 생각을 하고 있는 뉴라이트 학자들이 이런 문제에 대응할 리도 없을 테니 말입니다.****

*   2002년 3월 2일 한국일보
**   2002년 4월 4일 한국일보
***   2005년 3월 14일 한국일보
****   2015년 1월 9일 페이스북

4·3은 제주만이 아닌
현대사의 비극이다

제주 4·3 사건
70주년을 맞이하며

4·3 사건이 참극이 되지 않았을 가능성

제주 4·3 사건을 주제로 세미나를 하시는 제주도의 목사님들 몇 분과 함께 공부를 하는 시간을 가졌습니다. 사실 월요일은 목사님들께는 휴일이라고 할 수 있는데, 멀리서 오셔서 하루 종일 공부하시는 모습이 존경스러웠습니다.

저는 세미나에서 다음과 같은 내용을 확인하고 싶었습니다. 4·3 사건 당시 개신교회는 어떤 입장에 서 있었는지, 교인들은 군경과 서북청년단의 학살에서 피해를 입지 않았는지, 4·3 이후 교회는 피해자들의 아픔을 치유하기 위해 어떤 노력을 해왔는지, 오늘날 갈라져 있는 4·3 사건에 대한 대립된 해석을 해결하기 위해 나설 가능성이 있는지 등이었습니다. 그 자리에서 명쾌한 답을 얻은 것은 아니지만, 앞으로 저도 더 깊게 생각해보려고 합니다.

그런데 그 시기 역사를 들여다보면, '그런 참극까지 가지 않을 수도 있었을 텐데' 하는 안타까운 마음이 들기도 합니다. 특히 아쉬운 순간 중에 하나는, 9연대장 김익렬과 무장대 지휘관 김달삼의 합의가 무산된 것입니다. 김익렬은 일본군 소위 출신으로, 군사영어학교를 나와 9연대장으로 부임했습니다. 그리고 본명이 '이승진'인 김달삼은 제주 출신으로 역시 일본군 소위를 지냈습니다. 그는 대정중학교 교사로 있다가, 4·3 사건을 일으켜 군사지도자를 맡고 있었습니다. 당시 김익렬은 28세, 김달삼은 22세였습니다.

김익렬은 1948년 4월 28일, 대정의 구억국민학교로 들어가 김달삼을 만났습니다. 이를 통해 적대행위 중지, 무장해제와 하산에 합의했습니다. 그러나 당시 우익세력들의 방해공작이 심해 무산되고 말았습니다. 김익렬은 당시 초토화작전을 주장하는 경무부장 조병옥과 몸싸움까지 벌이다가 결국 해임되고 말았습니다. 그의 후임으로 부임한 박진경 연대장은, 가혹한 탄압을 하다가 결국 부하 군인들에게 사살되었습니다. 사실 대대적인 학살은 그 이후에 벌어졌지요. 정말 김익렬과 김달삼의 협상 좌절이 안타까운 이유입니다.

역사를 공부하다 보면, 중요한 전환점이 될 수 있었던 순간들을 발견하게 됩니다. 누구든지 그 전환점에 서게 된다면 숙고하며 역사의 방향을 가늠해야겠지요. 그때 내가 내린 판단과 행동이 과연 바람직한 것이었는지는 오직 역사만이 판결할 수 있을 것입니다.*

4·3 사건을 제대로 기억하기 위하여

2017년 4월 8일, 이듬해에 있을 제주 4·3 제70주년 기념사업을 위한 범국민위원회 출범식에 참석하고자 서울에 왔습니다. 과분하게도 상임공동대표를 맡게 되었고, 게다가 출범사까지 하게 되었습니다. 출범사를 요약하자면 다음과 같습니다. "4·3은 제주만의 비극이 아니라 대한민국 현대사의 비극이고, 그 아픔은 반드시 기억되어야 합니다. 70년 전 제주도민이 느꼈던 고립감과 외로움을 다시는 느끼는 일이 없도록 최선을 다하겠습니다."[23] 그리고 다음과 같은 말씀도 드렸습니다. "저의 선친께서 제주 4·3 50주년 당시에 고문으로서 열심히 노력하셨다는 말을 강창일 의원께 전해 들었습니다. 그런데 70주년에 아들이 상임공동대표를 맡게 된 것을, 하늘나라에서 보시고 흐뭇해하시지 않을까 합니다."

또한 박근혜 정부가 69주년 추념식에서 보였던 몇 가지 문제점을 지적했습니다. 가해자인 국가를 대표해서 왔으면 거들먹거릴 것이 아니라 피해자들에게 겸손해야 한다는 것, 자리 배치에서 유가족이 앞자리에 앉아야 한다는 것, 〈잠들지 않는 남도〉 등의 노래를 제주도민이 결정해야 한다는 것 등이 70주년에는 이루어져야 한다는 것을 말했습니다. 제주에서 구성된 기념사업회와 긴밀하게 협력하면서 4·3의 전국화, 세계화를 위해 힘껏 돕겠다는 다짐을 밝혔습니다.

2017년 4월 19일에는 제주도교육청이 매년 한 번 주최하는 '4·3 평화인권교육 연찬회'에서 강연을 했습니다. 제주도 내 190여 개 모든 초중고에서 교장 또는 교감, 4·3 담당 교사, 학부모 대표 등 세 분씩 참석하는 자리였습니다. 무려 500명이 넘는 인원이 모였습니다. 외지인으로서 이 자리에 선 것은 제가 처음이라고 하네요. 사실 그 때문에 많이 부담스러웠습니다. 하지만 제주와 4·3에 대해서 애정과 관심을 가지고 있는 외지인의 시각을 통해 이 사건을 객관화해보는 것도 의미가 있다고 생각했습니다.

먼저 국정교과서의 4·3 사건에 대한 서술이 왜 문제가 있는지를 검정교과서와 비교했습니다. 제주지역 대학 총학생회에서 밝힌 바와 같이, 국정교과서는 "제주 4·3 사건을 단순히 남로당 제주도당의 무장봉기에 의해 발발한 것으로 명시"했고, "진압 과정에서 수많은 제주도민들이 법적 절차 없이 무고하게 희생된 내용"을 축소 서술했습니다.[24] 이에 반해 검정교과서는 8·15 광복 이후 통일 정부를 수립하는 과정에서 나타난 제주 4·3 사건의 역사적 위상을 다시 설정하고, 제주4·3사건진상보고서를 근거로 4·3의 배경과 전개과정을 객관화하는 내용이 담길 것임을 밝혔습니다.

사실 저는 제주도민도 아니고 전문적인 4·3 연구자도 아닙니다. 하지만 그 아픔에 공감하고 참극에 분노하는 마음을 오랫동안 가져왔습니다. 그런데 연구년을 제주에서 보내면서, 여기까지 오게 되었습니다. 아무튼 제가 할 수 있는 역할을 열심히 해보려고 합니다. 많은 분들께서 4·3 사건에 관심을 가져주시면 좋겠네요.**

---

*   2016년 11월 15일 페이스북
**   2017년 4월 8일, 19일 페이스북

제주 4·3 제70주년 범국민위원회를 출범하며 국민들에게 드리는 글

지금 우리는 역사적인 촛불혁명의 한복판을 지나고 있습니다. 정의를 세우고자 하는 시민들이 광장에 모여 적폐청산을 외치며 새로운 역사를 만들고 있습니다. 촛불혁명의 승리는 해방 이래 우리 사회를 병들게 해온 숱한 적폐들을 청산할 절호의 기회입니다. 이 적폐의 뿌리는 친일과 분단, 독재로 이어지는 청산되지 못한 오욕의 역사입니다.

이 그늘진 우리 현대사의 출발점에 바로 제주 4·3이 있습니다. 국가의 1차적인 존재 이유는 국민의 생명과 재산을 보호하는 것인데, 70년 전 제주에서는 국가의 이름으로 3만여 명 이상의 국민을 학살하는 대참극이 벌어졌습니다. 그리고 4·3의 비극은 한국전쟁 전후의 대규모 학살과 군사독재 정권의 인권유린 등으로 되풀이되었습니다. 돌이켜 보면 "이게 나라냐"는 세월호의 절규도 이렇게 잘못된 역사를 준엄하게 청산하지 못한 결과일지도 모릅니다.

물론 제주 4·3의 아픈 과거를 청산하고 치유하는 데 일부 진전이 있었던 것도 사실입니다. 유족과 제주도민들의 지난한 투쟁과 국민적인 연대의 힘으로 반세기가 흐른 2000년 김대중 정부 시절에 제주 4·3 특별법이 제정되었습니다. 공식적인 진상조사를

163

통해 국가권력이 무고한 국민을 학살했다는 사실이 확인되었고, 2003년 노무현 대통령은 국가를 대표하여 유족과 제주도민들에게 사과했습니다. 4·3평화공원이 조성되어 희생자들을 기리게 되면서 그동안 빨갱이, 폭도라는 오명이 두려워 숨죽여 지내던 유족들은 그나마 어깨를 펼 수 있게 되었습니다.

그러나 지금까지의 명예회복은 과거청산과 치유의 근본인 '정의'가 빠진 말뿐인 명예회복이었습니다. 국가의 잘못으로 생긴 피해는 구제되어야 하고, 당시 주요 가해 책임자에 대해서는 범죄 사실을 명백히 밝혀 역사의 기록으로 남겨야 합니다. 4·3이 발발한 군정기는 물론 정부 수립 이후에도 실질적인 통제력을 행사했던 미국의 책임도 물어야 합니다. 정의로운 청산 없이 4·3의 아픔은 온전히 치유될 수 없습니다.

4·3은 청산되어야 할 아픈 역사일 뿐 아니라 계승되어야 할 역사이기도 합니다. 4·3은 단지 1948년 4월 3일의 봉기가 아니라 해방 이후 스스로 지역 공동체를 일구고 분단에 반대하며 통일된 나라를 세우고자 싸웠던 과정 전체를 지칭합니다. 분단 이데올로기의 색안경을 벗고 보면 4·3이 곧 촛불입니다. 우리는 4·19나 5·18과 마찬가지로 민중이 주인으로 떨쳐나섰던 역사로서 4·3을 기억하고 계승해 나가야 합니다.

4·3은 동아시아에서 냉전체제가 구축되어 가던 과정에서 빚어진 참극이었습니다. 반대를 무릅쓰고 강행된 해군기지에 미군함이

들어오고 제2공항을 빌미로 공군기지까지 추진되고 있는 현실은 제주가 또다시 지정학적 대결의 화약고가 되는 것 아닌가 하는 우려를 낳습니다. 4·3의 역사적 교훈을 생각한다면 제주는 정부가 선포한 '세계평화의 섬'에 값하는 동아시아 평화의 전진기지가 되어야 합니다.

지연된 정의는 정의가 아니라는 말이 있습니다. 더 이상 늦출 수 없습니다. 참극을 겪고 살아온 이들에게 남아 있는 시간은 많지 않습니다. 자라나는 세대들에게 4·3의 진실과 교훈은 올곧게 전해져야 합니다. 제주도민만이 아니라 온 국민이 나서야 할 문제입니다. 내년 제주 4·3 70주년을 앞두고 국가의 잘못으로 인한 아픈 역사를 정의롭게 청산하고 4·3의 정신과 교훈을 되새기며, 정의와 인권, 평화와 통일의 나라로 나아가는 데 모두 함께 나서 주실 것을 호소합니다.

2017년 4월 8일

제주4·3 제70주년 범국민위원회 상임공동대표

김영주(한국기독교교회협의회 총무), 박용현(한국전쟁유족회 공동대표), 백미순(한국여성단체연합 공동대표), 양윤경(제주4·3희생자유족회장), 정연순(변호사, 민주사회를위한변호사모임 회장), 주진오(상명대 역사콘텐츠학과 교수), 허영선(제주4·3연구소 소장)

4·3이 일어나기 전 대만에서 벌어진 일

대만 2·28 사건
70주년을 맞이하며

한국과 대만, 공권력의 부당한 폭력에 맞서다

2월 28일을 맞아 타이베이의 2·28국가기념관에서 강연을 했습니다. 2·28 사건은 우리의 제주 4·3 사건 및 광주 5·18민주화운동과 같이, 국가폭력에 의해 민간인들이 많이 희생되었던 사건입니다. 2017년을 기점으로 벌써 70주년을 맞게 되었습니다. 이번에 한국에서는 제주4·3연구소, 4·3평화재단, 4·3희생자유족회 그리고 광주5·18기념재단, 부산민주항쟁기념재단의 대표들이 참석했습니다.

일본에서도 주오대학 총장 등이 자리를 함께 했습니다. 2·28

사건 당시 주오대학 출신의 변호사들이 여러 명 희생당했다고 합니다. 실제로 당시 대만의 지식인들 가운데는 일본 유학생 출신들이 많았습니다.

1947년 2월 28일 타이베이에서, 그리고 하루 뒤인 3월 1일 제주에서 일어났던 사건은 그 자체만 놓고 보면 우발적인 것이었습니다. 잘못을 인정하고 수습을 하면 되는 일이었지요. 하지만 외지에서 투입된 공권력이 오히려 탄압으로 일관했습니다. 그러다가 결국은 엄청난 비극으로 확대된 것입니다. 인권의식 없이 국민을 통치의 대상으로 보는 국가 공권력은 언제, 어디서든 이 같은 잘못을 범할 가능성이 있습니다. 우리가 오래전의 역사를 배우고 교훈을 얻어야 하는 이유가 거기에 있습니다.

2016년에는 가오슝 시정부의 초청으로 갔는데, 2017년에는 2·28기념재단의 초청으로 강연을 했습니다. 이밖에도 타이베이의 국립대만대학교와 대만사범대학교 그리고 타이중에서 대만 역사교사들을 대상으로 세 번 더 강연을 했습니다. 주로 한국의 국정교과서가 어떻게 4·3과 5·18을 왜곡하고 축소시켰는지를 중심으로, 역사교육의 미래에 대해 이야기했습니다.

그리고 대만 정부가 공식적으로 거행하는 2·28 사건 70주년 기념행사에 참석했습니다. 2·28 평화공원에서 거행된 이 행사에 차이잉원蔡英文 총통이 직접 참가한다고 해서, 검문이 심할 줄 알았는데 그렇지는 않았습니다. 식장 안팎에는 대만독립운동가들이 시

2·28 사건을 묘사한
황룽찬 작가의 1947년 목판화
〈공포의 검사恐怖的檢査〉.

위를 하고 있었습니다. 기념식이 철저하게 사건의 희생자 유가족들을 중시하는 것이 눈에 보였습니다. 게다가 총통이 직접 행사장에 참석하고, 유가족들을 격려하는 모습이 보기 좋더군요.

2·28재단 관계자로부터 받은 한글로 번역된 차이잉원 총통의 연설문을 공개합니다. 내용이 좋은 것 같아, 길지만 꼭 소개해 드리고 싶네요. 우리도 제주 4·3 70주년 기념행사에서 이런 연설을 하는 대통령을 꼭 만나고 싶습니다.*

---

*   2017년 2월 28일 페이스북

여기에 계신 2·28 사건 피해자, 유족, 타이베이 시장, 2·28재단 이사장, 2·28배려총회 회장, 그리고 국민 여러분 안녕하십니까? 이 며칠 동안 계속 한 분이 생각나네요. 그 분은 바로 국사관 전 관장 장염헌 교수님이십니다. 오늘 먼저 장염헌 교수님께 안부 말씀을 드리겠습니다.

장 교수는 1947년에 태어났습니다. 그리고 바로 그해 2·28 사건이 발생했습니다. 살아계실 때는 2·28 사건 진상규명에 대해 많은 힘을 써 주셨습니다. 많은 2·28 유족의 증언 채집도 하셨습니다. 2·28 사건의 책임귀속에 대해 많은 노력을 하셨던 분입니다. 우리 곁을 떠나지 않으셨다면, 오늘 함께 이 자리에서 2·28을 기념하셨을 것이라 믿습니다. 장 교수님 생전에 계속 바라고 있던 것은 '2·28 사건에 피해자만 있고 가해자가 없다'는 것이 바뀌어야 한다는 것입니다.

오늘 이 자리를 빌려서 하늘에 계신 장염헌 교수님과 지금 여기에 계신 유족 여러분에게, 장 교수가 완성하지 못한 일을 우리가 이어서 마무리하겠다는 약속을 드립니다. 지난 토요일 문화부 장관이 언급했듯이, 2·28 70주년인 오늘 장개석 기념관의 본질도 바뀌어야 할 때가 되었습니다. 대만 사회에서는 더 성숙한 민주 시스템을 통해서 토론할 것이라고 믿습니다.

바로 며칠 전에 국사관이 새로운 2·28에 관한 기록을 공개했습니다. 그 안에 새로운 기록이 많이 있습니다. 우리의 진상을 추구하는 노력이 끊임없이 계속 유지된다는 의지를 보여주기도 합니다. 그리고 이 며칠 동안 각 기관의 협력을 통해서 국가아카이브국國家檔案局에 있는 모든 2·28에 관한 서류들의 기밀을 해제했습니다. 화해는 진상 규명을 전제로 해야 합니다.

내일 국가아카이브국이 정치에 관한 기록 프로젝트를 본격적으로 시작할 것입니다. 각 기관에 있는 2·28이나 계엄시기 때에 관한 자백서, 기록, 판결서, 공문서 등을 일일이 찾아내겠습니다. 그 기록에 대해서 해석하고 이는 '국가과거청산조사보고서'의 바탕이 될 것입니다. 앞으로 이 조사보고서에 2·28을 다루는 챕터가 있을 겁니다.

다시 한 번 강조하고 싶은 것은 우리가 가장 신중한 태도로 2·28에 관한 책임귀속을 다룰 것이라는 사실입니다. 지난 목요일, 2·28과 백색공포의 진상을 밝혀내기 위해 행정원(국무총리)과 집권당 국회의원단이 토론한 끝에 이번 국회 회의 기간에 '과거청산촉진조례'가 우선 처리해야 하는 법안으로 선정되었습니다. 이번 국회 회의 기간에 '과거청산촉진조례'가 통과되기를 바랍니다.

지금 여기에 계신 유족들이 기대하고 있는 것을 알고 있습니다. 법안 통과를 시킨 후에 우리가 독립적인 기관을 하나 만들어서 대만의 과거 청산에 관한 일을 시작할 것입니다. 어떤 사람들은 늘

'이미 지나간 일은 더 이상 이야기하지 말고 미래를 봐야 한다'고, '독재시대 통치자의 시비와 공과는 역사에 맡겨서 판단해야 한다'고 말합니다. 또 어떤 사람은 경제가 훨씬 더 중요한데 왜 과거 청산을 해야 하느냐고 합니다.

심지어 과거 청산은 정치투쟁이라고 주장하는 사람들도 있습니다. 이에 대해서는 '진상이 없으면 지나가야 할 일들이 영원히 지나가지 못할 것'이라고 말씀을 드리고 싶습니다. 물론 경제도 중요하지만 정의도 아주 중요합니다. 발전과 정의가 함께 존재하는 나라가, 마땅히 우리가 추구해야 하는 것입니다. 과거 청산은 투쟁이 아닌 화해를 추구하는 것입니다. 이것도 정부가 단호히 지켜야 하는 원칙입니다. 과거 청산은 국민 여러분의 노력이 필요합니다. 온 국민이 과거를 당당하게 직면할 수 있어야 우리나라의 미래가 밝게 됩니다.

일주일 전에 '국제대학살기념일' 행사에 참석했습니다. 거기서 이스라엘과 독일의 대표가 모여서 희생당한 유대인에게 애도의 뜻을 표했습니다. 동시에 후손에게 다시는 이런 일이 없도록 당부했습니다. 가해자였던 독일 사람과 피해자였던 이스라엘 사람이 한자리에 모여 있음을 보면서 감개무량했습니다. 이것이 바로 우리 대만이 배워야 하는 가장 좋은 모델이 아니겠습니까? 이런 화면을 언젠가 대만에서도 볼 수 있기를 바랍니다. 과거를 청산하고 나서 대만에서는 어느 정당이든 다시는 권위주의의 짐을 짊어지지 않을 것입니다. 진실을 완전히 밝혀내고 가해자가 사과하며 피해자와 유족이 용서하는 그날이 오기를 기원합니다.

매년 2월 28일은 우리나라가 가장 단결하는 날이 되기를 바랍니다. 더 이상 누가 누구에게 질책하고 누가 난처해서 피하려고 할 필요가 없을 것입니다. 더 이상 금기가 없기를 바라며, 언급하면 안 되는 사람이 없기를 바랍니다. 대만에 모든 정당과 모든 민족들이 착한 인간의 본성을 갖고 지난 고난을 함께 직면했으면 좋겠습니다. 그런 날이 오게 되면 우리나라는 새로운 국가로 탈바꿈하게 됩니다.

대만의 민주주의도 한 발 더 앞으로 전진할 것입니다. 70년이 지난 오늘, 오랜 세월을 버텨왔던 여기에 계신 피해자와 유족에게 다시 한 번 제 가장 깊은 위로를 표합니다. 이 며칠 동안 대만 날씨가 아주 춥습니다. 하지만 우리 모두 그 다가오는 봄을 기다리고 있습니다. 2·28의 선배들과 대대손손의 대만 사람들에게 춘난화개春暖花開(화창하고 꽃 피는 봄날의 경관)가 꼭 이뤄져야 합니다. 그리고 춘난화개가 되는 날이 곧 올 것입니다. 감사합니다.

2017년 2월 28일

2·28 사건 70주년을 맞이하며

차이잉원 총통

인생의 패배자라고
슬퍼하지 마라

_____ 역사 속 여성들의
삶을 생각하며

'인생의 승리자'보다 '역사의 승리자'가 값진 이유

살아가면서 누구나 인생의 승리자가 될 것을 꿈꾸곤 합니다. 하지만 실제 인생에서 늘 승리자가 되는 경우는 거의 없으며 때로는 패배에 좌절하게 마련입니다. 특히 너무도 간절히 원했던, 당연한 것이라 믿었던 승리를 놓치고 패배하게 됐을 때 느끼는 상처는 더욱 클 수밖에 없습니다. 이럴 때는 주변의 위로조차 전혀 도움이 되지 못합니다. 좌절을 딛고 스스로 일어설 때까지 참고 기다리는 과정이 필요합니다.

역사학자인 제가 역사 속에서 배운 진리가 있다면 그것은 '모든 결과는 긴 호흡으로 바라봐야 한다'는 점입니다. 역사 속에서는 인생의 패배자가 역사의 승리자가 되거나, 거꾸로 인생의 승리자가 역사의 패배자가 되는 사례가 얼마든지 있습니다. 그리고 한 사람의 일생에서 항상 승리자이거나 패배자인 경우는 거의 없지요. 따라서 한 번의 승리에 오만할 이유도, 한 번의 패배에 좌절에 빠질 필요도 없는 것입니다.

오늘날 5만 원권 지폐의 인물이며, 현모양처의 표상으로 추앙받는 신사임당도 결코 행복한 인생을 살았던 것은 아니었습니다. 남편은 자신의 기준에 만족스럽지 않았고, 그녀는 늘 외로움 속에서 살아야 했죠. 그녀의 능력도 당대에 제대로 인정받았다고 할 수는 없었습니다. 만약 아들인 율곡 이이가 훗날 17세기 노론 집권 세력으로부터 칭송받지 못했다면, 그리고 그런 인물을 키워낸 현모로서 재발견되지 않았다면 신사임당은 결코 지금까지 역사에서 승리한 여성으로서 기억되지 못했을 것입니다.

허난설헌은 조선 후기에 이미 국내보다 중국과 일본에서 더 인정을 받았고, 그래서 오늘날 '최초의 한류 예술가'라는 말까지 듣고 있습니다. 하지만 그녀는 결코 살아 있을 때 위대한 시인으로 대우받은 적이 없었죠. 능력이 부족한 남편으로부터 사랑받지 못한 아내였고, 시댁 식구들과의 불화와 자녀의 죽음으로 인해 절망에 빠져 27세에 생을 마친 그녀는 처절한 인생을 살다 간 패배자였습니다. 동생 허균에 의해 중국으로 그녀의 시가 전해지고, 조선을 대표하는 위대한 시인으로서 대접을 받은 것은 그녀가 죽고 난 다음이었습니다.

나혜석의 인생은 더욱 굴곡이 많았습니다. 그녀는 수원 부잣집 딸로 태어나 일본 유학까지 했던 한국 최초의 여성 서양화가였습니다. 잘나가는 변호사이자 일본제국의 외교관이었던 남편 김우영과 함께 프랑스 유학과 세계 일주를 경험했지만, 최린과의 스캔들로 모든 것을 잃고도 〈이혼고백서〉를 발표하여 세상을 분노하게 했습니다. 가족과 세상으로부터 버림받고 떠돌다가 결국 길거리에서 생을 마감한 그녀는 인생의 처절한 패배자였습니다. 그런데 오늘날 수원에는 나혜석을 기리는 공원과 거리가 만들어졌고, 그녀는 신여성의 대표로서 인정받으며 역사의 승리자가 되었습니다. 반면 그녀를 몰락으로 내몰았던 김우영과 최린은 광복 이후 반민특위에 끌려가 수모를 당했고 오늘날 아무도 기억해주지 않는 존재가 되었습니다.

물론 가장 바람직한 것은 인생에서도 승리하고 역사에서도 승리자가 되는 것이겠지요. 그러나 우리의 인생은 아직 끝나지 않았고 나아가 역사에 어떻게 기록될지는 아무도 모릅니다. 그러니 지금 자신이 인생의 패배자라고 절망하는 이들에게 아직 그대의 인생은 끝나지 않았다는 말을 꼭 전하고 싶습니다. 설령 그대가 죽을 때까지 원했던 인생의 승리자가 되지 못할 수도 있지만, 진정으로 영원한 것은 역사적 승리자가 되는 것이라고, 그러니 정말 두려워

1928년 작품으로 추정되는
나혜석의 자화상.

해야 할 것은 바로 인생이 아니라 역사의 패배자가 되는 것이라고, 이제 역사를 믿고 절망과 좌절에서 일어서라고 말입니다.*

왜 여성들은 역사에 남지 못했나

역사교과서에 기록되어 있는 여성은 몇 명이나 있을까요? 선덕여왕, 신사임당, 명성황후 등 20명이 채 넘지 않을 것입니다. 수많은 여성들이 실제로 역사 속에서 살아갔는데도, 그들은 왜 우리의 기억 속에 남아 있지 않은 것일까요?

답은 의외로 간단합니다. 그녀들에 대한 기록이 없기 때문입니다. 역사는 인간의 삶을 기록한 것인데, 기록이 없는 대상을 역사가 기억할 수는 없는 것입니다. 그렇다면 왜 여성에 대한 기록은 이다지도 적을까요? 기록은 문자로 이뤄지는데, 전근대 사회에서 문자란 지배층의 전유물이었습니다. 지배층은 문자를 읽고 쓸 줄 아는 것으로 피지배층과 구분됐습니다. 신분은 지배층이었다 하더라도, 그 시대 여성들이 문자를 마음대로 활용하는 것은 허락되지 않았죠. 조선 후기에 들어와서야 여성 유학자들이 나왔다고 하지만, 그들 역시 대부분 숨어서 몰래 써야 했습니다. 근대 이후에 들어서야 여성들의 삶은 더 많이 기억됩니다. 여성들이 스스로 기록한 것이 많아졌기 때문이죠.

역사라고 해서 모든 사람의, 모든 이야기를 기록하는 것은 아닙니다. 기록하는 사람이 자신의 경험 가운데 가치 있다고 생각하는 것만을 문자를 통해 기록합니다. 하루를 함께 같은 경험을 했다 하더라도 그날의 일기를 똑같이 쓰는 것은 아닙니다. 각자가 생각하는 그날의 중요한 사건은 다르기 때문입니다.

그러니까 지배층 남성의 기준에서 가치 있는 것만이 오늘날 기록으로 남은 것입니다. 그들에게는 국왕의 활동이나 양반의 삶만이 기록할 만한 가치가 있었지, 집안에서 살림하는 여성들의 삶은 그렇지 않았습니다. 여성들 자신도 표현할 수단이 없었기에 그녀들의 삶을 기록으로 남길 수 없었습니다.

한글 창제의 위대함이란 바로 여성들에게 문자 수단을 주었다는 점에서 찾아야 할 것입니다. 남성 지식인들이 외면했던 훈민정음을 익히고 쓰면서 오늘날까지 전해준 이는 바로 여성들이었습니다. 당시 한글을 낮춰 부른 또 다른 이름은 '암글'이기도 했습니다. 그러니까 남성 지배층 지식인들이 외면했던 한글문화를 발전시켜온 공로는 마땅히 여성들에게로 돌아가야 합니다.

대학에서 진행하는 한국여성사 교양 수업에서 저는 꼭 이런 과제를 학생들에게 줍니다. '가장 사랑하는 여성에 대한 인터뷰'를 보고서로 제출하라는 것이죠. 가능하면 어머니 또는 할머니를 인터뷰하도록 추천합니다. 그런데 보고서를 보면 매 학기 공통된 내용이 나옵니다. 지금까지 어머니나 할머니에 대해 관심을 가져본 적이 없었는데, 이번에 처음으로 그분들의 삶에 대해 대화를 나눴고 그를 통해 이해가 깊어졌다는 것입니다. 항상 그들에게 어머니나 할머니는 희생과 봉사를 해주는 존재였을 뿐이지, 그들의 인생은 관심의 대상이 아니었던 것이죠. 젊은이들은 자신의 어머니, 할머니에게도 자신과 같은 꿈 많던 젊은 시절이 있었다는 생각을 평소에는 잘 하지 못합니다.

지금부터라도 여성들은 자신의 삶에 대해 기록을 남겨야 합니다. 어떤 여성들은 자신의 삶이 특별할 것이 없어 기록할 만한 가치가 없다고 생각합니다. 하지만 기록이 남아 있지 않아서 기억되지 않았던 과거 여성들의 삶을 되풀이해서는 안 됩니다. 어디선가 정리되지 못한 채 돌아다니고 있는 사진자료, 기록들을 이제라도 모아 자신의 삶에 대해 정리하고 남겨둘 필요가 있습니다. "기록하지 않는 자는 누구도 기억하지 않는다"는 것을 명심하시기 바랍니다.**

삶의 다중성을 이해하며 여성사 바라보기

저는 1995년부터 교양과목으로 한국여성사를 강의했습니다. 처음에는 당시 여자대학에서 필요한 과목이라 생각하여 개설해 놓았는데, 강의를 맡아줄 분을 찾지 못해 제안한 사람이 책임지라고 해서 결국 제가 맡게 됐습니다. 한 학기만 하겠다며 맡았던 이 강의는 해가 지나면서 어느덧 세 분반이 되고 학기당 300명에 가까운 학생들이 수강하는 강의로 자리 잡았습니다.

게다가 요즘은 학부 전공 강의는 물론 TV 강의까지 여성사를 주제로 진행했으니 이제 '여성사를 공부하는 사람'이 돼버린 셈이죠. 지금도 학생들 가운데는 한국여성사 시간에 남자 교수가 들어와 의외라는 반응이 많습니다. 당연히 '전투적 페미니스트'인 여자 선생님을 예상했다는 것입니다. 역사학계에서도 제가 여성사를 강의한다는 것에 대해 놀라움을 표하는 경우가 많습니다. 아직까지 여성사를 강의하는 남자교수는 제가 유일한 것으로 알고 있습니다.

그런데 수업을 듣는 학생들 중 남학생의 비중이 계속해서 늘어나고 있습니다. 이들은 대체로 처음에는 다소 '여성편향적'이라며 거부감을 갖기도 하지만 강의를 듣고 난 후에는 오늘날 여성들의 문제를 이해하는 계기가 됐다며 만족해합니다. 여학생들도 막상 지금까지 여성문제를 심각하게 느끼지 못했다가 이 강의를 통해 여성으로서의 주체의식을 갖게 됐다는 평가를 하는 경우가 많습니다.

그런데 사실 여성사를 강의하면서 더 많이 배운 사람은 강의를 하는 저 자신입니다. 그동안 진보적 역사학계의 한 귀퉁이에서 지배권력 집단의 억압과 차별에 대해 비판적 역사해석을 해왔지만, 정작 체제의 수혜자이며 어떤 이들에게는 가해자였다는 점에 대해 자성이 들었기 때문입니다. 나름대로 여성에 대한 이해가 있다고 자부해온 것이 처절하게 무너지는 날들이었습니다. 또한 가

부장제라는 구조는 여성뿐 아니라 남성들에게조차 '거대한 감옥'
이라는 인식을 갖게 됐습니다.

결국 한국여성사를 강의하는 것은 단지 여성의 입장에서 역사
를 바라본다는 의미라기보다는 남성 자신을 위해서라도 궁극적으
로 억압과 차별이 존재하지 않는 사회로 가야 한다는 생각을 확인
시켜준 계기였습니다. 더욱이 여성의 입장에서 역사를 바라본다는
것은 역사학의 지평을 넓히는 작업이었습니다. 그러나 그것은 반
드시 여성이어야만 할 수 있는 것은 아닙니다. 오히려 남성이 여성
사를 강의하고 연구하게 되었을 때 따르는 효과도 크다고 봅니다.
이는 가부장제에 대한 비판이 나올 때마다 단지 '당신이 여자이기
때문에 내세울 수 있는 논리'라는 편견으로부터 벗어나는 데 도움
이 될 수 있습니다.

더욱이 인간에 대한 억압과 차별을 철폐해야 한다고 믿는 진
보적 역사학자에게 여성사는 중요한 연구의 소재가 됩니다. 여성
사는 민중사의 한 영역이며 성차별은 우리 시대가 극복해야 할 중
요한 억압구조의 하나이기 때문입니다. 여성문제는 민족문제와 계
급문제의 하부 또는 부차적 영역이라기보다는 동시에 해결되어야
할 차원의 것입니다. 그러나 여전히 한국 대학에서 여성사 강좌는
드물고, 더욱이 여성사는 '당연히' 여성들만의 영역이라며 내모는
대학 풍토에서 여성사 전공자들은 홀대를 받고 있는 것이 현실입
니다. 비약이 될지는 모르나 오늘날 역사학의 위기를 초래한 이유

가운데 하나가 바로 이러한 '성차별적 분위기'일 것입니다.

여성사를 강의하면서 '허영에 가득 찬 현실도피주의자'로만 여겨졌던 신여성들이 바라본 당시 한국 사회는 어떤 것이었을까를 생각해봅니다. 또한 위대한 민족의 지도자들은 과연 자신의 가정에서는 어떤 존재였을까 되돌아보게 됩니다. 결국 인간에게는 '삶의 다중성'이 존재하는 것이 아닐까 싶습니다. 여성주의적 시각에서 이뤄지고 있는 연구들 가운데 일부가 기존 역사관이 가지고 있던 관념의 한계를 비판하는 것은 분명 놀라운 성과입니다. 하지만 그러한 비판 역시 또 하나의 일면적 역사해석에 빠지고 마는 것이 아닐까 하는 우려가 있습니다. 앞으로 이런 문제들에 대한 토론이 젠더를 초월해 활발하게 이뤄지기를 바라봅니다.***

*   2013년 1월 11일 여성신문
**   2013년 3월 19일 여성신문
***   2015년 10월 19일 페이스북

3장 ─────────────

'역사교과서 국정화'는 비록 지금은 폐기됐지만 단순히 지난 정권의 단발적인 이벤트로 치부될 수 없는 중차대한 문제였습니다. 정치적인 견해나 입장의 차이를 넘어 대한민국의 청소년들이 어떤 역사관을 주입받게 될 것인지에 대한 문제의식으로까지 확장되면서 대대적인 반대 여론에 밀려 무산될 수밖에 없었지요. 이 장에서는 검정 역사교과서 대표집필자로서 '국정교과서 폐지운동의 선봉장'이라고까지 불렸던 저의 참여와 대응을 현장감 있는 기록으로 담아내고자 했습니다.

역사교과서를
거꾸로 돌리지 않으려면

냉전을 넘어
통일을 지향하는 역사교육

남북한 공동역사교과서를 만들기 전에 필요한 것

2000년 6월 15일 역사적인 남북정상회담을 맞이하고 통일의 새
로운 전기를 맞고 있는 지금, 진정한 통일의 길이 남북한 간의 상
호 신뢰와 이해로부터 시작된다는 것은 누구나 알고 있습니다. 하
지만 통일의 과정이 남북 정권의 정치적 목적과 경제적 동기에 의
해 진행되고 마는 경우, 이해관계의 충돌에 따라 원점으로 회귀할
가능성이 언제든지 존재한다는 점도 잊어서는 안 될 것입니다. 역
사학계의 임무는 오랜 민족사의 공통적 경험을 확인하고 민족의
정체성을 확보하여 현재 진행되고 있는 통일을 향한 노력이 어떤

일이 있어도 되돌려질 수 없도록 하는 데 있습니다.

남북한의 역사학계가 상호 교류를 해 나가는 데 어려움이 많은 것이 사실입니다. 역사인식과 서술은 물론이고 학계의 모습에서도 서로 다른 점이 많을 것입니다. 북한에서는 주체사관에 입각한 집체적 서술방식을 택하고 있어 개별 연구자의 입장 차이가 잘 드러나지 않습니다. 반면 남한의 역사학계는 자신의 학문적 입장에 따라 다양한 견해가 제시되고 있고 모든 역사학자들을 대표하는 학회도 있지 않은 실정이어서 북한은 주체가 명확하지만, 남한은 그렇지 못한 어려움이 있습니다.

앞으로 진행될 남북 간의 학술교류가 일방적으로 정부 주도에 의해 이루어지는 경우 이벤트성 행사를 치르는 데 급급해서 처음부터 비용이 많이 들거나 규모를 크게 시작하여 구체적인 성과도 없이 흐지부지될 가능성도 많습니다. 그 가운데 하나가 '남북한 공동역사교과서를 만들자'는 성급한 주장입니다.

현재 남한과 북한의 역사교과서는 각각 분단의 현실 속에서 자신의 체제를 정당화하는 역할을 하고 있어 도저히 그 간격을 쉽게 메울 수 없는 것이 현실입니다. 이러한 문제를 해결하기 위해서는 무엇보다도 남한과 북한의 역사학자들이 각자 통일을 지향하는 방향으로 역사교과서를 서술하고 교육하는 과정이 선행되어야 합니다.

그런 점에서 제7차 교육과정에서부터 한국근현대사가 '필수'

에서 '선택' 과목으로 위상이 약화된다는 것은 남북분단의 기원과 동질성 회복을 위한 역사교육이 절실하게 요청되는 이 시점에 반드시 재고되어야 합니다. 나아가 검인정 지침이 현행 국정교과서를 그대로 답습하여 체제우월성을 고취시키고 북한체제에 대한 비판을 중심으로 현대사를 서술하도록 요구한다는 점도 바뀌어야 합니다.

이제부터라도 남한과 북한의 역사학자들이 자유롭게 의견을 교환하고 다양한 역사관에 입각하여 진지한 토론을 거쳐 각자의 역사인식을 공유하려는 노력이 시작되어야 합니다. 이 경우 개별 학자나 단체들이 산발적으로 사업을 추진하는 것보다는 정부가 지원하는 '남북학술교류사업추진위원회'가 구성되어 학자들의 다양한 견해와 사업계획을 조정하는 것이 바람직할 것입니다. 그 안에 여러 역사 관련 학회의 협의체가 자율적으로 구성되는 것이 필요합니다. 이를 통해 남북 역사학계가 쉽게 합의할 수 있는 일부터 시작하여 사료와 연구 성과의 교환, 이념적 차이에 따른 제약이 덜한 유적지 공동조사 및 발굴 작업 등이 추진되어야 합니다.*

역사교육의 방침은 군에서 정할 수 없다

2004년 4월 27일 국방부 군무회의에서 고등학교 검인정 한국근현대사교과서에 대한 심각한 우려를 담은 보고가 있었고, 그 자료가 예하 부대에 하달되었다는 보도가 있었습니다.[25] 그 문건의 내용을 보고 6종의 교과서 가운데 한 권의 대표집필자로서 교과서 편찬 과정에 대한 오해와, 혹시라도 나타날 수 있는 국민들의 우려를 씻어주지 않으면 안 되겠다는 생각이 들었습니다.

한국근현대사교과서는 역사학자와 교사들이 교육인적자원부의 준거안에 따라 집필하였고, 검정위원들에 의해 학문적·교육적 타당성이 검증된 것입니다. 특히 현대사 서술에서 대한민국 정부의 정통성 확립과 남북의 평화 공존을 지향하도록 되어 있습니다. 역사적 사실에 입각해 과거 군부독재정권을 비판적으로 언급하고 북한의 권력구조 변화를 사실 그대로 전달했다고 해서 "자유민주주의 체제를 부정"한다거나 "대한민국 및 국군의 정통성을 훼손"했다고 볼 수 없습니다. 또한 1882년의 조-미 통상조약이 불평등 조약이었으며, 1945년 미군이 점령군으로 들어왔다고 사실대로 서술한 것이 "반미감정을 조장할 우려"가 있다는 것은 그동안 우리 사회가 이룩한 성과들을 부인하는 편향된 시각일 뿐입니다.

더욱 문제가 되는 것은 이 자료가 《월간조선》 2004년 4월호에 실린 기사를 그대로 정리한 내용이라는 점입니다. 그 기사에는 단 한 명의 역사학자도 등장하지 않고 노무현 대통령 탄핵지지모임과 극우집회에 단골로 등장하는 인사들의 냉전수구적 주장만이 넘쳐날 뿐이죠. 일간지에서조차 받아 적지 못한 편향된 역사인식을 그대로 담아 군의 "주요 간부들에게 학교 국사교육 관련 역사인식의 문제점을 올바로 이해시켜 장병 정신교육 지도능력을 제고"
하겠다고 하면서 "학교교육에서 잘못 교육했다는 것을 재인식하
도록 신병 교재 보완"을 대책으로 내놓고 있습니다. 말하자면 학교
역사교육을 군이 대체하겠다는 발상인 셈입니다.

또한 국방부 정훈담당관실에서 작성하여《국방일보》를 통해
배포되는 교재에 수록된 '바른 역사의식 교육 지속강화'를 대응방
안으로 제시하고 있습니다. 그런데 그들이 작성한 〈제7주차 기본
정훈교육〉 기본교재를 보면, "치우천왕은 BC 2700년께 배달국의
제14대 천왕이다. 북으로는 시베리아, 서로는 티베트까지 중원의
대부분을 지배했던 위대한 우리의 선조인 치우천왕이 민족의 가
슴에 화려하게 부활했다"고 적고 있습니다. 이렇게 역사학계 어느
누구도 인정하지 않는 일부 '재야 사학자'들의 주장이 장병들에게
일방적으로 교육되고 있는 것입니다.

검인정 제도의 취지는 획일적 역사의식에서 탈피하여 교과서
로서의 체제와 서술에서 다양성을 확보하되 국가가 요구하는 기
준을 충족시킨 교과서만을 사용하자는 것입니다. 따라서 어떤 교
과서라도 자신만의 주장을 고집할 수 없으며, 학계의 새로운 연구
성과에 입각해서 용어 하나를 고치는 것조차 철저한 검증을 거쳐
야 합니다. 오히려 학계 일부에서는 한국근현대사교과서가 지나치
게 보수적으로 서술되었다는 비판의 목소리도 있습니다. 물론 현
교과서가 완벽한 것일 수 없기 때문에 국방부가 아닌 그 어느 입장

에서라도 견해를 제시할 수 있으며, 그것이 역사적 근거를 가지고 있는 것이라면 반영하도록 노력해야 할 것입니다. 그러나 이렇게 편향된 시각만을 강요한다면 받아들일 수 없습니다.

오히려 이번 기회를 그동안 군 내부에서 폐쇄적으로 운영해왔던 장병들에 대한 역사교육을 민간 학계에 개방하고 검증을 받는 계기로 삼아야 할 것입니다. 물론 장병 교육은 군의 고유한 영역이죠. 그러나 그 내용이 편향된 인식을 바탕으로, 비전문가인 일선 지휘관들에 의해 정훈교육이 진행되고 이를 통해 장병들의 역사인식을 오도한다면 큰 문제가 될 것입니다. 더욱이 참여정부가 가능하게 된 시대정신과 전혀 맞지 않는 역사를 군이 강요할 수는 없습니다. 군사문제에 대해서는 군의 전문성을 존중하듯이, 역사교육은 역사학자와 역사교사의 손에 맡기는 것이 순리입니다.**

*   2000년 10월 28일 한국일보
**   2004년 6월 2일 한겨레

역사교육을
진정 강화하고 싶다면

─────────── 정권의 입맛에 따라 바뀐
교육과정의 실상

연예인의 '역사 무지' 논란보다 중요한 것

지난 2013년 5월 아이돌그룹 시크릿의 전효성이 인터넷 커뮤니티 일간베스트 저장소(일베)가 쓰는 표현을 방송에서 사용했다며 비난을 받았던 적이 있습니다. 당시 어느 시사토크쇼와 역사교과서 관련해서 전화 인터뷰를 하는데, 이런 사태에 대해 어떻게 생각하느냐는 질문을 받았습니다. 그래서 본인이 잘 모르고 썼다고 사과하면 된 것이지, 계속 비난을 할 필요는 없다고 답변했습니다. 진행자가 언뜻 당황한 것 같더군요. 아마 제가 '진보적 역사학자'라서 맹비판을 할 줄로 기대했던 모양입니다.

2016년 5월 12일에는 아이돌그룹 AOA의 설현과 지민이 한 케이블 방송에서 안중근을 몰라보는 등 역사에 대한 무지를 드러냈다며 인터넷이 뜨거웠습니다. 물론 결코 그들이 잘했다고 볼 수는 없지요. 하지만 그렇게까지 흥분하고 매도할 일은 아니라는 생각이 듭니다.

  어떤 고등학교에서 학생 60명을 대상으로 조사한 내용을 보면, 상하이에서 도시락 폭탄을 던진 분이 윤봉길이 아니라 안중근이라고 대답한 학생이 40퍼센트나 된다고 합니다. 또 5·16군사정변을 주도한 사람이 전두환이라고 응답한 학생이 60퍼센트가 넘어, 정답인 박정희를 언급한 사람보다 압도적으로 많았습니다. 이것이 현재 수능을 준비하고 있는 고등학교 2학년의 실상입니다.

  그러니 연예인 지망생으로 학교 공부에 소홀했을 것이 뻔한 그들이, 역사지식이 부족하다며 트집 잡고 흥분할 일은 아니지 않나요? 그냥 어처구니없네, 한마디 하고 넘어가면 될 일을 가지고 말입니다. 오히려 생방송도 아니었는데, 재미를 위해 편집하지 않고 그대로 내보낸 방송국 측이 더 책임을 느껴야 할 것으로 생각됩니다.

  저는 오히려 청문회에 나와 5·16이 군사정변이었다는 답변을 못하고 잘 모르겠다며 얼버무리는, 교육부 장관을 비롯한 공직자들이 더 한심하게 느껴집니다. 만약에 대한민국의 대통령 및 장관, 국회의원들을 대상으로 역사시험을 보면 어떤 결과가 나올까요? 공직자도 아닌 연예인들한테 공인이기를 요구하고, 조금만 잘 못하면 거친 분노를 쏟아 붓는 한국 사회의 모습이 별로 좋아 보이 지는 않습니다.*

역사교과서 집필의 자율성 보장돼야

2002년 검인정을 통과한 한국근현대사교과서에서 김대중 정부에 대한 비판적 서술이 부족했던 것은, 집필자와 검정위원들이 지난 수십 년 동안 내려온 관행을 별 생각 없이 따랐던 것에서 비롯되었 습니다. 그 가운데 한 권을 집필한 사람으로서 보다 세심한 주의를 기울이지 못했던 점에 대해 겸허히 비판을 받아들이려 합니다. 치 적을 미화한다든가, 정치적 압력에 의한 것은 아니었습니다. 따라 서 충분히 납득할 수 있는 방향으로 내용을 수정해나갈 것입니다. 절차와 시간상으로도 얼마든지 기회가 남아 있습니다.

그런데 논란이 되고 있는 정부에 대한 서술은 '집필상의 유의 점'에서 국정 국사교과서와의 연계성을 강조하고 있기 때문에 들 어간 것입니다. 국정 국사교과서에서 현 정부에 대한 서술이 들어 있는 한 검인정교과서도 거기에 따를 수밖에 없습니다. 따라서 검 인정교과서의 자율성을 보장해주거나 국정교과서를 수정하지 않 는 한, 이러한 문제가 다시 발생하지 않는다는 보장이 없습니다.

유감스러운 것은 이 문제를 바람직한 역사교육에 대해 고민하는 차원에서 다루기보다 정치공세의 일환으로 끌고 간 일부 언론과 정치권의 태도였습니다. 그들은 이전 정권 하에서 집필되었던 모든 국정 국사교과서가 당시의 정부에 대해서 비판적이기는커녕 미화하는 내용이 많았음에도 불구하고 그동안 어떠한 문제도 제기해본 일이 없습니다.

뒤늦게 그것이 수십 년간의 관례였다는 점과 검정위원 선정에 있어 정치적 배경을 찾아내기 어렵다는 사실이 밝혀지면서부터 관련 기사가 현저하게 줄어들었습니다. 한때는 검정의 통과 여부를 정부에 대한 긍정적 서술과 관련 있는 것으로까지 단정했던 그들의 모습을 돌아본다면 이상한 일이 아닐 수 없습니다. 더욱이 그들은 엉뚱하게도 국정교과서로의 회귀를 주장하고 있습니다. 이번 사태를 정권의 압박에서 발생한 것으로 규정하면서도, 오히려 정권의 압박에 쉽게 좌우되는 교과서 제도로 돌아가자고 하는 것은 논리적 모순일 뿐입니다.

게다가 아직 교과서의 실체가 일반에 공개되지 않은 상황에서 일부 언론이 내용 자체를 왜곡해서 보도한 경우도 많았습니다. 김영삼 정부에 대해서는 비판적인 서술을 위주로 썼다는 것이 대표적인 사례입니다. 가장 많은 비판의 대상이 되었던 금성출판사 교과서에서조차 김영삼 정부가 민주주의 발전에 있어 긍정적인 역할을 했다고 서술한 분량이 더 많으며, 여러 차례 일어났던 대형 사고에 대해서도 그 원인을 '그동안의 총체적 사회 부조리의 산물'

로 서술하고 있습니다. 소절의 제목에서도 '김영삼 정부, 민주주의 개혁을 실시하다'와 '여야 정권교체로 출범한 김대중 정부'를 사용하고 있습니다. 이것을 가지고 현 정부에 대한 편파적인 서술이라고 할 수 있을까요?

한편 정부가 보여준 대응도 유감스러웠습니다. 집필자들이 수정을 거부한 것도 아닌데 처음부터 '직권수정'을 들고 나왔습니다. 그리고 제도적 문제를 해결하려는 노력에 앞서 관련자들에게 책임을 돌리는 데 치중하는 모습을 보였습니다. 무엇보다 위험한 발상은 교과서에 대한 정부의 통제를 강화하려는 것입니다. 그러나 그것은 역사교과서가 정치적 논란의 대상이 될 가능성을 높인다는 점에서 정부를 위해서도 결코 바람직하지 않습니다.

앞으로도 검인정 역사교과서를 둘러싸고 자신의 역사관에 맞지 않는다고 논란을 벌이는 일이 계속 나타날 것으로 예상됩니다. 그런 분위기에 현대사 서술이 위축될 가능성도 있습니다. 그러나 검인정교과서는 학계와 교육계의 자율을 최대한 보장하는 방향으로 제작되어야 합니다. 교과서에 대해서는 정부가 아닌 집필자들이 책임을 져야 하며 역사교사와 학부모들에게 최종적인 채택의 기회를 주어야 할 것입니다. 그리고 만약 편향적이거나 내용이 부실한 교과서가 있다면 철저히 외면당할 것입니다. 검인정을 통과했던 일본 신우익세력이 집필한 교과서의 채택률이 여전히 0.1퍼센트 미만에 그친다는 사실은 그것을 증명하고 있습니다.**

역사교육 강화를 위한 최소한의 조치

2011년 4월 22일 교육과학기술부가 '역사교육 강화방안'을 발표했습니다. 골자는 내년 고교 신입생부터 한국사 교육을 필수화하겠다는 것입니다. 그러나 과연 이번 조치로 역사교육이 강화되는 것인지에 대해 역사학계와 역사교육계는 대체로 회의적입니다. 원래 필수과목이었던 역사를 선택과목으로 바꾼 주체는 바로 현재의 이명박 정부였습니다. 여론에 밀려 다시 필수과목으로 돌아가는 것을 두고 '역사교육 강화방안'이라고 하는 것은 앞뒤가 맞지 않습니다. 이번 강화방안은 과거의 역사교육과정에도 미치지 못하는 부실한 내용입니다.

현재 한국사는 고등학교에서 선택과목으로 되어 있지만 이미 모든 고등학교에서 가르치고 있으므로 달라질 것은 없습니다. 문제는 수업시간이 너무 적고 그나마 특정 과목을 일정 기간에 빠르게 몰아서 가르치는 집중이수제로 인해 더 줄어들었다는 점입니다. 역사 수업시간을 충분히 확보해야만 역사교육이 강화될 수 있습니다. 또한 중학교에서는 역사를 전공하지 않은 교사들이 역사를 가르치고 있는 문제도 빨리 해결해야만 합니다. 이 문제를 계속 방치한다면 역사교육이 제대로 강화될 리 만무합니다.

일부에서는 아예 역사를 수능 필수과목으로 지정해야 한다고 주장합니다. 하지만 지금과 같은 수능 제도에서 한국사만을 필수화할 경우, 다른 사회과의 반발을 초래할 것이 불을 보듯 뻔한 일입니다. 수능 사회탐구 영역 10개 과목 가운데 2개 과목을 선택하게 하는 현재의 수능제도를 많은 사회교과 교사들이 걱정하고 있는 현실에서 한국사만 필수로 한다는 것은 다른 사회과목의 더 큰 위축을 불러올 수 있습니다. 따라서 진정한 역사교육 강화를 위해서는 다음과 같은 최소한의 조치가 필요합니다.

첫째, 역사교과가 사회과에서 독립해야 합니다. 현재 고등학교의 교과목 자율선택제가 영어·수학 편중의 교육을 강화하고 있습니다. 더욱이 집중이수제로 인해 대부분의 사회과목이 어려움을 겪고 있는 상황에서 역사가 별개 교과로 독립한다면 다른 사회과목의 반발도 없을 것이며 영어·수학 편중의 교육에서도 벗어날 수 있다고 생각합니다. 한국사가 국어·영어·수학과 마찬가지로 자연스럽게 필수적으로 응시해야 하는 과목이 되어야만 실질적인 역사교육 강화방안이 될 수 있다는 것입니다.

둘째, 대학의 한국사 교육을 내실화해야 합니다. 교과부에 따르면 앞으로 공무원 임용시험에 한국사를 필수화하고 교사 임용고시 때 한국사능력검정시험 3급 이상을 요구할 예정입니다. 그러나 이런 조치가 과거와 같이 단순 암기력을 시험하는 것으로 돌아가는 것이라면 아무 의미가 없습니다. 오히려 대학에서 이루어지는 한국사 관련 교양과목을 최소 두 과목 이수하고 B학점 이상을 받은 경우 시험을 면제해주는 것이 역사교육을 강화하는 방안이 될 수 있습니다.

셋째, 내용과 절차 면에서 합리적인 교육과정과 교과서를 만드는 것입니다. 교과부는 얼마 전까지 역사교육과정추진위원회라는 기구를 만들어 2011년 말까지 새로운 역사교육과정을 만든다고 하더니 갑자기 그해 8월까지 확정하여 바로 이듬해에 검정에 들어가겠다고 발표했습니다. 이렇게 졸속으로 진행되는 교과서는 사상 유례가 없을 정도입니다. 이제 겨우 검정을 통과해 막 사용되기 시작한 교과서가 있고, 심지어 중학 역사 과목은 지금 검정 중입니다. 새 교과서를 쓰라는 교과부의 발표는 참으로 이해하기 어렵습니다.

지금부터라도 교과부는 과거의 비상식적이고 자가당착적인 행태를 그만두고 역사학계와 역사교육계의 의견을 폭넓게 수렴해 충실한 역사교육과정을 만들어야 합니다. 그래야만 얼마 뒤에 또다시 역사교육과정을 개정해야 하는 비효율의 악순환에서 벗어날 수 있습니다.***

정권의 입맛에 맞는 역사교육 개정에 반대하며

2011년 6월 30일 국사편찬위원회가 '2011 역사교육과정 공청회'를 열었습니다. 이날 발표된 역사교육과정 개정안은 공청회 현장에서 많은 비판을 받았으며 전국역사교사모임도 성명을 발표하여 문제점을 지적했습니다. 이번 개정안은 과거에 비해 지나치게 촉박한 일정으로 진행되었습니다. 겨우 3개월의 작업 결과물을 가지고 공청회를 한 뒤 8월에 고시를 한다면 결국 시안을 그대로 확정하겠다는 것에 다름 아닐 것입니다. 더욱이 그 내용은 도저히 받아들이기 힘든 내용으로 구성되어 있습니다.

첫째, 정책위가 제시한 방안은 한국사를 선사시대부터 현대까지 통사로 배우는 형식을 초·중·고교까지 세 번 반복하겠다는 것입니다. 중학교에서는 정치·문화사 중심으로, 고등학교에서는 사회경제사·대외관계사·사상사를 중심으로 한다고 하지만, 실제로 교과서 내용이 그렇게 분리될 수는 없을 것입니다. 결국 학생들이 비슷한 통사를 계속해서 반복하여 학습함으로써 역사 공부에 흥미를 잃을지 모른다는 우려가 역사교사들 사이에서 일어나고 있습니다.

둘째, 근현대사의 비중이 지나치게 줄어들었습니다. 중학교에서 전근대와 근현대의 비율은 7 대 3, 고등학교에서는 5 대 5로 결정했습니다. 그 가운데 해방 이후 현대사의 비중은 10퍼센트 남짓에 불과합니다. 현행 교과서의 경우 중학교에서는 전근대사 비중이 높은 대신 고등학교에서는 80퍼센트 이상 근현대사 위주로 배우고 있습니다. 그런데 이번에는 중학교는 그대로 두고 고등학교의 근현대사를 대폭 줄인 것입니다. 특히 해방 이후의 역사를 거의 배우지 않는다는 것은 역사교육의 의미를 상실하는 것입니다. 고등학교에서의 한국사 교육은 3 대 7 정도로 근현대사 중심으로 유지되어야 합니다. 아니면 아예 중학교는 전근대사만 배우고 고등학교에 가서는 근현대사만 배우는 방식도 생각해볼 수 있습니다.

셋째, 교육과정은 8월에 확정하고 역사교과서의 집필 기준과 편찬상의 유의점은 12월까지 발표한다고 했습니다. 그런데 중학교 교과서는 내년 3월까지 제출하게 되어 있습니다. 그러니까 교육과정이 고시되고 7개월, 집필 기준이 발표되고 3개월 만에 교과서를 쓰라는 것입니다. 지난 교육과정의 경우 고시 이후 집필기간을 2년 이상 보장했습니다. 이렇게 교과서 개발이 졸속으로 이루어지면 집필자들이 겪어야 할 고통은 차치하고라도 그 피해는 고스란히 학생들에게 전가될 수밖에 없을 것입니다.

넷째, 개정안에서는 학습량 20퍼센트 감축과 쉽고 재미있는 교과서 서술을 요구하고 있지만, 학습내용 성취 기준을 보면 기존 교과서 내용을 축약해 대부분 집어넣었습니다. 실제로 집필하다 보면 교육과정 성취 기준에 맞춘 분량의 제약 때문에 재미있게 써보려던 부분이 가장 먼저 삭제되는 아픔을 겪게 됩니다. 성취 기준 자체가 대폭 축소되어야 스토리텔링이 강화된 교과서가 가능합니다.

교육과학기술부는 한국사를 필수과목으로 내세우며 역사교육 강화방안을 제시했지만, 지난 교육과정에 비해 역사수업 시간을 반이나 줄여놓았기 때문에 실효성이 전혀 없는 조처였습니다. 그마저도 교과서는 집중이수제에 따라 한 학기 만에 마치라고 하고 있습니다. 집중이수제를 우선 폐지하고 충분한 수업시간을 보장해

주진오의 한국현재사

야 쉽고 재미있는 교과서도 가능하다는 것은 상식에 속합니다.

더욱 큰 문제는 이번 개정작업이 전체적인 역사교과서 편성에 대한 논의가 전혀 없이 현행 교과 체제를 그대로 따르면서 내용만 부분적으로 개정하는 방향으로 이뤄지고 있다는 점입니다. 그동안 교육과정 개정에서는 항상 교과목 편제를 바꾸어왔습니다. 한국사·동아시아사·세계사라는 현재의 체제도 현 이명박 정부가 들어선 뒤 2007년 교육과정을 시행해보지도 않고 개정한 결과입니다. 그러나 현재 학생들이 세계사 과목을 선택하지 않는 현실을 고려하면, 세계사적 흐름을 이해한 바탕 위에서 한국사를 공부한다는 취지를 살리기 위해 다시 '역사'를 필수화하고 한국사와 세계사 관련 과목을 선택할 수 있게 하는 것이 바람직합니다.

따라서 역사교육과정 개정작업은 당장 8월에 고시를 할 것이 아니라 충분한 시간을 가지고 역사학계와 현장 교사들의 지혜를 모아야 합니다. 지금 역사교육 현장에서는 정권이 바뀌면 곧 교육과정이 또 바뀔 것이라고 생각하는 분위기가 팽배합니다. 하지만 교육과정을 1~2년 만에 바꾸는 일은 더 이상 있어서는 안 됩니다. 그러기 위해서는 교과부가 무리하게 밀어붙이고 있는 교육과정 전반에 대한 개정작업을 중단해야만 합니다.****

'한국사 수능 필수화'를 넘어 '역사교육의 정상화'로

지난 이명박 정부의 정책으로 한국사 수업시수가 줄고, 집중이수제로 인해 많은 내용을 한 학기에 몰아 진행하다 보니 많은 학생들이 한국사에 흥미를 잃어가고 있습니다. 수능 사회탐구영역 10과목 중 2과목만 선택하면 되는 상황에서, 상대적으로 학습 분량이 많은 한국사는 점점 더 외면당하고 있는 실정입니다. 그러다 보니 학생들의 한국사 이해 수준이 심각할 정도로 낮다는 우려가 제기되어 왔습니다.

교육현장에서는 역사지식에 대한 양극화 현상을 느낄 수 있습니다. 도시락 폭탄을 던진 사람을 윤봉길이 아닌 안중근으로, 5·16군사정변을 일으킨 사람을 박정희가 아닌 전두환으로 알고 있는 학생이 더 많은 실정입니다. 이렇게 기본적 사실조차 잘 모르는 학생들에게, 어떻게 역사의 의미와 재미를 느끼게 할 수 있을까 하는 고민이 많아집니다.

정치권도 문제의식을 느껴 여야를 막론하고 한국사 수능 필수화를 입법화하려는 여러 법안이 발의된 상태입니다. 한국사 수능 필수화를 위한 서명운동까지 민간에서 전개되고 있습니다. 하지만 최근 한국사의 수능 필수화 논의가 급물살을 타게 된 것은 분명 한국사를 평가 기준에 포함시켜야 한다는 박근혜 대통령의 발언 때문입니다. 대통령은 이와 함께 최근 집권세력이 주장하는 사관이 보편적으로 인정받는 역사를 '국민통합'이라는 이름으로 획일화하겠다는 입장도 밝혔습니다. 그래서 한국사 수능 필수화가 역사 교육을 정권이 좌우하겠다는 정치적 의도에서 시작된 것이 아닌가 하는 의혹을 받는 것입니다.

대통령 발언 이후 교육부는 그동안 한국사 수능 필수화에 부정적이던 태도를 바꾸어 긍정적인 쪽으로 선회했습니다. 게다가 시한을 정해 놓고 결론을 내릴 것을 요구받고 충분한 검토와 연구가 부족한 상태에서 형식적인 토론회와 당정청 협의를 거쳐 수능 필수화 결정을 내린다고 했습니다. 하지만 어제 발표된 역사교육 강화 방안에서는 반대 여론을 고려하여 일단 유보하는 것으로 결정되었습니다.

그런데 전교조와 다른 사회과 교육계가 반발하고 있는 이유는 역사교육 강화에 반대한다기보다 그동안 역사과를 비롯한 사회과 교육계가 요구했던 핵심 내용들이 빠진 채 한국사 수능 필수화만 추진하기 때문입니다. 즉 국어·영어·수학에 지나치게 편중된 교육과정, 세계화와 민주적 시민 교육을 위해 기본적으로 이수해야 할 사회과 교과목들이 외면되는 현실, 집중이수제로 인한 폐해 등을 시정할 방안은 빠진 것입니다.

이런 상황에서 역사교육계는 매우 곤혹스럽습니다. 역사교육계도 한국사 수능 필수화의 문제제기 방식과 의도, 예상되는 부작용 등에 대해서 충분히 인식하고 있습니다. 역사교육계가 다른 사회과의 어려움과 형평성을 외면한 채 한국사만 특별대우 받기를 바라는 것이 결코 아닙니다. 오히려 한국사 수능 필수화는 일단 현행 수능 체제의 변화를 전제로 하는 것이므로, 이번 기회에 다른 문제들도 근본적으로 함께 논의되길 바라 마지않습니다.

　그렇지만 어쩔 수 없이 수능 필수화에 대한 찬반으로 가게 되는 경우, 현재 한국사 교육 현실이 너무 암담하니 일단 받아들이고 문제점과 부작용을 보완해 나가자는 의견이 그래도 우세한 것으로 보입니다. 그동안 역사교육 정상화 방안으로는 한국사 수능 필수화뿐 아니라 역사과 독립, 수업시수의 확보, 집중이수제 폐지, 내신 필수화 등이 제시되어 왔습니다. 그중 한국사를 포함한 역사 과목들을 사회과에서 분리하는 '역사과 교과 독립'이 가장 선결되어야 할 과제라고 여기고 있습니다. 한국사, 세계사, 동아시아사를 묶어서 역사과로 독립시키게 되면 자연스럽게 수능에서 필수화해도 부작용이 적을 것으로 생각됩니다. 다른 사회교과들도 지금보다 활성화될 수 있을 것입니다.

　정부가 한국사 수능 필수화를 결정한다 해도 실제로 적용되는 것은 2017년부터입니다. 그렇다면 이 기회에 역사교과 독립을 비롯한 역사교육 정상화를 위한 방안들이 심도 있게 논의되어야 합니다. 나아가 다른 사회과에서 요구하고 있는 현행 교육과정과 수능 체제를 근본적으로 개혁하려는 노력이 수반되어야 합니다. 역사교육계가 진정으로 바라는 것은 국민적 공감대 위에서 이루어지는 역사교육의 정상화입니다. 한국사 수능 필수화만이 유일한

206

방안인 것처럼 졸속으로 밀어붙여 불필요한 논란과 갈등에 휩싸이게 하는 것은 바람직한 방향이 아닙니다.*****

---

*	2016년 5월 13일 페이스북
**	2002년 8월 8일 한국일보
***	2011년 5월 2일 경향신문
****	2011년 7월 21일 한겨레
*****	2013년 8월 12일 한겨레

누가 편향된 교과서를 쓰는가?

'역사 공작'을 벌이는
뉴라이트의 실체

역사교과서가 좌편향이라는 뉴라이트의 거짓말

중·고등학교 학부모님들, 깜짝 놀라셨죠? 자녀들이 배우는 역사교과서가 '좌편향 교과서'라는 보도가 나왔으니까요. 심지어 조선일보는 2013년 5월 31일 "남로당식 사관, 아직도 중학생들 머릿속에 집어넣다니"라는 자극적인 사설까지 썼더군요. 이게 사실이라면 정말 큰일 아닙니까? 저는 바로 그 역사교과서 가운데 한 권의 대표집필자로서, 그들의 주장이 얼마나 거짓된 것인지 지금부터 설명해드리려 합니다.

역사교과서는 교육부 장관 명의로 고시된 교육과정에 따라 집필됩니다. 교육과정은 '교과서의 설계도'라고 할 수 있는데, 학계에서 인정되는 통설에 따라 구성됩니다. 각 출판사의 필자들은 서로 경쟁 상대이기 때문에 집필 과정에서 상의하지 않습니다. 그럼에도 합격한 교과서의 목차와 내용에 큰 차이가 없는 이유는 바로 같은 교육과정에 따라 쓰였기 때문입니다.

집필된 교과서는 국사편찬위원회(국편)에 제출하고, 국편이 구성한 50명이 넘는 검정심의회에서 검정을 진행합니다. 검정 기준에서 가장 중요한 항목은 바로 편향성 여부입니다. 만약 편향된 교과서를 제출했다면 검정에서 탈락됩니다. 여기서 합격 판정을 받았다고 끝이 아닙니다. 검정심의회는 또 많은 수정보완 권고사항을 출판사에 보냅니다. 이 내용을 충실하게 받아들였을 때 비로소 최종 합격 판정을 받을 수 있습니다. 검정에 제출하는 교과서 한 권에 2~3억 원이 투자되기 때문에 출판사와 집필자들은 되도록 권고사항을 수용합니다.

역사교과서는 이렇게 많은 사람들이 개입해 여러 절차를 거쳐 나오는 것이며 교육부 장관 명의로 합격된 책입니다. 그러니 교과서가 '남로당식 사관'을 가질 수도 없고, 만약 그렇다면 집필자들만이 아니라 검정작업에 관여한 모든 기관이 공동으로 책임을 져야 하겠지요.

그런데 교과서를 '좌편향'이라 주장하는 한국현대사학회라는 단체는 이름만 학회일 뿐, 보수언론을 등에 업고 역사교과서를 매도하는 데만 골몰해왔습니다. 대부분 역사학자들이 공유하는 역사인식을 좌편향이라 한다면, 대다수 역사학자들이 편향된 것일까요, 그들이 편향된 것일까요? 교과서를 좌경화하기 위해 집필자들과 국편 및 검정심의위원들이 공모라도 했다는 것인지 참으로 어처구니없는 일입니다. 여러분은 누구의 말을 믿으시겠습니까?

사실 그들이 이번에 이런 공세를 하고 있는 까닭은 자신들이 집필한 고등학교 한국사교과서가 최근 검정을 통과했기 때문입니다. 그러니까 다른 교과서들을 모두 좌편향으로 낙인찍으면서 자신들의 교과서를 채택해 달라는 것이죠. 왜냐하면 양식 있는 역사교사들이 자신들의 편향된 교과서를 선택할 리가 없다는 것을 잘 알고 있기 때문입니다. 그러니까 교사들의 교과서 선택권을 인정하지 않고 학교운영위원회에 넘기라는 주장까지 하고 있는 것이죠.

그들의 주장과 행동에는 '원조'가 있습니다. 바로 일본의 극우세력들이 만든 '새로운 역사교과서를 만드는 모임(새역모)'입니다. 새역모는 일본의 보수 정치인과 언론을 등에 업고 그동안 일본의 식민지배 책임과 '일본군 위안부'를 인정해온 일본 역사교과서를 '자학사관'이라고 비난했습니다. 그리고 결국 스스로 후소샤 교과서를 만들어 검정을 통과했지요. 많은 분들이 기억하는 일본 역사교과서 왜곡 논란은 바로 그래서 일어난 것입니다. 뉴라이트가 검인정교과서를 비난할 때 '자학사관'이라는 용어를 그대로 사용하는 것도 새역모가 했던 방식을 그대로 따라가는 것이지요.

저는 그동안 뉴라이트가 일본의 역사왜곡과 독도 영유권 주장에 대해 제대로 대응하는 것을 거의 본 적이 없습니다. 대신 일본의 식민지배와 친일을 정당화하고 독재를 합리화하는 주장을 해왔죠. 그들의 전신이던 교과서포럼이 발행해서 물의를 일으켰던 '대안교과서'의 내용을 보면 아실 수 있습니다. 만약 한국 사회가 이것을 막지 못한다면 우리가 일본의 역사왜곡과 계속되는 망언을 규탄할 근거를 잃고 말 것입니다.

과거 일본에서 후소샤 교과서가 나왔을 때 일본의 역사교사들과 양심적 시민단체들이 합심해 채택률을 0.1퍼센트 미만에 그치게 한 적이 있습니다. 저는 대한민국의 민주적 시민의식이 일본보다 앞서 있다는 자부심을 갖고 있기 때문에, 우리는 일본보다 더 잘 막아낼 수 있다고 믿습니다. 이를 위해서는 역사학자나 역사교사만이 아닌, 깨어 있는 역사의식을 가진 학부모님들의 도움이 절실합니다. 우리의 역사교육을 뉴라이트나 일간베스트에 맡길 수는 없는 일 아니겠습니까?*

부실하고 위험한 교학사 교과서

2013년 8월 30일 새로운 고등학교 한국사교과서 8종이 최종 검정을 통과했습니다. 그 가운데 뉴라이트 계열이 집필한 교학사 교과서가 합격함으로써 뜨거운 논란이 벌어지고 있습니다. 이번에 교학사 교과서를 집필한 두 명의 교수(권희영, 이명희)는 현행 역사교과서들을 좌편향으로 매도하는 데 앞장서 왔던 한국현대사학회의 전·현직 회장들입니다. 그러니 그들이 쓴 교과서가 어떤 방향일지는 짐작할 수 있었습니다. 하지만 그들의 평소 주장처럼 교과서를 써서는 결코 검정을 통과할 수 없기에 최소한의 양식은 지켰을 것으로 기대했습니다.

그런데 최종합격 발표 후 국편이 공개한 '수정보완대조표'를 보고 놀라지 않을 수 없었습니다. 도저히 이해할 수 없게도 7종의 다른 교과서보다 두 배가 넘는 479개의 내용 수정을 요구받았습니다. 자체 수정하겠다고 한 것도 248개에 이르렀는데 이 부분은 사실 검정심의위가 지적했어야 하는 것입니다. 9월 6일에 교과서가 공개된 후 역사학계의 본격적인 검증이 시작됐습니다. 편향된 서술 이외에 사실관계의 오류만 해도 상상을 초월할 정도로 많다고 하는데 검증 결과가 곧 발표될 예정입니다. 이제 국편은 도대체 이런 책이 어떻게 검정을 통과했는지 그 과정을 낱낱이 밝혀야 합니다. 만약에 부실 검정, 편파 검정이 드러나면 교학사 교과서는 당연히 합격을 취소시키고 국편은 책임을 져야 합니다.

어떤 분들은 다양한 사관을 가진 교과서가 있을 수 있지 않으냐고 하는데 그것도 맞는 말입니다. 하지만 교과서는 교육과정과 검정기준에 부합해야만 합격할 수 있고 교육현장에서 사용될 수 있습니다. 그런데 이번에 공개된 뉴라이트 교과서는 교과서로서의 기본도 갖추지 못했을 뿐 아니라 교과서의 집필·검정기준을 지키지 않았음에도 합격 판정을 받았다는 데 문제가 있습니다.

최근 밝혀진 바에 따르면 그들은 포털사이트에 있는 사진 수백 개를 그대로 옮겨와 실었다고 합니다. 이는 검정기준의 '각종 자료는 공신력 있는 최근의 것을 사용해야 하고 출처를 분명히 제시해야 한다'는 항목에 부합하지 않습니다. 심지어는 검증되지도 않은 위키백과의 내용을 사실 확인도 않고 그대로 교과서에 옮겨 싣는 표절을 저질렀습니다.

이 책은 또한 '객관적인 사실, 개념, 용어, 이론을 제시하였는가'라는 검정항목에도 부합하지 않습니다. 그들은 식민지 근대화론에 입각해 일제의 식민지 지배를 어떻게 해서든지 정당화시켜주기 위해 애쓰고 있으며, 그에 협력했던 친일파들에게 면죄부를 주기 위해 노력하고 있습니다. 정부가 수립한 친일반민족행위진상규명위원회와 법원이 이미 친일파로 판명했던 인사들은 뉴라이트 학자들에 의해 '민족운동가'가 됐습니다.

'이승만 영웅 만들기'를 위해 1940년대 독립운동을 다룬 '건국준비활동'에서는 이승만이 17번 언급되는 반면 김구의 이름은 한 번도 나오지 않습니다. 안창호는 아예 일제하 단원 전체에서 한 번도 거명되지 않고 있습니다. 도대체 한 교과서 안에 이승만의 이름이 80여 번 나오는 교과서가 편향된 교과서가 아니고 무엇입니까?

해방 이후의 서술에서도 헌법정신에 어긋난 서술이 주류를 이룹니다. 장기독재와 함께 민주주의를 부정했던 이승만과 박정희는 북한과 대결해 대한민국을 지켜낸 자유민주주의 수호자가 됩니다. 그들이 그토록 교육과정에 자유민주주의를 넣자고 우겼던 속내가 거기서 드러납니다. 그런 편향적 인식을 하고 있으니까 제주 4·3사건은 폭동으로밖에 보이지 않는 것이죠. 5·18광주민주화운동도 누가 유혈사태와 희생자 발생의 주체인지 밝히지 않고 있습니다.

이 교과서는 한국의 역사교과서가 가져야 할 내용적 엄밀성, 역사의식 등 모든 면에서 허용범위를 벗어나 있습니다. 이미 일본 보수언론에서는 한국에서 드디어 일본의 식민지배를 긍정적으로 보는 교과서가 출현했다고 환호를 보내고 있습니다. 이 교과서를 옹호하는 국내 보수언론과 정당 및 단체들은 앞으로 일본의 역사왜곡에 대해 비판할 자격이 없음을 분명히 말해 둡니다. 이렇게 오류투성이의 부실교과서, 반민족적이며 반민주적인 위험한 교과서는 대한민국의 교육현장에서 결코 사용돼서는 안 됩니다.**

'좌편향 역사교수'라는 비난에 대한 소회

국정교과서 찬성 집회를 지원하고 세월호 유가족 흠집 내기에 동원되었다는 관변단체들에 대한 기사가 났습니다.[26] 그리 새로운 이야기는 아니지요. 다만 그 확실한 증거가 나왔을 뿐입니다. 그리고 그것을 지시한 컨트롤타워가 청와대이며, 심부름을 한 사람이 허현준 행정관이었음이 밝혀진 것이지요.

그의 이름은 어버이연합 '우회 지원'과 '관제 시위' 의혹이 드러났을 때 처음 들었습니다.[27] 이번에 전모가 밝혀져 특검에서 출두를 명령한 것 같습니다. 허현준이 페이스북에 올린 글을 우연찮게 읽어 보았는데, 자신이 부당하게 박해받는 민주투사인 것처럼 착각하고 있더군요. 마치 국정농단으로 수사받고 있으면서 억울함을 호소하는 최순실, 박근혜처럼 말입니다. 그런데 이 사람이 과거 대학생 시절에는 주사파 운동권이었다면서요?

대학원생 시절, 처음 도서관에 붙어 있던 대자보를 읽고 황당했던 기억이 떠오릅니다. 애국청년, 품성 등 비과학적인 단어들로 가득찬 시대착오적인 글이라고 느꼈지요. 나중에 그것이 남한 주사파들의 '교과서'로 불리던 《강철서신》이었다는 것을 알았습니다. 그 후 교수가 되어서 학생운동에 주사파의 영향이 확대되는 것을 보고 한심함을 느꼈습니다. 특히 학생회장 취임식을 '의장님 옹립식'이라 부르는 것을 보고 경악했습니다. 그래서 우리가 세습독재정권 북한을 모델로 보고 민주화운동을 할 수 있겠느냐며 수업 시간에 비판을 하기도 했습니다. 저를 비난하는 학생들의 목소리도 들었지만 굴하지 않았습니다.

그런데 당시 저를 '보수반동'이니 '우파'라고 비난하던 바로 그들이, 이제는 저더러 '좌파'이고 '종북'이랍니다. 저는 묵묵히 소신대로 살고 있었을 뿐인데, 저들은 자기들끼리 깃발 들고 양극단을 오갔던 것입니다. 저는 이렇게 항상 양지만을 오가는 변절자들을 싫어합니다. 학생 때는 그게 대세니까 주사파를 하다가 사회에 나와서는 독재세력의 하수인으로 변신하는 자들. 바로 이런 자들이 모여서 '뉴라이트'를 만든 것입니다.

이들이 교과서포럼을 만들어 역사교과서 소동을 시작했습니다. 그리고 이명박·박근혜 정부에서 온갖 분야에 낙하산으로 진출했습니다. 아직도 탄핵을 반대하며 박근혜를 옹호하고, 박정희를 우상시하며 '종북 척결'을 외치는 세력들이 있지요. 그런데 그들이 만약 북한에 살았으면, 바로 김일성 3대를 위해 열렬히 노력했을 것이라고 생각합니다.

남북의 우상숭배자들은 서로 가장 적대시하는 것 같지만, 사실 정신세계는 같다고 봅니다. 오히려 권위주의를 싫어하고 개인의 자유와 민주주의를 지향하는 사람은, 반동분자로 몰려서 살아남기 어렵겠지요. 실제로 두 번의 북한 방문에서 몸소 느꼈습니다. 그런 제가 종북이며 빨갱이 소리를 듣게 될 줄은 꿈에도 생각지 못했습니다. 그것도 주사파였던 사람들한테 말입니다.***

*   2013년 6월 3일 경향신문
**   2013년 9월 8일 경향신문
***   2017년 1월 27일 페이스북

역사교과서를 수정하려는
교육부 장관

'역사교과서 국정화' 프로젝트의 시작

검정제도의 취지를 훼손하는 법안의 개정

교육과학기술부가 2013년 1월 21일 초중등교육법 개정안을 국회에 제출했습니다. 이 법안에는 교과서 검정 과정에 장관이 개입해 감수기관을 지정할 수 있고, 검정을 통과한 교과서라도 수정 요청을 할 수 있으며, 이를 어기면 합격을 취소하는 등의 처벌규정이 들어 있습니다. 처음 제18대 국회 막판에 제출했다가 당시 여당 의원들마저 반대해 좌절되었고, 다시 2012년 8월 제19대 국회에 그대로 제출했다가 여론의 비판을 받아 유보된 법안인데 이번에 다시 수정해서 제출한 것입니다.

이 개정안은 교과서 검정제도의 취지를 훼손하는 것이며, 장관에게 교과서에 대한 전권을 주는 '악법'이라 할 수 있습니다. 교과부는 왜 이런 무리수를 범하는 것일까요? 이명박 정부는 출범 직후부터 검정을 통과한 역사교과서에 대한 공세를 계속해왔습니다. 2008년 '금성출판사 한국근현대사교과서 수정 지시'라는 초법적 행정조치를 밀어붙였고,[28] 현재도 금성출판사의 저자들과 행정소송을 계속하고 있습니다. 결국 교과부는 이번 법률 개정을 통해 검정교과서 수정 지시에 대한 법적 근거를 마련하고자 하는 것입니다.

더구나 정부는 2010년 역사교과서만 한국교육과정평가원에서 떼어내 정부기관인 국편에게 검정을 맡겼습니다. 그리고 검정위원에 전문성이 부족한 뉴라이트 인사들을 포함시켰는데도, 합격한 교과서들에 대해 편향되었다고 지적하는 자가당착을 범했습니다. 그래서 또다시 교육과정을 개정하여 합격한 지 얼마 되지도 않은 교과서 대신 새로운 교과서를 집필하도록 강요했습니다. 그럼에도 이번에 다시 개정안을 낸 것은 교과부가 국편이 위촉한 역사학자와 역사교사들로 구성된 검정위원회마저 신뢰할 수 없다고 판단한 것으로 보입니다. 결국 역사학계와 역사교육계를 총체적으로 믿을 수 없으니 자신들이 직접 검정 과정과 이후 상황에 대해서도 통제를 하겠다는 발상인 것입니다. 이는 교과서 검정제도를 무력화시키고 국정교과서를 만들겠다는 생각에 다름 아닙니다.

교과부는 '학계에서의 객관적인 학설 상황이나 교육 상황에 비추어 학문적인 정확성이나 교육적인 타당성을 결여한 경우'와 '검인정 기준에 부합하지 않는 내용을 발견한 경우'에 수정을 요구하겠다고 밝혔습니다. 이것들은 모두 기존에 검정위원회가 갖고 있던 권한으로서 만약에 교과서를 그처럼 집필해 제출했다면 불합격 판정을 받게 되었을 것입니다. 더욱이 검정위원회가 있는데 왜 장관이 감수기관을 지정한다는 말입니까? 2008년 금성출판사 교과서 파동 당시에도 역사교육과 무관한 대한상공회의소나 국방부, 편향된 역사의식을 가진 교과서포럼이 문제 삼은 내용을 수정 지시했던 것이 교과부였습니다.

만약 이번 법안이 현실화된다면 앞으로 우리 교과서는 교과부 장관의 정치적 성향에 따라 얼마든지 수정될 수 있는 불안정한 교과서가 되고 맙니다. 예컨대 교과부가 만약 5·16군사정변을 관변 단체의 감수 결과를 내세워 '혁명'이라고 수정하라는 지시를 하면 교과서 출판사들은 이를 거부하기 어렵게 됩니다. 만약 지시를 따르지 않을 경우 검정 합격을 취소당하거나 검정 효력을 정지당할 수 있고 심지어 3천만 원 이하의 과징금까지 물게 됩니다. 집필자들이 거부해도 아마 출판사는 임의로라도 수정하려 들 것이 뻔합니다. 이미 2008년 금성출판사에서 그렇게 한 선례가 있습니다. 즉 역사교육이 정권의 성향에 따라 통째로 흔들릴 수도 있다는 것입니다.

3장 ○ 참여하는 역사

교과부 관계자는 "큰 반대의견이 없으면 3월 10일까지 의견 수렴을 거쳐 4~5월 중 정부 입법안이 국회에 제출될 것"이라고 말했다고 합니다. 역사학자, 역사교사들이 먼저 의견을 결집하여 '큰 반대의견'을 조직해내야 합니다. 그리고 정치권·언론·시민단체와 연대하여 반드시 이 악법 개정을 막아내야 합니다. 이 문제는 정치와 이념을 떠나 상식과 민주주의의 문제입니다. 특히 야당은 수적으로 절대 열세였던 제18대 국회에서 이 악법을 저지했던 전례가 있는 만큼, 대등한 분포를 지닌 제19대 국회에서도 반드시 막아내야 할 것입니다. 만약 통과시켜준다면 야당은 존재의 의미를 상실하게 될 것이라는 점을 명심하시기 바랍니다.

많은 사람들이 박근혜 정부를 맞이하며 역사 논쟁이 치열하게 전개될 것을 우려해 왔습니다. 이번 악법 개정 시도는 새 정부에서 역사교과서를 마음대로 주무를 수 있는 길을 터주기 위한 시도에 불과하며, 그렇기 때문에 반드시 막아내야 합니다.*

*   2013년 1월 23일 한겨레

교육부는 고등학교 한국사 8종 교과서에 대한 수정권고안을 2013년 10월 21일 발표했다. 이를 바탕으로 모든 출판사와 저자가 교과서를 수정하도록 하고 이를 반영한 교과서를 학교 현장에서 채택하도록 하겠다고 한다. 교육부는 수정권고안대로 수정하지 않을 경우 수정명령을 내리고, 이를 거부할 때는 교과서 검정 합격을 취소하겠다는 입장을 밝힌 바 있다. 익히 알려진 대로 교학사 교과서는 이루 헤아릴 수 없이 많은 사실 오류, 전거를 밝히지 않은 수많은 자료, 심각한 표절, 저자의 허위 약력 기재, 저자 변경 등과 같은 사유로 인해 검정이 취소되어야 마땅하다. 게다가 대한민국임시정부의 법통과 4·19 이념의 계승, 민주개혁과 평화 통일이라는 헌법적 가치를 정면에서 거스르는 위험한 교과서란 점도 밝혀졌다. 짧은 시간 동안 땜질식 수정을 통하여 이 책이 다른 7종 교과서와 같은 수준이 될 정도가 아니라고 생각하기에 교육부는 지금이라도 검정 합격을 취소하는 것이 옳다. 많은 국민들은 이같이 부실하고도 위험한 교과서로 우리 아이들을 가르쳐도 되는 것일까 걱정하고 있고, 교육부의 사실상 재검정 시도가 함량 미달의 뉴라이트 교과서를 더 많이 채택할 수 있도록 하려는 의도에서 비롯된 것이 아닐까 하는 의혹의 눈길을 보내고 있다. 검정을 담당한 국사편찬위원회가 교육부 산하기구란 점과, 최근 박근혜 정부가 한국학중앙연구원장과 국사편찬위원장을 모두 뉴라이트 계열 인사로 채운 점을 감안하면 국민들의 이 같은 의혹은 더욱 증폭될 수밖에 없다. 이러한 의혹을 불식시키기 위해서 국사편찬위원회는 잘못된 검정에 대해 사과하고 검정과 관련된 모든 자료를 공개하고 충실히 소명해야 할 것이다. 검정심사위원장으로 왜 하필 시국선언 반대 성명에 참가했던 이를 위촉했는지, 검정심사위원과 자료 조사를 맡은 연구위원은 어떤 기준으로 위촉했는지 밝혀야 한다.

나아가 검정 신청을 위해 제출된 최초의 교과서, 상세한 검정 기준표, 검정위원들의 채점표도 모두 공개해야 한다. 그래야만 검정 과정 어디에서 문제가 발생했는지 확인할 수 있고 검정제도의 개선을 위한 대책을 마련할 수 있기 때문이다. 교육부는 진작 교학사 교과서의 검정 합격을 취소해야 했다. 그러나 교육부는 다른 교과서에도 오류나 편향이 있다는 구실을 내세워 8종 모두를 수정하겠다고 나섰다. 어제 교육부가 발표한 수정보완 요구는 교육부의 교학사 봐주기가 도를 넘었음을 잘 보여준다. 교학사 교과서의 수정 권고를 줄이기 위해 명백한 잘못을 빠뜨리는가 하면, 다른 7종 교과서에는 엄격한 잣대를 들이댔다. 그래서 이제 교학사 책으로 공부하게 될 학생들은 임정을 빠뜨린 연대표로, 애국가나 헌법전문조차 틀리게 공부할 판이고, 일제가 의병을 소탕했다고 암기할 지경이다. 민주화운동을 폄훼하거나 독재를 미화한다는 지적을 받은 내용을 전혀 수정 권고하지 않은 대신, 여당이나 보수 언론이 지적한 내용을 거의 수정권고문에 포함했다.

심지어 수정 권고한 내용에서도 명백한 사실 오류가 있다. 그 결과 교육부와 실체를 밝히지 않은 전문가들이 편향성이 있고 무능하다고 의심받기에 충분하다. 우리는 교학사 한국사교과서 파동의 본질은 교과서를 써본 경험도, 쓸 수 있는 능력도, 열심히 교과서를 쓸 마음가짐도 없는 인사들이 학교 현장을 이념 투쟁의 장으로 만들려 한 데서 비롯됐으며, 역사전쟁을 운운하는 정치 세력들이 이를 부추기면서 확산됐다고 본다. 또한 교육부는 사실상의 재검정 절차를 진행함으로써 학문의 자주성이나 교육의 정치적 중립성을 수호하기보다 권력을 잡은 정치 세력의 요구에 휘둘렸다. 검정을 주관하는 국사편찬위원회는 자국사 편수란 역사적 소명을 망각하고 집권세력의 의중에 따라 교과서 검정 작업을 진행하여 부실 투성이인 교학사 교과서를 검정 통과시켰다. 이는 교육부와 국사편찬위원회가 역사교과서 검정을 주관할 능력도 없고, 주관해서도 안 된다는 것을 여실히 보여주었다. 오늘 성명을 발표하는 우리 여섯 단체는 역사교육에 대한 온 국민의 관심에 무거운 책임을 느끼며, 우리 역사교육이 더욱 발전할 수 있는 방법을 연구하고 실천하려는 학술공동체들이다. 우리는 오늘 교육부가 8종 교과서 모두를 향해 수정을 권고한 사실을 사실상의 재검정 시도로 이해하며, 교육부가 다음과 같은 우리의 요구를 진지하게 검토하고 시행할 것을 강력히 요구한다.

1. 필수화된 한국사교육에 활용될 교재로서 자격을 현저히 갖추지 못한 교학사 한국사교과서에 대한 검정 합격 조치를 취소할 것.

2. 교육부의 수정 권고는 단순한 권고일 뿐 어떤 법적 효력이 없다는 사실을 인정하고, 교과서 수정과 관련된 모든 조치는 교과서 저자들에게 일임할 것.

3. 교학사 한국사교과서 논란을 빌미로 역사교과서 검정 발행제도의 골간을 흔들려는 시도를 배격하며, 교육부는 보다 나은 역사교과서를 만들기 위한 지원 방안을 마련할 것.

4. 교육부는 역사학, 역사교육 학술 단체가 중심이 된 공적 논의 기구를 구성하여 국사편찬위원회가 맡고 있는 역사교과서 검정 심의 업무를 넘길 것.

2013년 10월 22일

한국역사교육학회, 역사교육연구회, 역사교육학회, 역사교육연구소, 아시아평화와 역사교육연대

유관순과 기독교가
역사교과서에서 빠져 있다?

국정교과서를
밀어붙이려는 꼼수

고등학교 교과서에 유관순이 실리지 않은 이유

오전에 SBS와 KBS 기자로부터 전화를 받았습니다. 조선일보에서 현행 역사교과서 가운데 유관순을 다루지 않은 책들을 가지고 '역사왜곡'이라고 했다면서 저에게 그와 관련한 의견을 달라고 인터뷰를 요청해온 것입니다. 저는 조선일보는 보지 않는다고 했습니다. 그리고 그런 보도를 방송에서 다루겠다는 것 자체가 그들의 프레임에 놀아나는 것이라고 하면서 거절했습니다.

조선일보에서 이런 기사를 쓰는 이유는 현행 검정교과서에 문제가 있으니 국정화시켜야 한다는 여론을 조성하기 위함입니다.

현재 사용되고 있는 교과서는 2013년에 몇 차례에 걸쳐서 검정과 재검정에 준하는 수정 요구와 수정 명령을 거쳤습니다. 심지어는 집필자들이 거부한 내용을 출판사를 통해 교육부 입맛대로 고쳐서 낸 책입니다.

그 과정에서 유관순 이야기는 한번도 거론된 적이 없었습니다. 그러니까 만약에 현행 역사교과서에 문제가 있다면 그 책임은 교육부에게 있는 것입니다. 현재 신임 장관도 비슷한 문제 제기를 했다는데 그거야말로 '누워서 침 뱉기'입니다. 게다가 유관순을 반드시 넣어야 한다는 것은 교육과정에도 나와 있지 않습니다.

유관순과 관련하여 고등학교 현장 교사 분들이 알려준 사실이 있습니다. 이전에 국정 국사교과서 시절에도 유관순 이야기는 본문에 거의 실리지 않았다고 합니다. 주석으로는 언급되었지만, 마지막 국정인 7차 교과서에는 그마저 나오지 않습니다. 통상적으로 유관순은 초등학교와 중학교 교과서에서 많이 다루고, 고등학교 교과서에서는 3·1운동의 구조적 측면을 주로 다루기 때문에 특정한 인물만을 부각시키지 않습니다.

주성지 선생님께서 국사편찬위에서 구축한 '우리역사넷'이라는 사이트에 있는 자료를 활용하여 가장 정확한 정보를 올려 주셨습니다. 그에 따르면, 박정희가 만들었던 고등학교 국정교과서에도 유관순의 이름은 없었습니다. 더 구체적으로 말씀드리면, 고등학교 국사교과서에서 유관순이 본문에 들어간 것은 2차 교육과정 이후로는 없었습니다. 4~6차 교과서에서도 주석을 통해 간략히 언급되었을 뿐입니다. 그러니까 국정교과서가 시작되었던 3차(1973~1981년) 교과서에도 나오지 않았고, 마지막 국정교과서였던 7차 교육과정(1998~2007년)에도 없었습니다. 결론적으로 국정제 이전에는 오히려 본문에 들어가는 경우도 있었지만, 국정제 이후에는 단 한 번도 본문에 들어간 적이 없었다는 것입니다.

유관순의 가슴 아픈 순국에 애도를 표하지 않을 사람이 어디 있을까요? 그러나 이미 어릴 때부터 많이 들어서 알고 있는 인물이기 때문에 굳이 고등학교 교과서에 넣지 않았을 뿐입니다. 그것은 유관순을 부정하거나 중요한 인물이 아니라고 생각하는 것과는 전혀 다른 것입니다. 유관순이 들어가지 않았다고 해서 현행 교과서를 국정화시켜야 한다는 조선일보와 거기에 부화뇌동한 문화일보와 매일경제는 완전히 헛다리를 짚은 것입니다.

저는 천재교육에서 고등학교 한국사뿐 아니라 중학교 역사교과서도 동시에 대표집필자를 맡았습니다. 2014년 현재 중학교 역사교과서는 1권이 전근대로서 2학년에, 2권이 근현대로서 3학년에 배우게 되어 있습니다. 각 권에는 앞에 한국사, 뒤에 세계사가 서술되어 있습니다. 천재교육의 중학교 역사교과서 2권 68쪽에는 '4인의 여성독립운동가'라고 한 면을 할애한 특별꼭지가 있습니다. 거기에는 윤희순, 유관순, 남자현, 이화림 네 분에 대한 이야기가 사진과 함께 실려 있습니다.

2014년까지 일부교과서에는
유관순은 없었습니다

유관순은 2014년까지 8종의 교과서 중 2종은 기술이 안되었고
2종은 사진 없이 이름 등만 언급되었습니다

올바른 역사교과서를 만들겠습니다

교육부

2015년 10월 19일부터 방송된
국정교과서를 옹호하기 위한 교육부의 홍보 영상.

고등학교 한국사는 고 1에서 배우도록 한 과목입니다. 유관순은 중 3에서 비중 있게 배운 인물이기 때문에, 고 1 교과서에서 반복하지 않은 것일 뿐입니다. 일제강점기 하에 안타깝게 목숨을 잃고도 이름조차 알려지지 않은 분들이 얼마나 많습니까. 교과서에 할당된 분량이 더 많았다면 유관순뿐 아니라 언급하고 싶은 여러 분들을 더 많이 쓸 수 있었을 것입니다. 이런 사실을 살펴보지도 않고 단순히 유관순을 안 쓰면 '좌파'고 '종북'이라고 주장하는 그들이야말로 억지 논리를 쓰는 것 아닌가요?*

국정교과서에 찬성하는 개신교계의 황당한 이유

역사교과서를 둘러싼 기독교 교단의 입장은 확연히 둘로 갈라져 있습니다. 한국기독교교회협의회KNCC 측은 국정교과서에 대해 비판적인 반면, 한국기독교총연합회(한기총)를 비롯한 보수교단에서는 국정교과서를 지지하고 있습니다. 한기총 등 보수교단은 국정화를 찬성하는 이유로 현행 교과서가 기독교를 고의적으로 축소 서술하고 있다는 점을 내세우고 있습니다. 그리고 이러한 주장을 해왔던 박명수, 이은선 교수를 비롯한 몇 사람들은 국정교과서를 지지하는 교수모임에 이름을 올리기도 했습니다.

저는 연세대학교 2학년에 재학 중이던 1976년에 하나님을 영접하고 연세대학교 교회에서 신앙생활을 시작한 지 40년이 되었으며 현재 기장 교단에 속해 있는 예닮교회 집사입니다. 교회를 나가면서 성가대를 하기 시작해서 지금까지 계속하고 있지요. 그런 제가 역사교과서를 대표 집필하면서 기독교를 고의적으로 축소 서술했다는 비난을 당하고 있습니다. 지금부터 그러한 주장이 얼마나 터무니없는 거짓인지 밝혀 드리겠습니다.

저는 2011년 12월 6일 KNCC 산하 한국교회발전연구원(당시 이사장 이영훈 목사, 원장 이성희 목사) 주최로 연동교회를 통해 열린 토론회에서 박명수, 이은선 교수와 만난 적이 있습니다. 이미 한국근현대사교과서 시절부터 그들이 위와 같은 주장을 한다는 것을 알고 있었고 그 자리에서도 그들은 비슷한 주장을 계속했습니다. 토론을 통해 저는 현행 교과서에서 개신교를 고의로 축소시킨 적이 없다는 점을 분명히 했습니다. 그리고 종교 부분만 봐서 그렇지 근대교육, 병원 등의 서술에서 기독교가 여러 차례 언급되고 있다는 것을 밝혔습니다. 더욱이 교과서 집필자들은 교육과정과 집필기준에 따를 수밖에 없다는 점을 분명히 하고, 그것을 고치려면 교과서나 필자들을 공격하지 말고 교육부를 상대로 교육과정 개정을 요구하라고 조언했습니다.[29]

당시 박명수 교수는 제가 대표집필한 천재교육 교과서가 가장 개신교에 대해 자세히 언급하고 있다는 점을 인정했습니다. 그래서 저는 더 이상 근거 없는 네거티브 운동을 하지 말고, 교과서 가운데 기독교에 대해 가장 잘 쓰인 책을 추천하는 포지티브 운동을 하라고 했습니다. 토론회에 오신 교계 관계자 분들도, 교과서 발행 시스템에 대해 잘 이해하게 되었고 교과서 집필자들이 고의로 축소 서술한 것이 아님을 알게 되었다고 말씀해 주셨습니다.

그럼에도 불구하고 2015년 박명수 교수는 다시 같은 주장을 하고 나섰습니다. 이번에는 교계의 힘을 얻은 것인지, 예수교장로회(예장) 합동교단의 총회 역시 역사교과서 국정화를 지지할 것이라고 했습니다.[30] 검정교과서에 기독교의 역사가 제대로 서술되지 않았기 때문이랍니다. 참 답답합니다. 이들은 국정교과서가 만들어지면 기독교 서술이 늘어날 것이라 기대하고 있습니다. 정말 한심한 착각이지요. 우선 국정교과서가 되면 근현대사 분량을 현재의 50퍼센트에서 30퍼센트로 줄이겠다고 교육부가 발표했습니다. 기독교 역사는 주로 근대사 부분에 해당하는데, 오히려 기독교 분량이 늘어난다니요?

현행 교과서가 정말로 기독교를 축소 서술했는지는 제가 대표 집필한 천재교육 교과서를 확인해보시면 알 수 있습니다. 괄호 안의 숫자는 페이지입니다.

- 근대적 교육기관의 설립: 본문과 자료읽기 14줄(227)
- 종교계의 새로운 움직임: 본문 2줄(231)
- 서양 의료시설의 수용: 4줄(233)
- 서울의 근대문화유산을 찾아서: 정동교회 사진과 설명(235)

- 3·1운동의 전개: 자료읽기 10줄(247)

- 여성운동과 형평운동: 2줄(261)

- 독립군의 시련과 3부의 성립: 캐나다 선교사 마틴의 수기 (267 자료읽기)

- 종교계의 활동: 본문 4줄(284)

    이것을 보고도 검정교과서가 기독교의 역사를 축소 서술했다는 주장을 하시겠습니까? 오히려 기독교의 분량이 다른 종교에 비해 압도적으로 많습니다. 한국사교과서가 교회사가 아닌데 어떻게 여기서 더 쓰겠습니까? 다른 종교계에서 반발이 일어난다면 어떻게 하시려고요? 교과서에 기독교 관련 서술이 정 부족하다면, 교회에서 가르치면 될 것입니다. 그런데 한국의 신학대학과 교회에서 한국교회사를 과연 얼마나 가르치고 있습니까? 영광의 역사뿐만 아니라 참회해야 할 부끄러운 역사까지 제대로 가르치고 있습니까? 저는 평신도지만 역사학자로서 오늘날 한국 교회에 나타나는 온갖 문제가 바로 교회사 교육의 부재 또는 부족에서 비롯되었다고 생각합니다.

    아울러 더욱 중요한 사실을 말씀드리겠습니다. 이전의 국정교과서 시절에는, 기독교가 검정교과서에 비해 훨씬 적게 서술되어 있었습니다. 거의 안 썼다고 해도 지나치지 않을 정도입니다. 국사편찬위원회가 만든 '우리역사넷'에 들어가보면 역대 국정교과서가 다 올라와 있으니 확인해볼 수 있습니다. 오히려 국정교과서 시절에는 입 다물고 있다가, 기독교에 관해 훨씬 더 많이 쓰고 있는 검정교과서가 축소 서술했다고 하면서 국정으로 돌아가야 한다는 것이 말이 됩니까? 만약 다시 국정교과서로 돌아갔는데 기독교 관련 서술이 오히려 더 줄어들면 그때는 어떻게 할 것인지, 분명히 이번에 밝혀야 할 것입니다. 그리고 거짓 논리를 앞세워 역사교과서 국정화에 찬성한 교단 지도자들에게 반드시 책임을 추궁해야 합니다.**

---

*   2014년 8월 28~29일 페이스북
**   2015년 11월 30일 페이스북

거짓말과 획책으로 내세운
'복면집필진들'

터무니없는 지원으로
탄생한 엉망진창의 결과물

거짓말로 국민을 선동하는 정부

2015년 10월 24일 김정배 국사편찬위원장이 국정 역사교과서 집필진 공개 여부에 대해 '집필진이 반대하면 공개하지 않겠다'는 의사를 밝혔습니다. 결국 '복면집필진들'로 계속 꾸려가겠다는 입장으로 보입니다. 아울러 이병기 대통령 비서실장이 국회 운영위원회 국정감사에서 국정화에 반대해 '집필 거부'를 선언한 교수들에 대해 언급했습니다. "파악해보니 지금까지 역사교과서 (집필에) 한 번이라도 참여한 분이 없다"며 "서울대·고려대·서강대·이화여대 등 4개 대학에서 서명한 교수들 중 지금까지 중·고교 역사교과

서를 집필한 분은 한 분도 안 계시다는 게 분명한 팩트(사실)"라고
했다네요.[31]

비서실장의 이 말은 당연히 거짓말입니다. 이번에 집필거부
선언에 동참한 분들 가운데는 그동안 검정교과서를 집필한 대학
교수가 여러 분 계십니다. 너무 많아서 여기 올리기도 힘들어 일단
참겠습니다. 그런데 4개 대학을 특정해서 말했기 때문에 그에 대
해서만 명백한 거짓말이며 위증이라는 것을 밝혀 드립니다. 모두
다 조사를 해보지는 않았지만, '집필 거부' 의사를 밝힌 4개 대학
교수들 가운데 중학교 역사교과서를 쓰셨거나 현행 교과서를 쓰
신 분들이 여럿 계십니다.

우선 한국근현대사교과서 시절의 집필진 중에는 김태웅(금성),
박태균(천재) 서울대 교수가 있었습니다. 그리고 서울대에는 역사
교육과 양호환(교학사), 서양사학과 김덕수(천재교과서), 동양사학과
김형종 교수(금성)가 대표집필자로 참여했고 공동집필자로는 국사
학과 허수(금성) 교수가 있습니다. 이화여대에는 지난 교과서 집필
자로 사회교육과 역사전공 차미희 교수(천재교육)가 있습니다.

제가 당장 생각나는 대로 적은 것만으로도 이렇습니다. 정부
와 여당은 제발 사실관계라도 정확히 밝히시기 바랍니다. 금방 들
통 날 거짓말을 왜 이리 끊임없이 하는 것입니까. 제발 부끄러움을
아시기 바랍니다. 그리고 이런 답변을 적어준 관계자, 철저하게 문
책하세요.*

'복면집필진들' 명단 살펴보니

국정교과서 집필자가 2016년 11월 28일 언론에 공개됐습니다. 그동안 계속 감춰오고 밝히지 않던 '복면집필진들'의 명단을 살펴보니 예상 외의 인물은 거의 없더군요. 이미 한국사국정화저지네트워크에서 발표했던 명단이 그대로 들어 있었습니다.

우선 가장 예민한 현대사 부분의 필자에는 역사학자가 한 명도 없습니다. 대부분 한국현대사학회와 안병직–이영훈이 주도하는 낙성대연구소 소속의 사회과학자들로 이루어져 있습니다. 근대사 필자들은 역사학자이지만, 이미 한국현대사학회에서 활동해왔던 사람들입니다. 거기에 국편 위원장과 가까운 퇴직 교수들, 국편 퇴직자 그리고 최근 교육부의 수정명령을 만드는 데 협력했던 학자들이 참여했습니다.

제가 가지고 있는 한국현대사학회의 초기 임원명단을 보면 당시 회장은 권희영, 연구위원장은 이명희였습니다. 바로 교학사 교과서 집필자들이었지요. 그리고 이주영–고문, 이민원–연구위원회 부위원장, 김권정–연구간사, 나종남–대외협력위원 등이 집필에 참여했습니다. 그밖에 김명섭, 유호열 등도 이 범주에 속하지요. 결론적으로 국정교과서는 사실상 한국현대사학회가 집필한 교과서입니다. 이미 교육부가 그토록 밀어 주었지만 겨우 0.1퍼센트 채택률에 그친 교학사 교과서의 후신입니다.

아울러 국정이라는 제도를 떠나서, 또 내용의 편향성을 넘어서 처음부터 제가 가장 우려했던 일이 결국 벌어졌습니다. 그것은 교과서 집필 경험이 전혀 없는 사람들이, 졸속한 일정 속에 과연 제대로 원고를 써낼 수 있을까 하는 걱정이었지요. 게다가 집필인원이 저렇게 많아서, 어떻게 일관된 문장의 흐름이 가능할 것인가가 우려되었습니다. 역시 예상대로 국편 연구사들을 동원했더군요.

저도 처음 교과서 원고를 썼을 때, 너무 글이 어려워 고등학교 수준에 맞지 않는다고 대폭 수정되어서 서운했던 적이 있습니다. 주말을 반납하고 필자들이 모두 모여 원고 검토회의를 수없이 했지요. 그래도 오류와 비문이 나옵니다. 회의를 하다 보면 서로 언성이 높아지는 경우도 많았습니다.

사정이 이러하니 은퇴 학자들과 사회과학자들이 대부분인 국정교과서 필자들이 각자 써온 원고는, 아마도 교과서에 그대로 쓸 수 없었을 것입니다. 그렇다고 이들이 검정교과서 필자들처럼 그렇게 희생적으로 모여서 검토회의를 했을 리가 없겠지요. 그러니 국편 연구사들을 대거 동원했을 것입니다. 그렇다면 교과서의 집필자는 과연 누구인가요? 공개된 집필자들인가요, 국편 연구사들인가요? 복면집필을 넘어서 이젠 대리집필까지, 참으로 가지가지 하는군요.**

돈으로 매수하여 엉망진창의 교과서를 만들다

교육부 장차관은 국정교과서에 오류가 많다는 비판이 나오자, 지금은 '현장검토본'이니 얼마든지 지적해주면 수정하겠다고 변명합니다. 국민의 혈세 44억 원을 들여서 이런 불량품을 만들어 놓고, 이제 와서 국민들더러 고쳐 달라고요? 그것도 공짜로 말입니다.

그런데 집필진들이 원고료로 받은 돈이 1인당 2,480만 원이랍니다.[32] 다른 과목 국정교과서 원고료보다 8배가 많다는 보도도 있었습니다.[33] 고등 한국사 원고를 집필한 학자는 20명으로 추정됩니다. 발표한 31명 중에 세계사와 현장교원을 뺀 숫자입니다. 그런데 교과서 본문은 280쪽입니다. 그러니까 1인당 평균 14쪽을 쓴 셈이죠. 그렇다면 원고료는 1쪽당 약 177만 원을 받았다는 이야기입니다.

이것은 집필 참여에 부담을 느끼는 필자들을 돈으로 매수한 것이나 다름없습니다. 국민의 세금으로 말입니다. 게다가 도저히 교과서에 실을 수 없어, 국가에서 봉급을 받는 국편 연구사들까지 동원하여 뜯어 고쳐야 했습니다. 원래 자신들의 업무도 아닌데 말입니다.

참고로 제가 대표집필한 검정교과서를 쓸 때, 300만 원의 계약금을 받았습니다. 아무리 고생을 했어도 검정에서 떨어지면 그것으로 끝입니다. 합격해도 계약금을 선인세로 간주하여 처음 2년 정도는 인세를 한 푼도 못 받는 경우가 많습니다. 그런데 국정교과서 집필에 대해서는 이렇게 파격적인 대우를 해 주었음에도, 결국 오류와 왜곡이 심각한 책으로 나왔습니다. 검정에 제출했으면 탈락할 수준의 책이지요.

국정이라는 제도적 측면에서만 비판받을 만한 것이 아니라, 내용적으로도 학교에서 쓸 수가 없는 책입니다. 그러니 당장 폐기를 해야 하는 것은 물론, 부당하게 집행된 원고료를 환수해야 합니다. 나아가 이렇게 국고를 낭비한 교육부와 국편 책임자들에게, 행정적 책임은 물론 구상권을 청구해야 한다는 게 제 생각입니다.***

*	2015년 10월 24일 페이스북
**	2016년 11월 28일 페이스북
***	2016년 12월 2일 페이스북

3장 ◦ 참여하는 역사

역사학자들의 교정을
공짜로 받는 정부

거버 국정교과서의
수많은 오류와 왜곡

국정교과서가 문제인 이유

다음 목록에 해당하는 책이 무엇일까요? 한 번 맞춰보시기 바랍
니다.

1. 집필자의 동의 없이 출판사가 마음대로 수정해도 아무 법적
   책임을 지지 않는 책
2. 교육부에서 합격시켜 놓고, 문제가 되면 집필자들에게 모든
   책임을 전가하는 책
3. 검정을 합격시킨 당사자가 다시 강제 수정명령을 내려도 아

무런 문제가 없는 책

4. 검정심사 비용을 정부가 부담하지 않고 출판사로부터 2천만 원씩 받아서 진행하는 책

5. 내용을 얼마든지 수정할 수 있는 모든 권한이 있는데도 너무 문제가 많다며 정부가 스스로 만들겠다는 책

7. 국격과 선진화 그리고 글로벌 스탠다드를 내세우던 정부가 북한과 후진국을 모델로 삼으며 바꾸려는 책

8. 국가가 책임져야 할 기간산업은 민영화하겠다면서, 이것만은 거꾸로 국가가 직접 만들어야겠다며 고치려고 하는 책

9. 역사학자나 교사들은 아니라는데, 1퍼센트도 안 되는 어용 역사학자·정치인·비전문가들이 '좌편향'이라고 우기는 책

10. 독극물이고 북한의 혁명전사를 양성하기 위한 책이라는데 현장에서는 지금도 사용하고 심지어 내년에도 사용될 책

11. 검정을 책임졌던 국편의 당시 위원장(이태진 교수)이 '좌편향이라 할 수 없다'고 하면서 박근혜 정부의 청와대 교문수석실에서도 검토해서 통과시켰다고 증언한 책

12. 직접 자세히 읽어보지 않아도, 대통령으로 하여금 전체적으로 편향된 책이라는 기운을 느끼게 해주는 마성의 비급

말할 필요도 없이, 지금 만신창이가 되어버린 검정 역사교과서입니다. 그런데 정부가 모든 공세를 고등학교 한국사교과서에

대해 집중하면서, 중학교 역사교과서마저 덩달아 국정화하겠다고 합니다. 중학 역사에는 한국사와 세계사가 함께 쓰여 있습니다. 정부와 여당은 세계사마저 국정화하려는 것입니다.

2015년 11월 2일 오늘이 역사교과서 국정화에 대한 의견수렴 기간의 마지막 날이죠. 이미 국민들의 의견은 판명 났다고 봅니다. 정부와 여당이 거짓과 이념공세로 국민을 속이려 했지만 실패했음이 분명합니다.

그러나 국정화를 추진하는 측에서 민의를 수용할 생각은 없는 것 같습니다. 결국 확정고시를 강행할 가능성이 높습니다. 그들은 일단 확정고시가 되면 저항의 목소리가 가라앉을 것이라 예상하고 있는 것 같습니다. 국민들의 관심에서 사라질 것이라 생각하고 있지요. 거센 반대운동을 벌이는 야당의 기세도 예산 처리와 공천 그리고 총선 국면으로 넘어가면 가라앉을 것이라 믿고 있습니다. 하지만 그렇게 되지 않을 것입니다.

이 문제는 정치운동이 아니라 상식에 입각하여 민주주의를 지키기 위한 싸움입니다. 긴 호흡으로 바라보아야 합니다. 이제 국정화 작업의 공수교대가 이루어질 것입니다. 하지만 저들의 국정화 작업은 낱낱이 감시와 비판의 대상이 될 것입니다. 저들은 당장 집필진 구성부터 계속 비밀리에 진행하려 하겠지만 우리는 끊임없이 공개를 요구할 것입니다. 졸속한 제작과정이 분명하기 때문에 오류와 비문 그리고 표절의 가능성이 많습니다. 교과서 시안이 나오면 샅샅이 검증작업이 이루어지게 될 것입니다. 저들의 국정교과서 시도는 오히려 많은 국민들을 역사교육 전문가로 만들어 주었습니다. 평소에는 관심이 없던 분들이 교과서를 직접 살펴 진실을 알게 된 경우도 많았습니다.

저들의 의도가 독재와 파시즘의 시대로 되돌아가려는 것임을 깨달았다는 분도 많습니다. 저는 상식의 힘을 믿습니다. 여론을 호도하고 상식을 거부한 권력의 말로가 어떤 것인지 역사에서 많이 보았습니다. 그러나 역사를 만들어가는 것은 바로 지금 여기에 살고 있는 저 그리고 여러분들입니다. 그저 역사에 부끄럽지 않게 살아야겠다는 생각뿐입니다.*

슬쩍 기존 사회 교과서도 고치는 교육부

"끌려간 사람들 중에는 여성들도 많았는데, 그중 강제로 전쟁터에 끌려간 젊은 여성들은 일본군에게 많은 고통을 당하였다." 어느 나라 교과서 내용일까요? '위안부'라는 표현이 없으니, 일본 역사교과서가 아닐까 생각하는 분이 많을 것입니다. 아닙니다. 2016년부터 대한민국에서 초등학교 6학년 학생들이 배우는 국정 사회교과서입니다.34 지금도 생존해 있는 '위안부' 피해자 분들이 왜, 어떻게 수모를 당했는지 이 구절만 봐서는 알 수가 없습니다. 게다가 '전쟁터에 끌려갔다'니, 학생들이 단순히 일본의 군사적인 지원을 위해 한국 여성들이 동원된 것으로 오해하지 않을까 걱정입니다. 2015년 12월 28일 박근혜 정부가 최종적·불가역적으로 위안부 문제에 합의한 결과가 이렇게 나온 것입니다.

이 문제는 일본의 《요미우리신문》도 보도했습니다. 기사 마지막에 교육부 관계자의 발언이 나옵니다. "초등학교 단계에서는 정서적 발육 과정상 적절하지 않다고 판단했다. 위안부 문제를 둘러싼 지난해 말 한일 합의와는 관계없다."[35] 거짓말입니다. 지난해 만들었던 실험본에는 분명 '위안부' 서술이 있었습니다. 정부의 '합의'가 영향을 미쳐 서술에서 빼버린 것입니다.

그런데 2016년 3월 18일 교육부가 이번에 검정을 통과한 일본의 고등학교 교과서 분석 결과를 발표했습니다. "대부분의 일본 교과서가 일본군 '위안부' 관련하여 강제성에 대한 언급 없이 '여성들이 전쟁터에 보내졌다'로 표현"했다고 비판했네요. 대표적으로 시미즈 서원에서 나온 《일본사 A》의 "식민지 점령지에서 모집된 여성들이 위안소로 보내지는 일도 있었다"를 들고 있습니다. 물론 일본 교과서는 고등학생용이고 위에서 언급한 대한민국 교과서는 초등학생용입니다. 하지만 교육부의 이런 앞뒤가 다른 이중적 태도는 저의 상식으로는 도저히 이해 불가네요. 오히려 일본의 일부 교과서 필자들은 '위안부' 문제를 바르게 서술하기 위해 노력하고 있습니다. 물론 검정 과정에서 많은 압력을 받아 수정할 수밖에 없었지만 말입니다.**

발표된 국정 역사교과서 검토해 보니

60페이지 분량의 〈역사과 교과용 도서 편찬기준(안)〉을 빨리 검토해 보았습니다. 나름 논란에 휩싸이지 않기 위해 노력한 흔적이 보였습니다. 하지만 여전히 '대한민국 건국'이라 한 점, 이승만과 박정희에 대한 미화, 경제성장의 밝은 면만 강조하고 있는 점, 새마을 운동의 교묘한 부각 등이 눈에 띄었습니다. 사실 그것이 무리하게 국정교과서를 추진했던 이유였으니까요. 그리고 군사정변과 유신체제를 막연히 '정치변동'으로 제시하고 있었습니다. 전체적으로 뉴라이트의 사관을 충실하게 따르는 구성이었습니다.

2016년 11월 28일 국정교과서가 공개된 이후 역사학자들과 검증에 나섰습니다. 무엇보다 고등 한국사에 박정희 이름이 몇 번이나 나올까 궁금했습니다. 일일이 세기도 어려워서, '찾아보기'를 펼쳤습니다. 그런데 박정희 항목이 아예 없는 겁니다. 이유는 너무 많아서 의도적으로 누락시킨 것이었습니다. 참고로 박정희 정권 분량은 7페이지로, 이후 모든 정권을 합한 4페이지의 거의 두 배에 달합니다. 아무튼 일일이 세 보니, '박정희'라는 단어는 23번이나 등장했습니다. 그러니 박근혜에 의한, 박정희를 위한 교과서라는 것입니다.

'일본군 위안부' 서술의 문제점도 보입니다. 일반적으로 같은 사실을 쓰게 될 때, 중학교 역사교과서보다는 고등학교 한국사교과서에 더 자세하게 쓰게 됩니다. 아무래도 학업 수준의 차이도 있고, 중학교는 한국사와 세계사가 함께 쓰여야 하기 때문이지요. 그런데 유독 '일본군 위안부' 문제는 거꾸로 중학교 역사가 훨씬 자세하게 쓰여 있습니다. 고등 한국사에는 2단 편집으로 세 줄, 1단 편집이었다면 두 줄도 안 되는 분량입니다.

물론 '역사 돋보기'라고 해서 사진과 문장이 더 나옵니다. 하지만 고등 한국사에 나오는 사진이 중학 교과서와 똑같이 나온다는 점은 성의가 없는 부분입니다. 다만 고등 한국사 마지막 부분인 290쪽에서 '역사 갈등의 해결과 평화공존을 위한 노력'에 반 페이지 정도를 다시 쓰고 있습니다. 여기서도 '역사 돋보기'로 김학순 할머니의 사진과 함께 설명이 쓰여 있습니다. 하지만 그 뒤로는 '고노 담화(1993년)'와 '무라야마 담화(1995년)'까지만 소개하여, 마치 일본 정부가 위안부와 식민지 지배에 대해 사과하는 기조를 가지고 온 것으로 오해하게 만들고 있습니다. 그리고 우리 정부도 노력하고 있다는 서술을 통해 2015년 12월 28일 '위안부 합의'가 그 산물인 것 같은 착시현상을 유도하고 있지요.

게다가 또 이상한 것은 중학이나 고등학교 모두, 위안부 피해자가 한국 여성만이 아니라는 점을 굳이 길게 서술하고 있다는 점입니다. "한국과 타이완 뿐 아니라 중국, 필리핀 여성들도 있었다."(중학 역사 2, 107쪽) "한국, 타이완, 중국을 비롯하여 필리핀, 인도네시아, 동티모르, 네덜란드 등 여러 나라 여성들이 피해를 당하였다."(고등 한국사, 228쪽)

물론 다른 나라의 피해여성들에게 관심을 갖는 것 자체가 틀린 것은 아니지요. 하지만 분량도 너무 적고, 정작 써야 할 것은 빼면서 그렇게 해야 할까요? 이는 다른 나라의 피해 사례를 부각시켜 유독 우리만 일본과의 타협을 거부하고 있다는 뉘앙스를 풍기는 듯합니다. 상대적으로 충실하게 쓴 중학 역사에도, 일본 정부가 여전히 강제 동원과 인권 침해를 인정하지 않는다는 서술이 빠져 있습니다. 그리고 고등 한국사에는 제가 대표집필한 검정교과서에 실려 있던 평화비(소녀상)와 뉴욕에 세워진 기림비 사진 등은 나오지 않습니다.

그런데 국편이 받은 〈외부 검토 보고서〉를 보면, '위안부 정의를 맨 앞에 가져오는 의미를 이해하기 어려움'이라 쓰여 있습니다. 그리고 '여러 나라 여성들이 피해를 당했다'고 수정을 권고하고 있지요. 바로 이 권고에 따라 각 나라를 열거한 것으로 보입니다. 그리고 349~351쪽에 걸쳐서 '일본군 위안부'가 서술되었다고 했는데, 국정교과서에서는 228쪽에만 서술되어 있습니다. 초고보다 대폭 분량이 축소되었다는 것을 알 수 있습니다.

반면에 국편 연구사들이 작성한 〈내부 검토 보고서〉에서는 아예 전면적인 재서술을 요구합니다. 구체적으로는 '위안부의 정의가 불명확'하며, '연행, 위안부의 고통, 인권문제, 해결 노력 등을 정확한 개념과 사실 확인을 바탕으로 재서술할 필요가 있음'을 권고했습니다. 그리고 '첫 증언, 수요집회, 한국 정부의 활동, 최근 미

독일 베를린에 있는 평화의 소녀상.

국 측의 활동 부족'이라고 권고합니다.

그러니까 '복면집필진들'이 제출한 원고가 얼마나 수준 미달이었는지 알 수 있지요. 그나마 연구사들의 검토 의견이 반영되어 이만큼이라도 되었지만, 결과는 한참 수준 이하의 교과서가 되고 말았습니다. 결론적으로 일본과의 굴욕적인 12월 28일 합의에 근거하여, 일본 정부의 은폐 시도를 숨겨주고 소녀상의 사진을 교과서에서 '철거'한 국정교과서는 반드시 폐기해야 마땅합니다.***

끊임없이 지적되는 국정교과서의 오류

지난 2016년 11월 28일 국정교과서 현장검토본이 나오자마자, 다음날 아침 CBS 〈김현정의 뉴스쇼〉에 출연했습니다.[36] 그때 "이번에 역사학자와 교사들은 (국정교과서에 대한) 빨간펜 선생님은 더 이상 안 하기로 했다"고 말한 적이 있습니다. 왜냐하면 과거 교학사 교과서 사태 당시 2천 개에서 3천 개의 오류를 잡아냈어도 검정 취소를 하지 않고 그대로 가져다가 수정을 했기 때문입니다. 그러면서 '이제 더 이상 문제가 될 게 없다'고 주장했습니다.

그럼에도 불구하고 이번 국정교과서 역시 피치 못하게 오류를 지적할 수밖에 없었습니다. 국정교과서 최종본에서 저들이 '지적 사항 670여 개를 수정했다'는 것도 다 그런 내용입니다. 자신들은 44억 원이라는 예산에 원고료도 몇천만 원을 챙겨 놓고서, 역사학자와 교사들의 지적 사항을 그대로 가져다가 완전히 공짜로 고치는 것이 교육부입니다. 처음 현장검토본을 내놓을 때는 완벽한 교과서라더니 말입니다.

지적 사항 670여 개를 수정했음에도 역사교육연대회의가 추가적으로 발표한, 그러니까 교육부가 파악 못한 오류는 653건입니다. 그러니까 현장검토본에 무려 1,323건의 오류가 있었다는 것입니다. 이것이 막대한 원고료를 챙기고 국편과 동북아역사재단 등 국가기관이 총동원되어 만든 교과서의 실상입니다. 그런데 교육부는 뻔뻔하게도 '그냥 고치면 된다'는 입장이랍니다. 또다시 빨간펜 선생님의 지적을 무료로 받겠다는 것입니다.

그러면서 교육부는 슬그머니 검정교과서도 638건의 오류가 추가로 수정되었다고 밝혔습니다. 그런데 이것이야말로 정말 조작입니다. 그들의 말을 그대로 믿는다고 해도 말입니다. 3년간 지적되었다는 638건 가운데 사실 오류는 192건입니다. 2014년 110건, 2015년 79건, 2016년은 3건입니다. 그것도 8종의 교과서를 합친 숫자입니다. 평균으로 한 권당 24건이지요. 하지만 그중에서도 대부분은, 바로 교육부가 그리도 밀어주었던 교학사의 오류가 146건을 차지하고 있습니다. 이제 그들은 더 이상 '올바른 역사교과서'라는 말을 쓰지 않습니다. 차마 쓸 수가 없겠지요.

어떻게 한 나라의 교육을 총괄하는 정부 부처가 이렇게 숫자 조작을 통해 거짓말을 버젓이 할 수가 있습니까? 더구나 국정교과서는 그야말로 자신들이 막대한 예산을 써서 제작한 후, 그대로 사용하는 책입니다. 반면에 검정은 민간 출판사가 개발하여 제출하면, 권당 2천 만 원의 검정 심사료까지 받아가며 합격시킨 책입니다. 어떻게 동등한 비교 대상으로 이야기할 수 있단 말입니까?

더욱이 이번에 고약했던 것은, 역사교사들의 명예를 손상시키는 발언을 계속했다는 점입니다. 집필진 중에 교수가 없는 교과서가 있다든가, 현대사를 학자도 아닌 교사가 썼다든가 하는 식으로 말입니다. 교수들이 국정교과서를 썼다는 것을 내세우려는 치졸한 전략이었습니다. 하지만 역사교사들 가운데는 박사도 여러 분 있고, 대부분 석사학위를 가지고 있습니다. 역사학자로서 중고교에서 가르치고 있을 뿐입니다. 게다가 그들은 현장에서 오래 가르쳐온, 역사교육의 전문가들입니다. 학자들 특히 사회과학자들은 물론 자신이 연구한 분야에 대해서는 전문적 지식이 있겠지만, 교과서 쓰기는 훨씬 더 광범위한 지식을 필요로 하는 것입니다. 앞으로 역사교사들이, 저들의 무지와 오류를 어떻게 폭로하는지 기대하시기 바랍니다.****

*   2015년 11월 2일 페이스북
**   2016년 3월 18일 페이스북
***   2016년 11월 25일~12월 5일 페이스북
****   2017년 2월 1일 페이스북

251   3장 ○ 참여하는 역사

"국정교과서는 폐기의 대상이고, 곧 그렇게 될 것이다"

'역사교과서 국정화'
프로젝트의 마지막

대통령의 오기와 아집이 부른 국정화 대란

2015년 10월 27일 박근혜 대통령의 시정연설로, 국정화를 강행하겠다는 것은 기정사실이 된 것 같습니다.[37] 사실 새삼스러운 일은 아닙니다. 이번 국정화 대란의 주역은 바로 대통령이었으니까요. 그런데 대통령의 교과서에 대한 인식은 거짓에 기반을 두고 있습니다. 우선 국정화가 역사교과서의 '정상화'라고 하는 것부터 잘못되었습니다. 그렇다면 전 세계 주요 국가들의 역사교과서는 모두 비정상이라는 말 아닙니까? 지금 진행하고 있는 국정화가 얼마나 세계적 흐름에 역행하는 것인지 모르면 지금이라도 배우면 됩니다. 국내 역사가들 대부분이 좌편향이라 싫으면, 세계에서 한국을 가르치는 학자들의 성명서를 한 번만 읽어보면 알 것입니다.

'아직 쓰지도 않았는데 친일과 독재교과서가 될 것이라고 예측하는 것은 왜곡과 혼란'이라고도 했군요. 그렇다면 왜 식민지배와 친일을 옹호하고 독재를 정당화했던 대안교과서 출판기념회에 가서 그런 격찬을 하셨나요? 더구나 그것을 주도했던 서울대학교 윤리교육학과 박효종 교수를 전혀 전문분야가 아닌 방송통신심의 위원장으로 임명하다니요?[38] 도저히 입에 담을 수 없는 말을 함부로 떠드는, 송복 교수와 전희경 등을 간담회와 총회에 초청해서 강연을 듣고 감격하는 새누리당 의원들을 보십시오.[39]

그중에서도 대통령과 가깝다는 친박계 의원들이, 교학사 교과서 대표집필자 권희영을 불러다 놓고 어떤 말을 듣고 열렬히 박수를 쳤나요?[40] 그들은 이제 역사학계로부터 비판을 받는, 보수적 성향의 황우여 장관이나 김정배 국편 위원장조차 타깃으로 삼을 정도로 극단적이잖아요.[41] 그런데 왜 몰라요? 교학사 교과서가 참패하니까, 아예 그 책을 국정교과서로 만들려고 벌이는 굿판임을 국민들은 다 알고 있습니다. 만약에 대통령이 객관적이고 합리적인 역사교과서에 목말라 있다면, 우선 뉴라이트 진영에 있는 이배용, 이인호, 유영익, 권희영 같은 인물들이 아니라 실제로 역사학계를 대표하는 분들과 대화해 보십시오. 교학사 말고, 다른 교과서 2015년판 구해서 직접 읽어보십시오. 이상한 기운만 느끼지 말고요.

그렇게 싫어하는 아베 총리한테서라도 좀 배우십시오. 그도 2세 정치인으로, 멀쩡한 역사교과서를 좌편향이다 자학사관이다 매도하며 자유주의, 긍정사관을 주장하던 선배니까 말입니다. 그래도 그들은 사관에 문제가 있어도, 교과서로서의 자격은 갖춘 교과서를 내놓았습니다. 아울러 일본의 양심적 시민사회가 반대운동을 해서 문제가 된 교과서는 교학사와 비슷한 0.1퍼센트 대의 채택률을 보였습니다. 더욱이 아베 총리는 검정제를 국정으로 바꾼다는 폭거는 하지 않았습니다. 아베를 싫어한다면서 왜 그리 역사에 대한 생각과 행동은 똑같다 못해, 오히려 더 나쁜 것인가요?

도대체 대한민국이 국정교과서로 돌아가야 할 수준의 나라입니까? 지금 역사교과서 문제로 나라가 온통 떠들썩할 만큼, 동아시아 및 세계정세가 한가한 상황입니까? 대통령 한 사람의 아집과 오기로 인해, 거의 모든 역사학자들과 교사들이 모욕당하고 연구와 강의에 몰두할 수 없게 만들어 놓았습니다.

그러면 진짜 중요한 동아시아 역사분쟁은 앞으로 누가 나서서 해결하나요? 권력이 일시적으로 역사를 농단할 수 있을지 몰라도, 역사를 기록하는 것은 역사가들입니다. 정말 역사에 위대한 지도자로 남고 싶으면, 위대한 정치를 하세요. 역사가들을 억누르고 모욕하지 마시고요. 역사가들은 권력보다 역사를 더 두려워합니다. 대통령 옆에서 기웃거리며 권력의 부스러기나 노리는, 한 줌도 안 되는 그들을 제외하고 말입니다. 역사학자들은 원래 빨리 행동하는 사람들이 아닙니다. 그러고 싶었으면, 하나의 결론을 얻기 위해 오랜 시간의 연구를 필요로 하는 역사학자가 되지는 않았을 것입니다.

하지만 그들이 역사를 기록하는 역할에 머무르지 않고 스스로 역사를 만들기 위해 나섰을 때는, 어떻게 역사에 기록될 것인지 분명한 확신이 있는 것입니다. 아무리 권력이 억눌러도 쉽게 굴복하지 않습니다. 남들이 한다고 덩달아 나서지도 않지요. 지금 대통령은 역사의 갈림길 위에 서 있는 것입니다. 오기와 아집으로 결정할 일이 아니니 현명한 선택을 하시기 바랍니다. 그렇지 않았을 때의 역사적 책임은, 다른 그 누구도 아닌 오로지 대통령이 혼자서 걸머져야 할 것입니다.*

국·검정 혼용 체제로 바꾸려는 꼼수

2017년 1월 11일 오전에 더불어민주당 유은혜 의원과 함께 오마이TV에 출연했습니다.[42] 최근 교육부가 국정교과서를 살리기 위해 벌이고 있는 온갖 꼼수에 대해서 낱낱이 비판했습니다. 서울교육청 민주사회를 위한 역사교육위원장을 맡고 있는 사람으로서, 다음과 같이 말씀드릴 수 있을 것 같습니다. 김영한 전 수석의 비망록에서도 드러났듯이,[43] 국정화 강행의 몸통은 박근혜 대통령이라 할 수 있습니다. 역사교과서 국정화는 유신독재 정당화와 박정

3장 ○ 참여하는 역사

희 정권에 대한 미화를 목표로 삼았다고 봅니다.

2017년 교육부에서는 국정 역사교과서를 희망하는 학교를 '연구학교'로 지정한다는 방침을 내놓았고 상당수 지역의 교육감들은 이에 대해 거부 의사를 밝힌 상황입니다. 연구학교 지정은 사실 교육부가 아닌 교육감의 권한입니다. 지금까지 판례와 관례를 본다면 적어도 교육감이 반대하는 경우 교육부는 연구학교를 지정할 수 없습니다. 다만 대구, 경북, 울산 등 일부 지역에서만 보수 교육감이 국정교과서를 찬성한다고 하면서 연구학교 지정을 받아들일 생각을 하고 있는 것 같습니다. 그렇다면 두 가지 상황이 벌어지겠죠. 거부하는 측에서는 교육부와의 갈등이 초래될 것이고, 찬성하는 측에서는 강행될 가능성이 높을 것입니다. 그렇지만 연구학교 지정을 받아들이고 강행하는 측에서도 교사라든가 학부모, 학생들의 반발이 분명히 나타날 것입니다.

교육부의 가장 큰 책임은 학교 현장을 안정화시키는 것 아니겠습니까? 물론 교육에 대한 생각, 역사에 대한 생각은 다양할 수 있습니다. 하지만 공부를 해야 하는 학생들은 신뢰할 수 있는 교과서, 안정된 역사교육이 필요한 것이죠. 그동안의 흐름을 보면 그것을 어지럽히는 역할을 교육부가 해왔습니다. 이번 경우에도 자신들이 그렇게 방침을 발표하면 교육현장이 혼란에 빠진다는 걸 모르지 않았을 겁니다. 하지만 그보다 중요한 건 자신들이 추진하는 국정교과서를 하루빨리 현장에 적용한다는 것이고, 그런 목적만

달성할 수 있다면 교육현장에 어떤 문제가 발생하더라도 상관없다는 태도를 보이고 있는 것입니다.

이전에도 교육부는 자신들이 검정을 해서 합격시킨 교과서가 '좌편향'이라 매도를 했습니다. 그런 말을 정당이나 언론이 할 수는 있어도, 교육부는 그런 말을 할 자격이 없습니다. 자기들이 심의해서 허가한 책이잖아요. 이게 왜 문제냐면 제가 검정교과서 집필자로서 매도를 받는 게 두려운 것이 아니라 학생들이 잘못된 교육을 받는다는 사실이 두려운 것입니다. 그렇게 '편향되었다'는 검정을 받은 교과서 중 하나를 학생들이 배우고 있어요. 그럼 그걸 방치한 장관과 교육당국은 대체 무엇을 하고 있습니까. 전부 다 수거해서 없애야죠. 그런데 지금도 현장에서 가르치고 있고, 국·검정 혼용 체제로 간다면 이것을 가지고 1년 더 가르쳐야 됩니다. 그렇다면 이것은 교육부의 자기부정 아닙니까?

국·검정 혼용이 왜 문제가 되냐면 이것은 대통령령을 개정해야 하는 문제이기 때문입니다. 그걸 위해 절차를 밟아야 돼요. 왜 이런 구차스런 일도 해야 하나요? 더군다나 필요한 절차를 압축해서 진행하겠다고 말하고 있습니다. 사실 2017년 현재 규정상 국정인 다른 과목 교과서들은 검정을 쓸 수 없게 되어 있습니다. 다른 모든 교과목들은 2018년 3월부터 국·검정 혼용을 적용하게 돼 있고 이에 따라 검정교과서들을 개발하고 있습니다. 그런데 '역사'만 2017년 3월부터 적용하겠다는 겁니다. 그것부터 이상합니다.

2017년은 박정희 대통령 탄생 100주년이고, 2017년 말 대통령이 임기를 마치는 것을 전제로 하면, 박근혜 대통령은 자기 임기 안에 국정교과서가 사용되는 걸 보고 싶었던 것입니다. 하나의 교육과정을 가지고 똑같이 적용을 해야지, 왜 역사만 1년 먼저 적용하느냐고요. 그러니 이번에 또 개정해서, 국정이랑 검정을 혼용할 수 있게 한다는 것입니다. 상식적으로 가면 될 일을 자꾸만 꼼수를 부리고 뭔가 특별한 일들을 벌여서 혼란을 초래하고 있습니다. 이 것에 대해선 명백한 정치적 책임을 물어야 된다고 생각합니다.

이번 국정교과서가 지닌 역사의식이나 내용상의 문제와는 관계없이, 졸속으로 진행하는 교과서 집필에는 수없이 많은 오류가 발생합니다. 과거 교학사 교과서 사태 때도 그랬습니다. 이명박 정부 때부터 자기 입맛에 맞는 교과서를 만들려다 보니 집필기간과 검정기간을 축소해왔습니다. 과거 교과서를 써본 경험이 없는 사람들이 갑자기 교과서를 쓰려면 이게 쉬운 문제가 아니거든요. 거기다 이번 국정 역사교과서에는 필자가 굉장히 많습니다. 제각각일 수밖에 없는 문장을 통일시키기도 해야 합니다. 그러려면 시간이 많이 필요한데 너무 급하게 만들었거든요.

우리가 흔히 어떤 사람들에 대해 평가할 때 '교과서적이다'라고 하는 건 기본적으로 옳다는 거죠. '적어도 틀린 건 아니다'라는 의미를 담고 있습니다. 그런데 그렇게 많은 오류를 갖고 있는 책이 어떻게 교과서라 할 수 있겠습니까. 또 교육부는 기존 검정교과서에게도 국정교과서와 똑같은 방식의 수정을 요구하고 있습니다. 결국 이것은 국정교과서 쓸 때 사용했던 교육과정과 집필기준을 그대로 적용해서 쓰라는 말밖에 안 되죠. 다른 말로 하면, 국정교과서를 여러 개 만들겠다는 겁니다. 이건 절대로 용납될 수 없는, 빨리 막아야 되는 대표적인 악법이고, 잘못된 제도라도 할 수 있습니다.

국정교과서가 시도하려는 역사왜곡 가운데 대표적인 것이 1948년 8월 15일을 '대한민국 수립'이라 표현한 것입니다. 이것은 당시 역사적 사실과도 다르고, 책을 봐도 자기부정적인 설명만을 확인할 수 있을 따름입니다. 국정교과서를 보면 단원의 제목은 '대한민국 수립'입니다. 그런데 첨부된 사진 자료에는 '대한민국 정부 수립 국민축하식'이라 쓰여 있어요. 대한민국은 임시정부가 수립된 1919년 4월 11일부터 시작됐고 이승만도 자신이 임시정부를 계승해 정식 정부를 수립했다는 것을 내세웠습니다. 이것이 역사적 팩트입니다. 학생들은 교과서 단원에서는 '대한민국 수립'이라 해 놓고, 왜 역사적 자료들에서는 '정부 수립'이라는 표현이 등장하는지 당연히 의문이 들 것입니다.

또 하나는 박정희와 유신독재에 대한 미화죠. 그동안의 교과서에는 계속해서 5·16군사정변 시절의 박정희가 군복을 입고 서 있던 사진이 실려 있었습니다. 국정교과서에서는 그걸 뺐어요. 그리고 쿠데타 주역으로서의 이미지를 없애고 경제성장 주역으로서의 박정희를 강조했습니다. '박정희'라는 이름을 교과서 한 권에

1948년 8월 15일 이승만 집권과 함께 열린
'대한민국 정부 수립 국민축하식'.

23번이나 써야 할 만큼 심각한 정치적 편향이 나타납니다. 유신독재에 대해서도 마치 그 시대 우리나라의 가난한 현실을 위해 굉장히 바람직한 것이었다는 식으로 서술하고 있죠. 철저하게 이승만과 박정희로 이어지는 독재의 흐름을 미화하고 있다고 볼 수 있습니다.

그다음 재벌에 대한 옹호가 나타납니다. 재벌의 창립자나 그들의 문제점에 대한 이야기를 분명 할 수 있고 또 해야 합니다. 공이 있다면 과도 같이 서술하는 게 마땅한데, 거의 위대한 인물로만 설명하고 있죠. 반대로 제주 4·3 사건이라든가 5·18, 6월 항쟁과 같은 민주화운동에 대해서는 굉장히 축소하고 왜곡된 서술을 하고 있습니다. 말하자면 그동안의 검정교과서는 우리 역사의 흐름에서 나타난 민주화와 산업화의 과정을 국민들의 피와 땀과 눈물의 소산으로 강조해왔습니다. 지도자들의 역할도 분명히 있었지만, 국민들의 역할이 더 소중함을 가르쳐왔습니다. 국정교과서는 그걸 지금 뒤집으려고 하는 것이죠. 그런 점에서 결정적으로 문제가 있고, 그렇기 때문에 역사학자들이 반대하는 것입니다.**

'박근혜가 만든 박정희 교과서'일 뿐

교육부가 2018년부터 새 역사교과서 적용을 고집하겠다고 합니다. 그리고 현행 교육과정과 편찬기준을 그대로 유지하고 검정을 강화하겠답니다. 몇 달 만에 새 검정교과서를 집필하라는 것입니다. 그러니까 국·검정 혼용이라지만, 결국 다수의 국정교과서를 만들겠다는 속셈입니다. 저는 이런 검정교과서 집필을 거부합니다. 결국 국정 집필에 참여한 것과 다를 것이 없으니까요.

아마 대부분의 교과서 집필자들의 입장도 마찬가지일 것입니다. 그래도 쓰겠다면 각자의 자유이지만, 그에 대한 평가와 책임도 본인의 몫이겠지요. 그동안 역사학자 가운데 제가 유일하게 가지고 있던 '중학교와 고등학교 검정 역사교과서 100퍼센트 대표집필, 100퍼센트 합격' 기록은 여기서 끝나게 될 것 같습니다. 야 3당은 이준식 교육부 장관의 해임결의안과 국정화금지법안을 빨리 통과시켜주시기를 부탁드립니다.

2017년 1월 20일 오전에는 역사문제연구소 강당에서 기자간담회를 진행했습니다.[44] 고등학교 한국사교과서의 집필자들이 국·검정 혼용, 교육과정과 집필기준 유지, 2018년 적용 등이 취소되지 않으면 새 검정교과서 집필을 거부한다는 내용이었습니다. 이런 검정교과서를 집필한다는 것은 국정교과서의 아바타 역할을 한다는 것과 다름이 없으니까요. 지학사를 제외한 6개 출판사의 대표집필자 또는 대리참석하신 선생님들이 함께 했습니다. 물론 지학사도 동의를 표해 주셨지요. 처음 제안했을 때만 해도 회의적인 반응도 있었는데, 잘 마무리되어 다행입니다.

2017년 1월 31일 발표된 국정 역사교과서 편찬 심의위원명단을 보면서, 예상대로 그동안 뉴라이트 세력들이 모인 교과서포럼과 한국현대사학회 인사들이라는 점을 금방 알 수가 있었습니다. 그러니까 이 교과서는 한국현대사학회 회원이 쓰고, 그들이 심의위원을 맡아 만든 '한국현대사학회 교과서'입니다. 결국 뉴라이트 세력의 '10년 프로젝트'가 국정교과서로 결실을 본 셈입니다.

그들은 교과서포럼을 만들어 한국근현대사 교과서를 좌편향이라고 비난했습니다. 그리고 '대안교과서'를 만들었지만, 엄청난 비판을 받고 사라졌습니다. 게다가 그 책은 말 그대로 교육현장에서는 사용될 수 없었습니다. 이어서 한국현대사학회를 만들고, 직접 교학사 교과서를 썼다가 엄청난 비판을 받고 0.1퍼센트가 안 되는 채택률을 보였지요. 그래서 시작된 것이 국정화 움직임이었습니다. 결국 한국현대사학회 교과서가 이번에 '국정'의 이름을 달고 세상에 나온 것입니다. '한국현대사학회' 하니까 무슨 역사연구자 단체인 것 같지만, 사실 역사학자는 거의 없는 보수 사회과학자들이 대부분인 단체입니다.

제가 가지고 있는 초대 한국현대사학회 임원 명단을 가지고 말씀드리겠습니다. 이택휘-고문, 김호섭-상임이사, 허동현-연구위원장, 강규형-대외협력위원장 등입니다. 당시 회장이 권희영, 편집위원장 겸 교과서 위원장이 이명희였습니다. 바로 교학사 교과서의 대표집필자들입니다. 그리고 이기동과 이성규는 교학사 지지성명에 나서는 등, 오래전부터 극우적인 역사학자로 이미 잘 알려진 사람들이었습니다. 이런 사람들이 모여서 쓰고 심의한 교과서를 역사학자와 역사교사들은 인정할 수가 없는 것입니다.

이번에 수정했다고 하는 내용들도 결국 자신들이 알아낸 것이 아니라, 학계와 교사들이 지적한 것을 일부만 수용한 척하고 있습니다. 하지만 본질적인 문제는 전혀 달라지지 않았습니다. 특히 박정희 관련 서술의 역사관과 분량은 달라진 것이 없는 '박근혜가 만든 박정희 교과서'입니다. 이 교과서는 그래서 폐기의 대상일 뿐입니다. 그리고 곧 그렇게 될 것입니다.***

우리는 대한민국(이하 한국) 정부의 역사교과서 국정화 계획을 우려하며 이 성명서를 발표합니다. 우리는 해외 대학에서 한국사 관련 연구와 강의를 하고 있는 교수들입니다. 우리는 민주주의 국가에서의 역사교과서는 다양한 의견과 분석을 존중하고, 자유로운 토론과 전문 역사학자들의 연구를 바탕으로 만들어져야 한다고 믿습니다. 현재 진행되고 있는 한국 정부의 국정화 계획은 지난 몇 년간 자유로운 발언의 기회와 학문공동체의 자유를 억압해온 정부 정책들의 연장선상에 있다고 봅니다.

과거는 결코 돌이킬 수 없습니다. 그러나 역사서술은 새로운 질문들이 제기되면서 계속 변화해 갑니다. 역사는 정밀한 과학과 다릅니다. 역사는 전문 역사학자들의 다양한 통찰력을 바탕으로 한 것입니다. 역사에 단일한 해석을 적용해서 '올바른' 역사를 만들 수는 없습니다.

민주주의에 기반한 사회에서 역사는 특정 소수의 입장만 반영하는 것이 아니라 사회의 다양한 구성원들의 경험을 포괄해야만 합니다. 한국사에 대한 다양한 시각을 학생들에게 소개함으로써, 학생들은 과거의 역사가 결코 단순하지 않다는 것을 배울 수 있고 비판적으로 사고할 수 있는 능력을 키워 궁극적으로 소신 있는 한국의 시민으로 성장할 수 있습니다. 우리는 한국의 역사적 정통성과 함께 세계 정치경제에서 주요한 역할을 하고 있는 한국의 위상이 한국인은 물론 해외에 있는 관찰자들에게도 자명하다는 것을 강조하고자 합니다. 정부의 국정교과서 계획은 민주국가로서 인정받은 한국의 국제적 명성에 악영향을 미칠 것입니다. 또한 그것은 일본 정부의 역사 수정주의를 둘러싼 지역 내부의 분쟁에서 한국의 도덕적 기반을 약화시킬 것입니다.

해외 대학의 한국학 교수들인 우리 서명자들은 한국 정부가 역사교과서의 내용을 전유하는 것을 그만 두고, 다양한 견해들을 포용할 수 있는 방향으로 나아가 역사교육의 탈정치화에 힘써주기를 촉구합니다. 또한 우리는 한국 정부가 학문공동체의 자유를 존중하고 국내외의 한국학 교수들의 지식생산과 보급에 개입하지 않기를 바랍니다. 한국 바깥에서 많은 사람들이 현재 국정교과서 논쟁을 지켜보고 있습니다. 우리는 한국 정부가 21세기 세계 속의 한국의 위상에 걸맞은 방식으로 이 문제를 해결하기를 간곡히 바랍니다.

2015년 10월 23일

Don Baker(University of British Columbia), Remco Breuker(Leiden University), Koen De Ceuster(Leiden University), Hyaeweol Choi(Australian National University), Namhee

Lee(University of California, Los Angeles), Owen Miller(SOAS, University of London), Hwasook Nam(University of Washington), Albert L. Park(Claremont McKenna College), Eugene Y. Park(University of Pennsylvania), Michael J. Pettid(Binghamton University), Vladimir Tikhonov(University of Oslo)

유사 이래 최대 인파의 함성에서 확인되듯이 국민의 명령은 내려졌다. 역사연구와 교육을 수행하는 전국의 대학교수들은 중·고등학교 역사교과서의 국정화 정책을 철회할 것을 요구한다. 무도한 세력이 헌정을 유린하는 사이에 대한민국의 정부 시스템은 무너지고 말았다. 그 폐허에 가득한 허위와 기만, 그리고 부패와 폭력 사이에 역사교과서 국정화가 자리 잡고 있음을 우리는 직시한다. 특정 정권이 국가권력을 동원해 만든 단일한 역사교과서를 전국의 중·고등학생들에게 강요하는 것 그 자체가 오랜 세월 시민들이 피 흘려 쌓아온 민주주의를 부정하는 일이다. 역사학자와 역사교사들 그리고 상식 있는 시민들이 그동안 수없이 외쳐 온 그 자명한 사실을 여기서 되풀이할 필요는 없다. 국정화의 과정 또한 민주주의와 교육원리를 정면으로 위배했다.

2013년, 정부와 여당은 친일과 독재를 두둔하고 수많은 오류로 점철된 교학사 한국사교과서를 채택하라고 관권을 동원해 교육현장을 다그쳤다. 그런데도 그것이 국민들에게 거부당하자 그들은 느닷없이 역사교과서 국정화를 들고 나왔다. 그것을 뒷받침한 것은 '혼이 비정상'이라느니 '책의 전체 기운'이 어떠니 하는 대통령의 무분별과 '대한민국 국사학자의 90퍼센트가 좌파'라는 여당 지도부의 근거 없는 선동이었다. 교육부는 역사교과서 국정화가 실행해서도 안 되고 실행될 수도 없는 것임을 잘 알고 있었다. 그런데도 그들은 권력의 주문에 따라 온갖 무리와 편법을 거듭해가며 맹목적으로 그것을 추진하였고, 지금은 교과서의 내용을 보아달라는 말로 본질을 가리려 한다. 하지만 국정 역사교과서는 그 내용을 놓고 토론을 시작할 만한 최소한의 정당성조차 갖추지 못하였다.

교육부는 11월 28일로 계획된 국정 역사교과서 현장검토본의 공개를 취소하라. 새 교과서가 만들어지기 전까지는 과도적 조치로 현재 사용되는 검정교과서를 이용하면 된다. 그리고 역사 전문가들의 압도적인 반대를 억누른 채 교육과정과 집필기준을 자의적으로 작성한 2011년 이전으로 돌아가서 역사과 교육과정을 새로 구성하게 하라. 이와 같이 정당하고 현실적인 방안이 있는데도 시간이나 절차를 핑계로 국정화를 고집한다면 교육부는 시민과 역사 앞에서 존재근거를 부정당할 것이다.

역사교과서의 국정화가 처음부터 정권의 정치적 목적에서 추진된 것임은 당시 교육부 장관이 공언한 바와 같다. 그럼에도 우리는 국정화 문제의 해결을 애써 역사학과 역사교육의 테두리 안에서 요구하고 있다. 이 요구가 받아들여지지 않는다면 우리는 역사교사 및 시민들과 더불어 국정교과서에 대한 불복종 운동을 전개할 것이다. 정부·여당은 즉시 역사교과서 국정화 폐기를 선언하고 그에 따른 법률적·행정적 후속조치를 마련하라. 국정교과서 제작에 앞장선 역사학자와 역사교육자들, 관련 기관들은 자신들이 오늘날 국가적 혼란의 중요한 원인이 되었음을 직시해야 한다. 그리고 지금이 잘못된 길에서 빠져나와 전문가 본연의 위치로 돌아올 마지막 기회라는 지적에 귀 기울이라.

전국 102개 대학의 561명 역사·역사교육 교수들은 대한민국 역사교육의 정상화를 위하여 역사학계 사상 최대의 일치된 목소리로 외친다.

우리의 요구 하나. 교육부장관은 중·고등학교 역사교과서의 국정화 정책 폐기를 선언하고, 11월 28일로 계획한 국정교과서 현장검토본 공개를 취소하라!

하나. 역사교과서 국정화 정책을 추진한 당국자와 정치세력은 반민주주의적 정책을 강행하여 국가를 혼란에 빠트린 데 대해 사죄하라!

하나. 새로운 역사과 교육과정의 구성과 자유로운 교과서의 집필을 역사학자와 역사교사들에게 일임하라!

2016년 11월 15일

전국 102개 대학의 역사·역사교육 교수 561명

2016년 12월 27일 교육부는 국정 역사교과서의 현장 적용 방침을 공식 발표하였다. 2017년 3월부터 학교현장에 일괄 적용하려던 방침을 바꾸어, 전면 시행을 1년 유예하되 원하는 모든 학교에 연구학교란 이름으로 국정교과서를 적용하고 2018학년도 국·검정 혼용을 목표로 새로운 검정교과서 개발도 진행하겠다는 내용이다. 이 같은 교육부 방침은 1년 유예를 내세워 국정교과서 반대여론을 수렴하는 외양을 띠었으나, 본질상 국정교과서를 강행하겠다는 의지의 다른 표현일 뿐이다. 편향과 부실의 대명사라 할 국정교과서를 최대한 보급하기 위한 교육부의 의도가 분명하기 때문이다.

특히 교육부가 시행을 1년 유예한다면서, 사용을 희망하는 모든 학교를 '연구학교'로 지정하여 승진 가산점과 돈까지 주어가면서 국정교과서를 보급하겠다는 방침에 대해 많은 교사들이 분노하고 있다. 교사들의 반대로 국정교과서가 학교 현장에 발붙이기 어렵다는 걸 아는 교육부가 당근을 앞세워 국정교과서를 강행하려는 행위이기 때문이다. 역사교과서는 완성된 형태로 배포되어 수업의 교재가 되어야 하지 연구학교의 연구 주제일 순 없다. 이 같은 방침은 학교 현장에서 교과서 채택을 둘러싼 갈등을 야기시킨다는 점에서 행정 당국의 무책임을 확인시켜준다.

또한 교육 내용 구성이 다른 두 개의 교육과정을 동시에 적용하는 점 역시 전대미문의 상황을 만든다는 점에서 황당하기 그지없다. 2018년 국·검정 혼용 방침도 심각한 문제다. 탄핵 정국을 관리해야 할 권한대행이 대통령령을 바꾸는 것은 일반 국민들도 용납하기 어렵다. 설혹 대통령령을 바꾼다 하더라도 국민으로부터 주권을 위임받은 정상적인 권력자가 바꿀 일이다. 또한 2018년 국·검정 혼용을 위해 2년여 걸리는 검정교과서 개발과 검정 및 채택 과정을 1년 안에 진행하겠다는 것은 검정교과서를 '부실 교과서'로 만들려는 교육부의 미필적 고의라고밖에 생각할 수 없다. 더욱 큰 문제는 새로운 검정교과서 역시 지금의 국정교과서를 낳은 2015 교육과정이나 편향의 극치라 할 편찬기준을 그대로 운용하여 만든다는 것이다. 교육부의 이번 발표에는 국정화를 추진하면서 왜곡해놓은 검정 절차에 대해 일언반구의 언급도 없다. 이렇게 만들어질 검정교과서가 현재의 편향된 국정교과서와 거의 달라지지 않을 것이란 점도 심각하게 우려한다.

역사교과서 국정화는 박근혜 탄핵 가결과 함께 국민으로부터도 탄핵 당했다. 국민 열에 한둘 정도만 국정교과서를 지지한다는 최근 여론조사 결과가 그렇다. 국민의 명령을 두려워하지 않고, 탄핵 당해 물러날 권력자의 눈치를 보고만 있다면 교육부 스스로 자신의 존재 이유를 되물어야 할 것이다. 이제 머지않아 국회에서 국정교과서를 법으로 금지하게 될 것이다. 그 전에 결자해지하는 마음으로 국정교과서 영구 폐기에 나서는 것이 교육부가 유지될 수 있는 마지막 기회라고 생각된다. 역사 쿠데타를 목적으로, 대다수 국민의 반대와 역사교사들의 상식적인 반대를 억누르며 만들었던 국정 역사교과서는 지금 바로 폐기해야 한다. 아울러 엄청난 국민의 혈세를 쏟아 부어 부실편향 국정교과서를 만들었으며, 학교 현장에 또 다른 혼란을 불러올 것이 불 보듯 뻔한데도 이런저런 구실을 붙여 갖은 꼼수를 획책하는 이준식 교육부 장관, 김정배 국사편찬위원장과 주요 책임자들은 국민들에게 진심으로 사과하고 사퇴하기를 바란다.

2016년 12월 28일

전국역사교사모임(강원, 경기남부, 경남, 경북, 고양파주, 광주, 대구, 부산, 서울, 세종, 울산, 의정부, 인천, 전남, 전북, 제주, 충남, 충북, 한밭)

대한민국에서
역사교과서 집필자로 산다는 것은

───────── 내가 역사교과서를
계속해서 쓰는 이유

방해와 왜곡에도 불구하고 계속 교과서를 쓰는 이유

저녁 10시 30분이 되어서야 학교에서 돌아왔습니다. 아침 10시부터 하루 종일 중학 역사교과서 원고검토모임을 다녀왔습니다. 지난 3·1절에도 쉬지 않고 작업했습니다. 그나마 다른 선생님들이 양해를 해 주어서 일찍 집에 들어온 것이지요. 11시간을 꼬박 딱딱한 의자에 앉아 원고를 두고 격론을 벌이다 보면 정말 몸이 지치는 것을 느낍니다.

이명박 정부 덕분에 천재교육과 역사교과서 작업만 2007년부터 5년째 계속하고 있습니다. 그동안 중학 역사 상권과 하권 그리고 고등 한국사까지 모두 합격을 하여 2011년부터 사용되기 시작했습니다. 한국근현대사를 중앙교육진흥연구소에서 시작했던 것이 2000년이니 교과서 집필에 참여한 지 12년이 되는 셈입니다. 운 좋게 그동안 집필한 책들 4권이 모두 합격했는데 그런 경우는 제가 유일하다고 하더군요.

사실 이번 교과서는 정말 쓰고 싶지 않았지만, 저도 모르게 역사교과서 집필자를 대표하는 역할이 주어져서 책임을 다하기 위해 포기하지 못하고 있는 것입니다. 이렇게 몇 년 동안 주말을 거의 반납하다시피 힘들게 써서 합격을 하고 나면, '좌편향'이라고 공격이나 당하니 다시는 쓰고 싶지 않은 마음이 들기도 합니다. 하지만 그런 억지에 굴복할 생각 또한 없습니다. 역사교과서를 쓴다는 것은 제가 항상 중요하게 생각하는 '역사의 대중화'를 위한 첫걸음이기 때문입니다.

저는 대한민국의 모든 검정 중고등 역사교과서 집필자의 대표이기도 합니다. 교과서를 집필하는 과정은 참으로 길고도 힘든 과정이죠. 그런데 모든 교과서가 검정에 합격하는 것은 아닙니다. 교육과정에 충실하고 내용에 오류가 없는 교과서만이 통과할 수 있습니다. 그리고 교과서의 최종적 책임은 교과부 장관에게 있습니다.

하지만 이명박 정부는 들어서자마자 이미 몇 년 동안 사용되었던 역사교과서를 '좌편향'이라고 매도하며 수정하라고 강요했습니다. 물론 그에 앞서서 뉴라이트 교과서포럼과 보수언론이 이

275

미 기존 교과서 집필자들을 '종북좌파'라고 매도해왔습니다. 저는 그런 작태에 굴복할 수 없어서 교과서 집필자협의회를 만들고 정면으로 맞서는 데 앞장섰습니다. 결국 대학시절 운동권 학생도 아니었고 교회 집사이자 성가대원이며 단 한 번도 북한정권에 대해서 옹호하는 발언이나 생각을 해본 적 없었던 저는 그들에 의해 대표적인 '좌파 역사학자'로 낙인찍혔습니다.

더욱이 당시 저는 한일역사공동연구위원회의 근현대사 분과를 책임지고 있었고 일본의 극우 역사학자들과 최전선에서 맞서고 있던 시점이었습니다. 말하자면 국가대표로 한일전에 나가라고 해놓고 뒤에서 해코지를 하고 있었던 것이죠. 그럼에도 불구하고 이 정권 하에서 새로운 역사교과서를 집필했고 또 검정을 통과했습니다. 그러자 또다시 정부는 이 교과서가 '좌편향'이며 필자들이 대한민국을 부정하는 자들이라고 매도했습니다. 뉴라이트 교과서포럼의 잔재는 결국 한국현대사학회라는 집단으로 결집되었습니다.

결국 합격한 지 얼마 안 된 역사교과서를 다시 집필하면서 민주주의를 자유민주주의로 바꾸라는 억지를 부렸습니다. 이번에도 역시 집필자협의회를 구성하고 대표로서 각종 언론을 통해 대응을 했습니다. 이명박 정부는 한국의 역사교육을 심각하게 망치고 있습니다. 지금 학교 현장에서는 1년 동안 배우도록 만들어진 교과서를 1학기 만에 마치도록 강요당하고 있습니다. 역사를 좋아하던 아이들마저 지겨워할 수밖에 없는 상황입니다.

2012년 4월 총선을 앞두고 뉴라이트의 나팔수 역할을 하던 신지호와 조전혁은 공천에서 탈락했습니다. 하지만 '역사교과서가 북한 교과서를 베꼈다'고 매도하던 정두언[45]과 '독도는 분쟁지역이며 노인 80~90퍼센트는 친일파'라는 하태경[46]은 여전히 새누리당의 공천을 받았습니다. 하긴 박근혜는 일제의 식민지배를 한국의 근대화로 칭송하고 '종군위안부'는 취업사기로 끌려간 직업여성들이었으며 김구는 테러리스트라고 썼던 뉴라이트의 '대안교과서' 출판기념회에 참석하여 '이제야 제대로 된 교과서가 나왔다'고 축사를 한 바 있습니다.[47]

그렇다면 과연 새누리당의 역사인식과 정체성은 무엇일까요? 뉴라이트의 역사인식을 수용하고 있지 않습니까? 사실 선거 때마다 가장 아쉬운 점은 역사문제, 민족문제에 대한 인식이 실종된다는 점입니다. 저는 역사교과서 문제를 통해 이명박 정부와 보수언론에 맞서면서 결코 '쫄지' 않겠다고 다짐했습니다. 또다시 우리 역사교육이 정권에 의해 난도질을 당하는 일이 되풀이되어서는 안 되기 때문입니다.*

역사교과서 집필자들을 존중하지 않는 나라

2015년 10월 6일 새누리당 원유철 원내대표가 이런 말을 했답니다. "2011년 한국사교과서 집필진 37명 중 28명이 2014년 집필에도 참여할 만큼 특정 집필진이 한국사교과서를 독과점하는 구조"라는 것이죠. 이에 대해 어떤 분이 '그럼 국회의원도 한번만 하면 될 텐데 자신은 왜 4선이나 했는가'라고 반문하시더군요. 전에 말씀드린 적이 있는데, 저는 한국근현대사부터 중학 역사 상·하 그리고 고등 한국사교과서등 모든 검정교과서를 대표집필했고 전부 합격시킨 유일한 역사학자입니다. 그러니까 제가 교과서 집필을 독점했다는 말이네요. 그런데 교과서를 집필하지 못하게 막은 사람이 있습니까? 교과서는 한 번 이상 쓰면 안 되는 책인가요?

새로운 교육과정이 고시되면, 출판사들은 집필자를 찾기 위해 애쓰기 마련입니다. 이때 가장 주된 섭외 대상이 되는 사람은 이미 교과서를 써 보았고 그중에서도 합격을 시켜본 학자나 교사입니다. 교과서를 쓴다는 것은 일반 논문이나 책을 쓰는 것과는 전혀 다른 과정이기 때문입니다. 그래서 처음 교과서를 집필하는 학자들은 특히 중고등학생 수준에 맞는 글을 쓰는 데 많은 어려움을 겪기 마련입니다.

제 경험을 말씀드릴까요? 나름 역사학자 중에서 글을 쉽게 쓴다는 평가를 받았던 사람이었습니다. 그런데 2001년 중앙교육진흥연구소의 한국근현대사 집필에 참여하여 제가 처음 써 갔던 글의 90퍼센트가 날아갔습니다. 교과서 문장으로는 너무 어렵고 적합하지 않다는 것이었습니다. 정말 서운했지요. 집어던지고 사퇴할 생각을 했는데 결국 받아들이기로 했습니다. 중요한 것은 검정을 통과하는 것이고 현장 교사들의 의견을 존중하는 것이 맞다고 생각했기 때문입니다.

천재교육과 2011년 교과서를 대표집필하기로 약속하고 필자들을 섭외하기 시작했습니다. 박찬승, 이신철 교수는 평소 잘 아는 분들이라 어렵지 않게 수락을 받았지만, 제가 역사교육 전공자가 아니어서 교사들을 섭외하기는 어려웠습니다. 그래서 여러 분들의 추천을 받아 세 분의 교사를 모셨습니다. 그중에 대학후배가 한 분 있었고 이때 오랜만에 다시 만났습니다.

이 분들 가운데 2014년 교과서에도 참여하신 분은 교사 두 분입니다. 교과서 집필에 너무 많은 시간을 빼앗겨야 하는 것이 더 이상 어려워서 또는 개인 사정에 따라 고사를 했기 때문입니다. 교과서를 한 번 쓰고 나면 정말 다시는 쓰고 싶지 않다고 하는 것이 일반적인 반응입니다. 그래서 다른 필자들을 모셨지요. 저의 부탁을 받고 집필자로 참여해주셨던 분들한테 정말 너무나 미안했습니다. 저 때문에 이런 어려움을 같이 치러야 하는 것 같아서 말입니다.

사실 2014년 교과서 집필을 출판사로부터 다시 요청받고 처음에는 거절했습니다. 정말 역사교과서라면 이제는 신물이 날 지경이었습니다. 두 달을 끌다가 제가 빠지면, 집필팀이 와해된다고 해서 할 수 없이 다시 맡았습니다. 그 결과가 2013년부터 지금까지 쭉 겪어온 곤욕인 것이죠. 특히 중학 역사 필자들 중에는 지역에 계신 분들이 있어 몇 년을 주말이 없이 원고검토회의를 주재해야 했습니다. 저야 아이들이 다 컸지만, 아직 엄마, 아빠의 손길이 필요한 아이들이 있는 분들이 주말을 희생하면서 작업을 해야 할 때 늘 미안했습니다. 저 역시 그분한테 늘 미안할 수밖에 없었고요. 그런데 검정 합격이라는 기쁨은 잠시, 그 순간부터 끊임없이 좌편향 시비에 시달려야 했습니다.

어떤 때는 오히려 검정에서 불합격되신 분들이 부러웠습니다. 반대로 새로 집필에 참여하신 분들을 보면, 농담 삼아 '웰컴 투 헬'이라는 말이 절로 나왔습니다. 역사교과서를 검정제로 만들어 놓고 그에 응하여 열심히 교과서를 개발한 학자나 교사들이, 노고를 치하받지는 못할망정 좌편향이니 종북이니 하는 매도를 당해야 하는 나라가 바로 대한민국입니다.

정녕 그 교과서가 그렇게 문제가 많았다면 검정에서 탈락시켰어야죠. 교육부 장관 명의로 합격을 시켜놓고 일부 보수 세력이 시끄럽게 굴면, 그에 동조하고 나아가 한 술 더 뜨는 나라가 세상 어디에 있습니까? 권한에는 책임이 따라야 하는 것이 당연한 일이거늘 어떻게 이 나라 사람들은 권한만 있고 책임은 없는지 알 수가 없습니다. 정말 부끄러움을 모르는 사람들입니다.**

구체적 근거가 아닌 '매카시즘'에 기댄 공격

"역사교과서 가운데 근현대사 분야를 22명이 집필했는데 그중 18명이 특정 이념에 경도된 사람들이고, 이중 이적성 논란이 끊이지 않는 전교조 출신이 10명이나 된다. 검인정교과서는 전교조 교과서다." 역시 원유철 새누리당 원내대표가 한 말입니다.[48] 과연 그가 말하는 특정 이념이란 무엇일까요? 이런 식으로 구체적으로 명시하지 않은 채 마치 교과서 집필자들이 하나의 이념으로 똘똘 뭉친 집단인 것처럼 매도하고 있습니다. 이것이 바로 매카시즘의 원조, 조지프 매카시Joseph McCarthy가 했던 수법입니다. "국무부 내 공산주의자 205명의 명단이 여기 있다!"고 종이를 흔들었지만 그에게는 구체적인 근거도 명단도 없었습니다. 매카시즘이란 '반공 이데올로기를 내세워 근거 없이 반대편을 매도하고 억압하는 행위'를 말합니다.

이런 뒷조사를 누가 했을까요? 버젓이 국정감사장에서 노무현과 문재인을 '공산주의자'라고 매도하는 고영주 그리고 조갑제와 같은 극우단체의 일원들이 벌인 일입니다. 이러한 세력들은 자신과 다른 생각을 가지고 있는 민주주의자들을 '종북'이니 '좌경'으로 몰고 있습니다. 교과서 집필자들이 좌편향된 것이 아니라 전직 대통령과 현 야당 대표를 공산주의자라고 우기는 그들이 '극우편향'인 것입니다.

저의 경우 조선일보를 비롯한 보수언론과 극우단체에게서 가장 많이 매도를 당하고 있습니다. 아무래도 제가 가장 많은 교과서를 대표집필했고 앞장서서 그들에게 맞서고 있기 때문일 것입니다. 그런데 그들이 겨우 내세우는 것은 제가 '역사문제연구소(역문연) 연구위원'이라는 것입니다. 얼마나 털어도 나오는 게 없으면 그러겠습니까? 제가 만일 운동권 학생으로 감옥이라도 다녀왔거나 진보정당 활동이라도 했으면 벌써 난리가 났겠지요. 그런데 제가 비록 역문연에 대해 애정을 갖고 있는 것은 사실이지만, 연구위원이란 직함은 창립할 때 그쪽에서 붙여준 것이고 지난 10년 동안 저는 역문연 행사에 가본 적도 없습니다. 그런데 그 연구위원 명단에 이인호나 이영훈과 같은 뉴라이트 학자들도 있었다는 점은 그들도 모르고 있었나 봅니다. 게다가 역문연은 연구단체이지 이념단체라고 할 수 없습니다. 여기서도 '색맹'들의 억지를 보게 됩니다.

현재 교학사를 제외한 7종의 교과서 가운데 근현대사를 전공한 역사학자들은 8명 정도가 됩니다. 그런데 특이하게도 대표집필자를 맡고 있는 사람들은 19세기 말부터 식민지 이전까지를 전공한 학자가 대부분입니다. 천재교육 대표집필자인 저를 포함해서 한철호(미래엔), 왕현종(두산동아), 도면회(비상교육) 교수 등이지요. 지학사 대표집필자인 정재정 교수는 동북아역사재단 이사장을 지낸 일제하 전공자로서 차마 그를 특정이념에 경도되었다고 하지는 못한 것 같습니다. 그런데 정재정 교수는 역문연 부소장까지 지낸 분입니다. 그러니 얼마나 웃기는 노릇입니까? 참고로 금성출판사는 조선시대 전공자인 김종수 교수가, 리베르스쿨은 역사교사가 대표 집필자입니다. 그밖에 일제하 전공자가 네 분 정도 더 있습니다. 현대사 전공교수는 사실상 한 명도 없다고 할 수 있습니다. 제가 접촉했던 현대사 전공 교수들은 하나같이 필자로 참여하는 것을 거절했습니다. 참여했다가는 바로 좌편향 교수로 찍힐 테니까요.

그런데 교과서가 나오면 항상 현대사를 가지고 시비가 생겨서 전공자도 아닌 대표집필자들이 전면에 나서야 하는 슬픈 현실입니다. 사실 교과서 집필에 참여한다는 것은 자신의 학문적 입장이 교육과정과 달라도 받아들일 수 있다는 전제가 있어야 합니다. 그러니까 정말 급진적이거나 편향적인 학자라면 절대로 교과서 집필에 참여하지 않습니다. 저서나 논문으로 자기의 생각을 펼칠 수가 있는데 왜 그것을 굽히고 검정을 받아야 하는 글을 쓰겠습니까? 따라서 교과서 집필에 참여하는 학자들은 역사학계 내에서 상대적으로 온건한 사람들이라고 할 수 있습니다. 아울러 저는 교과서 집필자 중에서 누가 전교조 소속인지도 모릅니다. 천재교육 집필진 중에도 누가 전교조인지 확인한 적이 없어요. 물론 전교조 소속 교사들이 많이 참여했다 하더라도 그것이 어떤 문제가 된다고 생각하지 않습니다. 이것이야말로 전형적인 색깔론이니까요.

하지만 전교조가 조직적으로 교과서 집필에 참여한 것은 결코 아닙니다. 게다가 22명 중에 10명이면 반도 안 되잖아요? 이 사람들은 산수도 못하나 봅니다. 출판사가 다른 집필진들끼리 교과서를 제작하는 과정에서 절대로 사전에 상의한 적은 없습니다. 일단 서로 경쟁 상대이기 때문입니다. 만약에 이런 시비에 휘말리지 않았다면 다른 교과서를 집필하신 교사들을 알지도 못했을 것입니다. 한국사교과서집필자협의회라는 것도 무슨 상설조직이 아닙니다. 하도 말도 안 되는 탄압을 받으니까 공동으로 대응하기 위해 할 수 없이 모인 것일 뿐입니다. 그러니까 교과서 집필자들이 편향된 이념을 가진 집단이라는 저들의 억지에 부디 현혹되지 마시기 바랍니다.***

*   2012년 3월 3일 페이스북
**   2015년 10월 9일 페이스북
***   2015년 10월 10일 페이스북

"저는 상식의 힘을 믿습니다.
여론을 호도하고 상식을 거부한 권력의 말로가
어떤 것인지 역사에서 많이 보았습니다.
그러나 역사를 만들어가는 것은
바로 지금 여기에 살고 있는 저 그리고 여러분들입니다.
그저 역사에 부끄럽지 않게 살아야겠다는 생각뿐입니다."

4장

역사는 과거의 사실이지만 오늘날에도 끊임없이 새롭게 해석되고 재현되는 이야기의 소재가 됩니다. 더불어 다양한 문화적 토양 위에서 자라난 수많은 예술장르와 결합하여 대중들에게 사랑받는 콘텐츠가 되기도 합니다. 여기서는 역사콘텐츠라는 개념을 처음 제시하고, 다양한 문화콘텐츠와 관련하여 활동해왔던 저의 이야기들을 담았습니다. 역사라는 학문이 지금 여기에서 일어나는 현실에 어떻게 대응해나가야 할 것인가에 대한 고민도 담겨 있습니다. 역사의 대중화 나아가 공공역사를 꿈꾸는 분들에게 도움이 되었으면 좋겠습니다.

이 어 주 는 역 사

'영광스러운 고립'보다
'고통스러운 소통'을

SNS 시대에 필요한
인문학자의 태도

인문학의 위기가 반복되는 이유

한국에서 인문학은 대중과 소통하려는 노력이 부족하다는 최대의
약점을 가지고 있습니다. 많은 교수들이 나이가 들고 학과에서 위
치가 어느 정도 확보되면 가장 먼저 교양강의부터 중단합니다. 자
신의 학문세계를 전공학생과 대학원생들에게만 전달하면 된다고
여기는 것입니다. 그러다 보니 비전공자들도 이해할 수 있는 개념
과 용어를 사용해 대중과 소통하려는 노력은 사라지고 맙니다. 교
육자로서의 정체성보다는 자신의 연구가 우선이라고 생각해 학생
들 개개인에 대한 관심을 줄이는 교수들도 많습니다. 과연 자신에

게 배정된 지도학생들을 하나하나 면담하고 학업과 진로에 대해 함께 이야기를 나누는 교수가 얼마나 될지 모르겠습니다.

대중문화에 관심이 없는 것은 물론 스마트폰 등 모바일 기기를 사용하지 않는 것이 인문학자의 자존심이라 여기는 분도 있습니다. 1988년 당시에 처음 286 AT 컴퓨터를 사서 원고를 작성하고 도트 프린터로 출력해서 학회에 가져가면 원성이 높았습니다. 글은 원고지에 써야지 무슨 역사학자가 컴퓨터로 글을 쓰느냐, 눈에 들어오지 않는다 등등 말이 많았지요. 물론 그랬던 분들이 지금은 모두 컴퓨터를 사용하고 있습니다. 오늘날에도 당연히 SNS는 먼 나라의 일이고 대중매체와의 인터뷰나 외부 강연마저 거부하는 분들도 많습니다. 그럼으로써 자신이 인문학자로서의 '순수성'을 고수한다고 생각하고 있습니다.

썩 잘 하고 있지는 못하지만 나름대로 대중과 소통하려 노력 중인 27년차 교수로서 저의 경험을 잠깐 나누려고 합니다. 저는 우선 모든 학생들을 이름으로 기억합니다. 신입생이 들어오면 적어도 한 달 이내에 반 이상, 첫 학기 안에 모든 학생들의 이름을 다 외워서 불러주고 있습니다. 그런데 의외로 자신의 이름을 교수가 기억하고 있다는 사실에 기뻐하는 학생들이 많습니다. 또한 학생들에 대한 종합적 정보를 바탕으로 졸업을 앞둔 학생들과 진로상담을 진행하고 있습니다. 물론 최종 결정은 본인의 몫이지만 학생들은 자신에 대한 오랜 관심을 바탕으로 한 교수의 조언을 대체로 잘

받아들이는 편입니다. 저는 그것이 제자에 대해 교육자가 반드시 해야 할 역할이라고 생각합니다.

대중문화의 트렌드를 이해하려는 노력도 하고 있습니다. 학생들에게 인기 있는 드라마와 가요 등을 되도록 접해보려고 합니다. 신곡이 나오면 스마트폰 어플을 이용해 들어보고, 웬만한 아이돌 그룹 멤버들의 이름을 익히곤 합니다. 학생들과 대중문화를 소재로 이야기를 나누다 보면 금방 교수와 학생, 50대와 20대라는 거리감이 상당히 해소되기 때문입니다.

인문학은 연구실 내에서만 이뤄지는 것이 전부는 아니라고 생각합니다. 대중과의 소통을 위한 노력은 인문학자의 중요한 역할 가운데 하나입니다. 만약에 연구실 안에서의 '영광스러운 고립'을 추구한다면 더 이상 국가와 사회에 인문학을 지원해 달라는 요구를 해서는 안 될 것입니다. 연구는 학자의 자유이지만 연구에 대한 지원은 학문이 사회적 요구에 부응할 때 이뤄지는 것입니다. 그런 체질을 갖고 교수생활을 해 가다 보면, 자신의 학문과 직결된 사회적 이슈가 벌어져도 전혀 참여하지 않고 불의를 보아도 참습니다. 그러면서 권력에 맞서서 힘겹게 저항하고 있는 동료들에 대해 아주 냉정한 비평가의 자세로 양비론을 늘어놓는 경우도 많습니다. 하지만 정작 자신은 나서서 피해를 볼 행동을 절대 하지 않습니다.

그런 점에서 본다면 SNS의 활용은 인문학의 위기를 극복할 수 있는 하나의 수단이 될 수 있다고 생각합니다. 저는 4년 전부터 페이스북(페북)을 주로 이용하고 있습니다. 하지만 140자로 한정된 트위터의 글쓰기는 맞지 않아 잘 이용하지 않습니다. 처음엔 아이들의 생활이 궁금해 시작했던 페북이 이젠 일상이 돼버렸고 어느덧 페이스북 친구(페친)도 1,400명이 다 돼갑니다. 페북을 통해 이제는 졸업을 해서 자주 만날 수 없는 제자들, 학교를 다니고 있지만 현재는 수업을 듣지 않고 있는 학생들과 소통할 수 있어서 좋습니다. 또한 수업시간에 할 수 없었던 이야기를 페북을 통해 할 수 있다는 것도 좋은 점입니다. 아울러 고등학생에서 80대 어르신까지 넓은 연령층, 그리고 전 세계 각지의 다양한 분야에서 활동하고 있는 사람들과의 소통은 매우 큰 삶의 활력소가 되고 있습니다.

제비가 흥부에게 박씨를 물어다 주듯 페친들이 날라 주는 좋은 글과 사진, 동영상 등을 통해 저의 세계는 분명히 넓어졌고 풍요로워졌다고 생각합니다. 직접 대면하지 않고서는 알 수 없었던 분들과 온라인을 통해 실시간 소통할 수 있다는 것은 이전에 누릴 수 없었던 즐거움입니다. 무엇보다 전에는 메모를 해 두지 않으면 기억하기 힘들었던 내용을, 그때그때 글로 옮겨 저장해둘 수 있다는 점도 아주 매력적입니다. 이 시대를 살아가는 교수 특히 인문학자들에게 인문학적 소통을 위한 하나의 수단으로서 자신에게 맞는 SNS 활동을 권하고 싶습니다. 우리 서로 페친이 돼 보면 어떨까요? *

---

*   2014년 6월 8일 교수신문

노동자를
'노동자'라 부르지 못하고

'근로자의 날'이 아닌
'노동절'을 기념하며

1908년에도 썼던 '노동자'라는 표현

한국에서 '노동자'라는 표현이 나오는 가장 오래된 기록은 무엇일까요? 아마도 1908년 유길준이 썼던 《노동야학독본》에 나오는 삽화일 것입니다(다음 페이지).

이 그림에서 당시 노동야학회 고문이었던 유길준은, 프록코트 정장에 실크해트 모자를 들고 카이저수염을 기르고 있지요. 그는 남루한 한복 차림에 다리를 드러낸 '로동자(노동자)'의 손을 잡고 이렇게 '말삼(말씀)'합니다.

유길준의 《노동야학독본》
표지에 실린 그림.

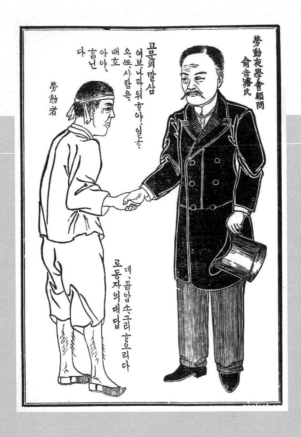

유길준: 여보, 나라 위하여 일하시오. 또 사람은 배워야 합니다.

로동자: 네, 고맙소. 그리 하오리다.

당시 계몽운동의 분위기를 알 수 있는 자료입니다. 노동의 목적을 개인이 아닌 국가를 위한 것으로 규정하면서, 동시에 교육의 필요성을 강조하고 있는 것이죠. 1895년에 나온 《서유견문》에서는 아직 '노동'이라는 표현은 등장하지 않고 '역역力役'이라고 쓰고 있습니다. 그런데 우리는 왜 1908년에도 썼던 '노동자'를 쓰지 못하고, 지금도 '근로자'라고만 하는 것일까요?

메이데이의 기원과 노동절의 의의

매년 5월 1일은 아름다운 5월의 첫날, 메이데이입니다. 사실 국내에서 1994년까지 '근로자의 날'은 3월 10일이었습니다. 이승만 정권이 당시 어용노조였던 대한노총의 창립 기념일을 지정한 것이었습니다. 이미 1923년부터 국내 노동자들이 스스로 기념해왔던 '노동절'이라는 명칭을 사회주의 국가에서 쓰는 것이라며 막았습니다.

하지만 본래 메이데이는 미국에 연원을 두고 있습니다. 1886년 5월 1일 일어난 미국의 총파업(헤이마켓 사건)이 노동절의 시초였습니다. 비록 지금은 9월 첫 월요일로 노동절을 기념하고 있지만 말입니다. 메이데이(5월 1일)로 다시 옮겨야 한다는 주장도 있지만, 파업을 연상시킨다는 이유로 정작 미국에서는 9월 첫 월요일을 유지하고 있다고 합니다.

한국에서 30여 년 전인 1987년은 주로 6월 항쟁으로 기억되지만, 7~8월의 노동자 투쟁도 치열했습니다. 그 후 근로자의 날을 5월 1일로 옮기자는 노동자들의 요구가 계속되어, 1994년 국회를 통과했습니다. 하지만 '근로자의 날'이라는 명칭은 바뀌지 않았습니다. '노동절'이라는 명칭을 회복하는 날이 빨리 오기를 기대해봅니다.

메이데이를 축하하면서도, 한편으로는 마음 한구석이 불편합니다. 바로 노동하고 싶어도 일자리가 없는 사람들이 많다는 생각 때문입니다. 교육부는 대학평가 항목에 '취업률'을 넣고 있습니다. 따라서 어떻게든 취업률을 높이기 위해 대학들은 별의별 수단을 다 쓰고 있습니다. 그렇게 해서 실제보다 부풀려진 통계를 내놓으면, 마치 한국의 실업률이 그리 높지 않은 것처럼 나오게 됩니다.

하지만 실질적인 실업률은 그보다 훨씬 높을 것입니다. 노동의 기회를 갖지 못한 분들에게, 노동절은 또 하나의 아픔이 될 수도 있겠다는 생각이 들었습니다. 힘이 되어 드리지는 못하지만, 지금 지나고 있는 어려운 터널을 빨리 벗어나게 되시기를 바랍니다. 특히 저의 제자들에게 힘이 되어주지 못해 미안한 마음입니다. 아울러 동일한 노동에도 제대로 대우를 받지 못하고 있는 비정규직

노동자들께도 힘내시라는 말씀 전합니다.

노동자들 사이에서도 정규직과 비정규직이 갈리고, 그 내부에 차별이 또한 존재한다는 것은 심각한 문제입니다. 더불어 인종차별까지 당하면서 살고 있는 외국인 노동자들이 많이 있는 것이 현실입니다. 비록 제가 해드릴 수 있는 것은 없지만, 그들의 처지가 조금이나마 나아질 수 있기를 진심으로 바라봅니다. 실업과 직장 내 차별을 극복해나가는 정책을 다음 정부에서는 꼭 실천해주기를 바랍니다.*

---

*   2017년 5월 1일 페이스북

현충일을 기념하는
바람직한 방법

나라를 지키고
민주주의를 지킨다는 것

현충일이 정말로 기념해야 할 것

6월 6일은 바로 '국권 회복을 위하여 헌신·희생하신 순국선열과 전몰호국용사의 숭고한 애국·애족정신을 기리고 명복을 기원'하기 위한 현충일입니다. 그런데 이 날이 한국전쟁으로 숨진 군인들을 추모하는 날인 것으로만 알고 계신 분들이 많습니다. 하지만 현충일은 분명히 일제로부터 해방을 이루기 위해 힘쓰다가 돌아가신 순국선열 분들도 함께 추념하는 날입니다.

과연 그분들은 무엇을 위해 자신의 소중한 목숨을 바쳐야 했던 것일까요? 순국선열의 경우 그들의 꿈은 민족의 해방이었습니다. 사실 당시에 '욱일승천'하는 일본에 맞서 해방을 달성한다는 것은 너무도 어려운 과제였습니다. 그러니까 그들은 힘들고 외로운 길을 걷다가 희생된, 인생의 패배자들이었습니다. 하지만 해방을 맞이하면서 역사의 승리자로 우리에게 기억되고 있는 것입니다.

그리고 한국전쟁에서 숨진 호국용사란, 대체로 당시 20대 젊은이들이었습니다. 그들은 각자 많은 꿈을 가지고 있었고 사랑하는 사람들을 곁에 두고 있었습니다. 이 모든 꿈과 사랑을 다 이루지 못하고 세상을 떠나야 했던 그들은 참으로 가슴 아픈 역사로 남았습니다. 그리고 그들을 갑자기 떠나보내고 가슴을 치며 통곡해야 했던 사람들이 남아 있었습니다. 그들 모두가 결국 전쟁의 광기 앞에서 무참하게 쓰러져간 희생자들이었습니다.

그런데 과연 순국선열과 호국용사들이 자신의 목숨을 바쳐 지키려 한 것이 이승만과 박정희의 장기독재체제였을까요? 오히려 이들 권력자들은 용사들의 목숨과 희생을 배신한 것입니다. 오늘날 이승만과 박정희를 미화하려는 세력은 결국 순국선열과 호국용사들을 모독하는 것입니다. 저는 현충일이 자유와 민주주의를 훼손시킨 독재세력에 대한 비판의 날이기도 해야 한다고 생각합니다. 이 날을 마치 보수 세력들의 기념일이라고 오해하는 경우도 있지만 그것은 잘못된 인식이라고 할 수 있습니다.*

순국선열과 호국용사들이 지키고자 했던 것

이승만은 장기 집권을 위해 전쟁 중인 1952년 부산에서 군대를 동원하여 국회의원들을 위협하고 '발췌개헌'을 통과시켰습니다. 오로지 권력 연장을 위한 헌법유린이었습니다. 그리고 1954년에는 도저히 상식으로 이해할 수 없는 '사사오입 개헌'을 통해 중임제를 폐지하는 헌정쿠데타를 일으켰습니다. 이로써 장기독재의 길을 열었고 그 결과 한국의 민주주의는 압살되었습니다.

그러나 오늘날 한국에서는 이승만이 '건국의 아버지이자 자유민주주의의 수호자'라는 말이 다시 나오고 있습니다. 또한 교육자들의 친일행위가 학교를 지키기 위한 하나의 선택이었다고 방송에 나와 버젓이 떠드는 사람들도 있습니다. 그들이 정말 현충일의 의미를 조금이라도 이해한다면 이런 말을 감히 할 수 없을 것입니다. 그들이 말하는 '자유민주주의'는 공산주의와의 대결이라는 측면만 강조하고 있습니다.

따라서 그들은 이승만과 박정희가 저질렀던 반민주적 독재와 인권유린에 대해서는 생각이 없고 그것을 지적하면 '김일성 찬양'이고 '남로당식 사관'이라며 비난합니다. 그러나 이야말로 독재시대의 발상입니다. 자유민주주의란 바로 국민의 자유와 민주주의가 보장됨을 의미하는 것이어야 합니다. 이 나라가 북한정권보다 더 살고 싶은 나라인 것은 우리에게 자유와 민주주의가 있기 때문입니다.

저는 그런 점에서 김일성이 설령 항일무장투쟁을 했다 해도 한국전쟁을 일으키고 독재체제를 확립하여 시대착오적인 '3대 세습체제'를 만들었다는 점에서 그를 용납할 수 없습니다. 그는 자유와 민주주의의 적이었습니다. 마찬가지 기준에서 저는 이승만과 박정희도 미화할 수 없습니다. 순국선열과 호국용사들이 자신의 목숨을 바쳐 지키려 한 것은 결코 이승만과 박정희의 장기독재정권이 아니었다는 말입니다.

내가 그 당시에 살았다면 과연 어떤 길을 택했을 것인가 늘 스스로에게 물어봅니다. 용기 있게 나설 수 있었을까, 아니면 현실을 외면하고 안락한 삶의 길을 걸었을까. 젊을 때는 당연히 자신 있게 나서겠다고 말할 수 있었을 것입니다. 하지만 인생을 살아보니 자꾸 자신이 없어집니다. 그래도 내 삶이 누군가에 의해 기록되고 기억될 것이라는, 그리하여 역사에 남을 것이라는 믿음과 두려움이 생기게 됩니다. 그래서 힘들고 부족하지만, 그럼에도 당당하게 올바른 가치를 지켜보려 애를 쓰고자 합니다.**

---

*   2013년 6월 6일 페이스북
**   2017년 6월 6일 페이스북

역사콘텐츠를
어떻게 바라볼 것인가?

재미와 고증을 모두 갖춘
역사드라마를 기대하며

'재미'와 '고증'은 양자택일의 문제인가

참여연대 느티나무 아카데미에서 진행하는 〈역사드라마, 사료로 다시 보기〉라는 강의에서 저는 '역사드라마, 어떻게 볼 것인가'라는 주제와 SBS 드라마 〈제중원〉 분석을 맡았습니다.[49] 《알렌의 일기》,《통리교섭통상사무아문일기》 등의 자료를 가지고 드라마 〈제중원〉의 이야기가 과연 합당한 것인지 풀어나갔습니다. 이 강의의 목적은 역사를 다룬 드라마들을 단순히 '사실왜곡'이라고 규정하는 것을 넘어, 시청자들이 능동적으로 역사콘텐츠를 비평하고 더 나은 방향으로 활용할 수 있는 힘을 키워주고자 하는 데 있습

302

니다. 드라마 작가들이 역사적 사료를 구체적으로 어떤 방식으로 활용·변용했는지 파악하는 기회가 될 것입니다.

드라마 〈제중원〉에는 판서의 아들 백도양(연정훈 분)이 상투를 자르는 장면이 나옵니다. 드라마 배경은 1886년이고, 단발령이 1895년에 내려졌음을 감안하면 역사적 사실을 무시한 설정이라는 비판이 가능하죠. 물론 '픽션'인 만큼 캐릭터의 성격이나 행동 범위에 있어서 어느 정도 상상력이 가미되어야 하겠지만, 그것은 어디까지나 역사라는 한정된 무대 위에서 벌어지는 것임을 기억해야 합니다. 이 드라마의 경우 '연세대 의학박물관장 등의 철저한 고증을 거쳤다'는 식으로 포장되었기 때문에 더욱 문제가 되는 것입니다.

역사적 인물 박서양을 모델로 삼았다는 〈제중원〉의 주인공 황정(박용우 분)은 백정 출신이지만 신분의 벽을 뚫고 한국 최초의 근대 의사가 됩니다. 그리고 의대 교수가 되어 간도로 가서 독립운동을 합니다. 이러한 스토리는 그 자체로 매우 드라마틱한 게 분명합니다. 그런데 드라마 속 인물 황정과 실제 역사 속 인물 박서양은 '백정 출신'이라는 것만 같을 뿐 모든 스토리가 사실과 관계없이 진행됩니다.

박서양은 사실 제중원에서 1886년 의학당을 만들 때 태어난 사람입니다. 드라마에서는 이 시기의 황정이 이미 성인으로 등장합니다. 시대적 간극이 너무 커서 앞뒤가 맞지 않아요. 그리고 박서양의 아버지 박성춘은 백정 출신이었지만, 일찍이 기독교로 개종해 1898년 관민공동회 개막연설을 할 정도로 확고한 경제적 기반이 있었습니다. 그러므로 드라마에 그려지는 것처럼, 박서양이 직접 소를 잡거나 도살했다고 보기는 어렵습니다.

아울러 제중원 설립에 있어서 미국인 선교사 알렌Horace N. Allen의 역할만 부각되는 점도 문제입니다. 제중원은 1884년 폐지된 빈민의료기관 혜민서와 활인서를 대신해 조선 정부가 세운 기관으로 정부의 직접적인 행정 기능을 담당했습니다. 알렌은 근대 의술을 가지고 와 제중원에서 의사로서 복무하며 기여했을 뿐이죠.

KBS 드라마 〈천추태후〉도 심각한 문제가 있습니다. 고려 시대의 천추태후는 희대의 악녀 중 한 명으로 꼽힙니다. 다른 남자와 불륜에 빠져 자기 아들을 죽이고, 그 남자와의 자식을 왕위로 올린 사람이죠. KBS는 천추태후를 전혀 새로운 인물로 구성했고 심지어 '구국항쟁의 어머니'로 만들었습니다. 이와 같이 드라마 작가가 어떻게 각색하느냐에 따라 일반적으로 알려져 있는 상식이 뒤집어질 수 있습니다.

차라리 소재만 역사에서 가져왔을 뿐 상상력의 날개를 펴고 있다고 솔직하게 말한다는 점에서 〈추노〉가 더 나은 작품이 아닐까 합니다. 조선시대 사료를 보면 노비, 평민들이 돈이 생기면 족보를 사서 거기에 자기 이름을 집어넣고 양반 행세를 하는 모습이 나오며 몰락 양반의 실태도 등장합니다. 이처럼 고증에 충실하면서도 재미있는 역사드라마를 만드는 것은 충분히 가능합니다.

사극이 인기를 얻는 것은 분명히 사람들이 가지고 있는 꿈, 사람들이 바라는 역사의식이 그 드라마에 투영돼 있기 때문일 것입니다. 많은 사람들은 역사드라마를 보면서 과거가 아니라 우리 시대와 연결시켜 이해합니다. 드라마 제작자들이 역사콘텐츠의 이러한 대중적 영향력을 충분히 인지하고 전문가들과 소통하면서 더 멋진 드라마들을 만들어낼 수 있었으면 합니다.*

대중과 호흡하는 역사콘텐츠 제작을 환영하며

역사를 소재로 한 콘텐츠가 영화, 드라마를 넘어 예능 프로그램에까지 나타나고 있습니다. 이런 현상에 대해 한국일보에서 인터뷰를 나누었는데요.⁵⁰ 어쩌면 역사교육 현장이 충분히 해내지 못한 역할을 지금 영화나 드라마가 해주고 있는 것이 아닐까 생각합니다.

지난 2015년 천만 관객을 동원한 〈암살〉 이후 〈사도〉, 〈동주〉, 〈밀정〉 등 역사를 무대로 하는 영화들이 꾸준히 인기를 얻고 있습니다. 역사콘텐츠의 흥행은 '역사는 지루하고 어렵다'는 기존의 인식에 큰 변화를 주고 있는데요. 저는 콘텐츠 제작자들이 역사를 다루는 방식에 있어 어떤 변화를 모색하고 있다고 보았습니다.

역사물은 우선 재미가 있어야 합니다. 최근 창작자들은 역사적 사실의 무게에 짓눌리거나 역사를 있는 그대로 재현해야 한다는 기존의 강박에서 벗어나 상상력을 잘 접목해 세련된 콘텐츠를 만들어내고 있습니다. 특히 역사교과서 국정화 문제 같은 이슈들이 대중들에게 '역사적 진실이 훼손될 수 있다'는 위기감을 심어주면서 역사콘텐츠에 대한 관심을 더욱 증폭시키지 않았나 생각합니다.

그러나 대중문화 콘텐츠에는 항상 역사왜곡 논란이 잇따릅니다. 사실로 채워져야 할 부분이 상상력으로 묘사되고, 상상력으로 묘사되어야 할 부분이 사실인 것처럼 채워질 때 역사왜곡 논란은 계속 발생할 것입니다. 이를테면 영화로 제작된 〈덕혜옹주〉는 역사적 사실과 거의 무관한 픽션이라 할 수 있습니다. 덕혜는 1912년생으로, 1852년생인 고종이 환갑에 낳은 딸입니다. 그것도 소주방 나인에게서 낳았다고, 처음에는 왕족으로 인정받지도 못했다고 합니다. 사실 덕혜라는 이름도 고종이 사망한 지 2년 후인 1921년부터 사용되기 시작했습니다. 그해 일본인 소학교에 입학했는데, 그전에 궁궐에서 불렸던 '복녕당 아기씨'라는 칭호를 학적부에 올릴 수 없었기 때문일 것입니다. 그러니까 영화의 포스터처럼, 성인이 된 덕혜와 노년의 고종이 함께 사진을 찍을 수는 없었습니다. 고종이 승하한 1919년에 덕혜는 일곱 살이었으니까요.

오히려 역사콘텐츠가 역사적 사실에 100퍼센트 충실한 것처럼 과장할 경우, 대중의 역사지식에 혼란을 초래하게 됩니다. 이럴 때는 제작자들이 역사적 진실은 무엇이고 허구는 어떤 부분인지

명시할 필요가 있습니다. 뒤늦게 논란이 불거지면 '드라마는 드라마로 봐 달라'는 식으로 안이하게 대처하는 것이 아니라, 미리 제작 과정에서 전문가들과 소통하는 과정이 필요하다는 것이죠.

반대로 고증이나 재현에 얽매여 역사적 상상력을 제한받는 상황도 경계해야 합니다. 지나치게 사실을 강조하다 보면 제작자들의 창작 의욕이 꺾이게 됩니다. 역사콘텐츠를 제작자들이 바라고 꿈꾸는 역사의 모습으로 바라볼 필요도 분명 있습니다. 역사는 결국 박제된 사실로 고정되어 있는 것이 아니라, 끊임없이 대중과 호흡하며 해석의 변화를 낳기 마련이니까요.**

*   2010년 3월 11일 참여연대 강연
**   2016년 9월 12일 페이스북

영화 〈암살〉에서 만난
'백마 탄 장군'의 전설

'독립적' 독립운동가
김경천 장군의 삶

속사포, 김경천의 일기에서 비롯된 캐릭터

천만 명이 넘는 관객이 사랑한 영화 〈암살〉, 보신 분들이 많으시지
요? 안옥윤(전지현 분), 염석진(이정재 분), 하와이 피스톨(하정우 분) 등
개성 강한 등장인물이 가득했습니다. '속사포'라는 별명으로 불린
추상옥(조진웅 분)이라는 인물도 기억하시나요? 영화에서 김원봉(조
승우 분)은 그를 '빼질이긴 해도 나름 신흥무관학교 마지막 멤버'라
고 설명합니다.

그러나 속사포는 거사에 참여하라는 제안을 처음에 단호하게
거절합니다. "항일운동이라는 거 처음에는 욱하는 마음에 삼사 년

갑니다. 근데 그것도 배가 불러야 하는 거지. 돈 한 푼 없이 이러는 건 좀"이라며 지극히 속물적인 이유를 둘러댑니다. 그런데 그를 돌려세운 염석진의 한마디가 있었습니다. "당신이 과거 신흥무관학교 학생 시절, 나뭇잎이 떨어지기 전에 어서 무기를 준비하여 압록강을 건너는 것이 소원이라는 글을 쓰지 않았느냐"는 말이었습니다. 지금은 비록 생계형 속물 총잡이가 됐지만, 독립을 위해 맹세했던 그 시절의 다짐을 다시 듣자 마음이 돌아선 것입니다.

그런데 사실 그 대사는 1919년 7월경에 쓰인 김경천의 일기 《경천아일록》에서 가져온 것입니다. "여름이 장차 끝나가고 초가을이 오려고 한다. 여러 유지들은 나뭇잎이 떨어지면 군사행동을 하기가 불리하니, 어서 무기를 준비하여서 압록강을 한번 건너는 것이 소원이라고 한다. 나도 그렇게 생각하나 지금의 형편으로는 압록강은 고사하고 개천도 못 건너가겠다고 생각한다." 그러니까 이 말은 김경천이 아닌 다른 독립운동가들의 희망사항이었던 것입니다. 하지만 군사전문가였던 김경천이 볼 때는 도저히 실현 불가능한 꿈이었습니다.

영화 〈암살〉을 보며 비록 사실관계를 조금 다르게 표현했지만, 제작진이 김경천의 일기까지 파악하고 있었던 것에 대하여 역사학자로서 감탄했습니다. 그만큼 충실한 자료 조사가 있었기에 이 영화가 관객들에게 깊은 감동을 주었다고 생각합니다. 얼핏 보면 영화 속 인물 속사포와 역사 속 인물 김경천은 전혀 닮아 보이지 않습니다. 역사 속의 김경천은 독립군에 가담하여 국내 진공 작전을 꿈꾸었으나 현실은 그럴 만한 조건이 되지 못했기 때문이죠.

사실 김경천이라는 인물은 1990년대가 되어서야 다시 알려지기 시작했고, 1998년이 되어서야 서훈敍勳을 받았습니다. 그 후부터 주목을 받기 시작하여 연구논문이 나오고 최근에 들어서야 언론에서 본격적으로 소개된 것입니다. 이 영화를 통해 오랫동안 철저하게 잊혔던 '백마 탄 김경천 장군'의 전설이 다시 소환되어 기쁜 마음이 들었습니다.

김경천, 출세와 조국 사이에서 고뇌하다

1888년생인 김경천金擎天의 본명은 김광서金光瑞입니다. 대한제국의 관비 유학생으로 일본 육군사관학교를 23기로 졸업했습니다. 불행히도 일본 육사를 다니던 중 대한제국이 사라져 버렸는데요. 일본군 장교가 될 수 없다며 자퇴하려던 그를 설득한 것은 지인들이었습니다. 일본으로부터 군사 지식을 배워, 독립운동에 활용하면 되지 않느냐는 것이었습니다.

결국 그는 일본군 기병 장교로 임관하여 대위에 이르게 됩니다. 사람들은 학생 시절의 결심과 달리, 사회에 나와 기득권에 편입이 되면 기기에 만족하면서 살아가는 경우가 많습니다. 일본 육사 출신의 조선인 장교들 역시 대부분 그 길을 걸었습니다.

그러나 김경천은 달랐습니다. 그가 일본 육군 기병 1연대 장교로 근무하고 있을 때, 도쿄 유학생들이 1919년 2·8독립선언을 발표했습니다. 그 소식을 듣고 김경천은 "꿈속 같이 기쁜 중에도 불이 날 것 같은 마음을 참을 수 없었다"라고 회고합니다. 1919년 3·1운동이 일어났을 때는 "나라를 팔아먹은 원수가 있는 동시에, 그것을 보고만 있는 것도 제2의 매국자이다. … 2천만 전 민족을 통틀어도 나만큼 국가를 위한 학문을 배운 자가 없다. … 아무리 마음에서 잊자 하나 그러지 못하는 것이 처자의 문제다. … 없는 셈으로 치자"라고 일기에 썼습니다. 조국으로부터 받은 은혜를 갚아야 한다는 깊은 사명감과 가족에 대한 책임 사이에서 고뇌하는 모습이 담겨 있습니다. 결국 그는 1919년 6월 비밀리에 만주로 망명하여 신흥무관학교에 합류하였고 군사교관이 되었습니다.

한편 김경천의 망명에 대해 윤치호는 자신의 일기에 다음과 같이 쓰고 있었습니다. "김광서 군이 가족 생계에 아무런 대책도 세우지 않은 상태에서 북부지방으로 떠났다고 한다. 그래서 그의 가족들이 몹시 궁핍한 생활을 하고 있다고 한다. 많은 선동가들이 몇 달 안에 조선의 독립이 실현되리라 상상하거나 믿는 것처럼, 김광서 대위도 그렇게 상상했던 것일까? 그렇다면 그는 세계사에 상당히 무지한 사람이다"라고 말입니다.[51] 계몽운동가였던 윤치호가 볼 때, 김경천의 망명은 무모하기 짝이 없는 행동일 뿐이었습니다.

'백마 탄 군신'으로서 활약한 김경천 장군

일본 육사에서 정규 군사교육을 받았던 그가 신흥무관학교에서 교관으로 두각을 나타낸 것은 당연한 일이었습니다. 그러나 일본군과 직접 전투를 원했던 그는 1919년 말에 러시아 지역으로 무기를 구입하러 갔다가 그대로 자리를 잡고 만주로 돌아가지 않았습니다.

그리고 김경천은 러시아 연해주 지역에서 무장투쟁 지도자로 활동했습니다. 특히 러시아 혁명군과 함께 반혁명 세력과 그들을 지원하던 일본을 상대로 치열한 전투를 이끌었습니다. 아울러 일본의 지원을 받아 조선인들을 괴롭히던 마적들을 소탕하는 데 큰 공을 세웠습니다. 늘 백마를 타고 전투를 지휘했기 때문에 그는 '백마 탄 김 장군'으로 불렸지요. 당시 동아일보에서는 김경천과 인터뷰하며 그를 '군신軍神'으로까지 치켜세웠습니다. 이때 그의 백마 탄 장군의 이미지를 김성주가 차용하여 김일성 장군으로 행세했다는 이야기가 있기도 한데, 이에 대해서는 아직 더 검증이 필요할 것 같습니다.

1924년 1월, 김경천이 당시 연해주 지역에서 활동하던 독립군에 대하여 쓴 시 〈불쌍한 독립군〉을 같이 보실까요?

영하 사십도 시베리아 추위에

여름 모자 쓰고서 홑저고리로

밑 빠진 메커리(짚신)에 간발하고서

벌벌 떨고 다니는 우리 독립군

한반도를 결박한 철사를 벗겨

화려강산 옛 빛을 보려 하였더니

경박한 사람들은 코웃음하며

부모나 찾아가서 보려므나

서산에 지는 해는 쓸쓸도 하다

너의 고향 이곳에서 몇천 리더냐

널 기르신 너의 부모 이곳 있으면

너의 모양 보고서 어떠하리오[52]

이보다 더 사실적이면서도 가슴을 저리게 만드는 시가 또 있을까요? 저는 이 시를 처음 읽었을 때, 눈물이 살짝 맺히더니 나중엔 그만 통곡하고 말았습니다.

이후 1922년경 러시아 반혁명군이 사라지고 일본군이 철수하자, 소련 정부는 조선인들의 독자적 군사 활동을 허락하지 않았습니다. 무장투쟁을 계속할 수 없게 되자, 그는 동지들과 함께 토지를 개척하고 농장을 운영하는 지도자 역할을 자임했습니다. 생활이 안정되자 1925년에는 국내에 남아 있던 아내와 아이들이 합류하여 단란한 가정생활도 다시 할 수 있었습니다. 1934년에는 블라

디보스토크의 극동고려사범대학에 초청되어 군사학과 일본어를 가르치는 교수가 됩니다.

좌우 이념에 휘둘리지 않은 '독립적' 독립운동가

독립운동 내의 어떤 분파에도 가담하지 않았던 그는 소련 공산당에도 가입하지 않았습니다. 그런데 소련에 동화되지 않고 민족적 정체성을 강조하는 조선인 지도자들을 소련 당국은 가만히 내버려 두지 않았습니다. 마침내 그는 1936년 반혁명죄로 체포되어 3년형을 받았습니다.

그가 옥중에 있는 동안, 그의 가족들은 스탈린의 조선인 강제 이주 정책에 따라 1937년 카자흐스탄의 카라간다로 이동해 있었습니다. 감옥에서 나와 머나먼 카자흐스탄까지 찾아가서 가족과 합류했지만, 반년도 못 되어 또다시 체포되었습니다.

이번에는 간첩죄라는 오명을 쓰고 8년 형을 받아 시베리아의 코틀라스에 있던 노동수용소로 끌려갔습니다. 소련 작가 솔제니친 Aleksandr Solzhenitsyn이 썼던 《수용소군도》의 무대가 바로 이곳이었습니다. 거기서 그는 1942년 영양 고갈로 인한 병에 걸려 사망했고, 무덤도 없이 집단 매장되고 말았습니다. 그의 가족들은 최근까지도 그가 어디서 어떻게 죽었는지조차 모르고 살아야 했습니다.

일본군 장교로서 보장된 출세의 길을 버리고 고난에 찬 독립

일본군 장교 시절의 김경천(왼쪽)과
카자흐스탄 수용소에 들어갈 당시의
머리가 깎인 김경천(오른쪽).

운동가의 길을 택했던 김경천이 일본의 간첩이었을 리가 없지요. 스탈린 독재체제에 의해 뒤집어씌워진 누명에 불과했습니다. 너무 늦었지만 1959년 재심을 통해 무죄가 선고되어 복권되었습니다. 그의 일기《경천아일록》도 소련 정부가 압수했다가, 2005년 무렵 가족들의 요청으로 카자흐스탄 정보국이 되돌려주었다고 합니다.

만약 김경천이 그냥 일본군 장교로 머물러 있었다면, 다른 일본 육사 출신들처럼 고위 장교로 출세했을 것입니다. 자녀들에게도 최고의 교육을 할 수 있었을 것이고, 해방 이후에는 국군 창설에 참여해 군 수뇌부가 되었을지도 모릅니다. 만주와 러시아 그리고 중앙아시아까지 유랑하다가, 일본의 간첩이라는 모욕적인 죄를 뒤집어쓰고 비참하게 죽지도 않았을 것입니다. 하지만 그는 나라로부터 받은 은혜를 갚겠다고 결단했고, 고난의 길을 묵묵히 스스로 걸어갔습니다. 그것이야말로 우리가 본받아야 할 진정한 희생의 모습이 아닐까요?

영화에 나오는 속사포의 모습이 전부 김경천이었다고 할 수는 없습니다. 역사 속의 김경천은 독립군에 가담하여 국내 진공 작전을 꿈꾸었으나, 그는 다시 고국에 돌아오지 못했습니다. 제작진이 오히려 속사포라는 캐릭터를 통해, 김경천의 간절했던 소망을 영화로나마 실현해주고 싶었던 것은 아닐까 하는 상상을 해보았습니다.

영화에서 하와이 피스톨을 수행하는 영감(오달수 분)은, 죽으러 떠나면서 안옥윤에게 "우리 잊으면 안 돼!"라는 말을 남겼습니다. 독립운동가들을 위해서 우리가 할 수 있는 일은, 바로 그분들을 기억하고 잘 기록해서 후세에 전해주는 일일 것입니다.*

*   2021년 1월 15일 인문360

4장 ∘ 이어주는 역사

당신이 '밀정'이라면
어떤 선택을 할 것인가?

———————— 경계에 선 인물
황옥이 던지는 질문

영화 〈밀정〉의 배경이 된 자료들

영화 〈밀정〉의 배경이 되는 황옥 경부 폭탄사건은 역사적으로도 매우 흥미로운 사건입니다. 폭탄의 제조와 반입 그리고 실패 등의 흐름이 매우 드라마틱하다는 것도 있지만, 실패한 이유가 또 다른 밀정 김재진의 밀고 때문이었다는 점도 흥미를 돋웁니다. 더욱이 과연 황옥이 의열단을 잡기 위한 밀정이었을지, 아니면 진심으로 의열단을 도운 것이었을지 역사적으로도 아직 결론이 나지 않았다는 점이 재미있게 다가옵니다.

이 영화의 주인공인 김우진(공유 분)과 이정출(송강호 분)은 각각

318

실제 역사적 인물인 김시현과 황옥을 모델로 삼았습니다. 원래 이 영화를 기획했고 공동제작을 한 것은 영화사 '하얼빈'을 이끄는 이진숙 대표였습니다. 그는 주로 세계일보 김동진 기자의《1923 경성을 뒤흔든 사람들》(서해문집, 2010)과 황옥에 대한 유일한 논문인 황용건의 〈항일투쟁기 황옥의 양면적 행적 연구〉(2008)라는 안동대 석사논문을 참고했다고 합니다.

김시현에 대한 연구를 몇 가지 더 알려 드리면 〈김시현(1883~1966)의 항일투쟁〉(양형석, 안동대학원 석사논문, 1998)이 있습니다. 이 논문 역시 김시현의 항일투쟁에 대한 유일한 학술논문입니다. 그 밖에 〈1945~1960년 김시현의 통일국가 수립운동과 이승만 대통령 저격사건〉(허종, 한국인물사연구 10, 2008)이 있습니다.

저서로는 다음 두 책을 권해 드립니다. 안동대 김희곤 교수의 저서 《김시현: 항일투쟁에서 반독재투쟁까지》(지식산업사, 2013)와 서울법대 한인섭 교수의《식민지 법정에서 독립을 변론하다》(경인문화사, 2012)가 있습니다. 적당한 시간에 참고해보시기 바랍니다.*

황옥이 오늘날 우리에게 던지는 질문

메이지대학 유학생 출신이었던 김시현은 30대 후반의 나이에 1919년 3·1운동에 참가하면서 고난의 연속이었던 독립운동을 시작합니다. 그 후 26년 동안 모두 여섯 번, 12년의 옥고를 치렀습니다. 그럼에도 김시현은 현재까지도 독립운동가 서훈 대상에서 제외되어 있습니다. 1952년 당시 2대 국회의원이었던 김시현이, 바로 이승만 저격미수사건의 배후로 지목되어 유죄판결을 받았기 때문입니다. 하지만 4·19혁명 이후 출소한 그는 다시 국회의원에 당선되어, 민의원 개원식에서 임시의장까지 맡았습니다. 그러나 곧 5·16군사정변으로 의원직을 상실하고 말았습니다. 이 영화를 계기로 그에 대한 재조명과 함께 서훈이 이루어지면 좋겠네요.

한편 황옥은 1923년 폭탄사건 이후 법정에서, 자신은 의열단을 일망타진하려고 위장했던 것이라는 진술을 했습니다. 그것이 그가 서훈을 받지 못하는 이유입니다. 그런데 김시현을 비롯하여 김원봉까지도, 황옥이 비록 일본 경찰이었지만 의열단을 위해 일했던 사람이라고 인정하고 있었습니다.

역사학자들 역시 황옥에 대해 여전히 뚜렷하게 규정할 수 없는 의문의 인물로 보고 있습니다. 민족문제연구소 이준식 연구위원에 따르면, 황옥은 실제로 폭탄을 밀반입하여 일본에서 재판을 받았고 형을 언도받았습니다. 그런가 하면 징역 12년형을 받았지만 결핵으로 형집행정지 처분을 받고 약 1년 만에 가출옥합니다. 밀정이라면 재판을 받지 않았어야 했는데 분명히 받았고, 재판 결과는 상대적으로 너그러운 처분을 받았습니다. 사료만 놓고 봤을 때는 그가 의열단원인지, 밀정인지 정확히 알 수 없는 것입니다.

김지운 감독의 '연출의 변'을 살펴보면, 바로 이렇게 애매한

1923년 4월 12일 황옥 경부 폭탄사건을 보도한 동아일보 기사.

위치에 놓였던 인물 황옥에게 주목한 이유를 알 수 있습니다. "친일 또는 항일의 한쪽을 선택할 수밖에 없었던 시대, 어느 한쪽으로 발을 내디뎠을 때 걷잡을 수 없이 내몰리는 상황 속에서 인물들이 경계를 넘나들며 줄타기하는 모습들이 흥미로웠고 그들 사이의 박진감을 표현하고 싶었다. 시대가 사람들을 어떻게 압박했는지, 어디로 몰고 가는지 인물들의 감정적 모색과 어두운 내면의 행로를 통해 묘사하려고 노력했다."[53]

사실 그동안 독립운동을 다룬 여러 영화들에 등장하는 선악의 이분법이, 관객들로 하여금 오히려 외면하게 만드는 측면이 있었습니다. 저는 그것이 독립운동가를, 평범한 우리에게 '가까이 하기엔 너무 먼 당신'으로 만들어버린다고 생각했습니다. 그런데 영화에 등장하는 이정출의 모습은 선악을 넘나들며 회의하고 주저하는 모습이 다분합니다.

오늘날의 관점에 따라 '승리자'와 '패배자'라는 구도에 역사적 인물들을 끼워 맞추는 것을 넘어, 영화 〈밀정〉은 그 시대의 공기 속에 관객들을 끌고 들어가 '너라면 어떤 선택을 할래'라고 묻는 것으로 보입니다. 그것이 사람들에게 공감대를 불러일으키고 현실적인 울림을 준 것이 아닌가 생각합니다.**

---

*   2016년 8월 26일 페이스북
**   2016년 9월 17일 페이스북

"찢어버리는 자도,
주워 모으는 자도 있어야 한다"

영화 〈남한산성〉이 놓친
최명길의 명대사

입체적인 현실을 다루지 못한 영화의 아쉬움

영화 〈남한산성〉을 보고 나오면서 묘한 심정이 들었습니다. 영상도
아름답고 배우들의 연기도 좋았습니다. 영화의 완성도도 높았다고
생각하기에 되도록 한 번 보시기를 추천합니다. 그런데 평소 고증
만이 아니라 역사적 상상력이 중요하다고 생각해온 역사학자임에
도 여러 가지 의문이 머리에 가득 차 마음이 무거웠습니다.

사실 병자호란은 임진왜란과 함께, 조선이 외세에 의해 가장
많은 피해를 입었던 사건이라고 할 수 있습니다. 그럼에도 적인 일
본을 몰아냈던 임진왜란과 달리, 병자호란은 청에 의해 가장 처절

하고 치욕적인 패배를 겪은 전쟁이었습니다. 두 번 다시 떠올리기 싫은 역사였기에 그동안 콘텐츠의 대상이 되지 못해왔던 것입니다.

그것을 살려낸 작품이 한명기 교수의 《역사평설 병자호란》(푸른역사, 2013)과 이 영화의 원작이라고 할 수 있는 김훈 작가의 소설 《남한산성》(한고재, 2007)이었습니다. 그밖에도 한명기 교수의 학술 서적인 《정묘·병자호란과 동아시아》(푸른역사, 2009)도 추천드릴 만한 책입니다. 이미 많은 분들이 감상문을 쓰셨으니 반복된 이야기는 하지 않겠습니다. 역사학자인 제가 느꼈던, 그동안 언급되지 않았던 아쉬움 몇 가지만 말씀드리겠습니다.

첫째, 기록을 살펴보면 청과의 화친을 주장(주화론)한 최명길이 항복문서를 썼고, 항전을 주장(주전론)한 김상헌이 이를 찢어버렸다고 나옵니다. 최명길은 찢어진 조각을 다시 주워 모으면서 "조정에 이 문서를 찢어버리는 사람이 반드시 있어야 하고, 나처럼 주워 모으는 자도 있어야 한다"는 말을 남겼다고 하지요. 이 장면이 영화에 들어갔으면 아마도 명장면으로 남지 않았을까요? 다른 부분에서는 상상력을 발휘하면서, 왜 이렇게 널리 알려진 실제의 기록을 쓰지 않았는지 의문입니다.

둘째, 영화에서 김상헌(김윤석 분)이 자결한 것으로 나오는 장면에 대해서도 불만이 있습니다. 사실은 자결하려는 시도만 했지요. 그에 대해 최명길은 당시, '사람들 앞에서 자결하려고 시도하는 것은 말려달라는 것밖에 안 된다'고 냉소를 보냈습니다. 그렇다고 해서 김상헌이 주전론을 주장했던 홍익한, 오달제, 윤집처럼 청군 진영으로 넘겨진 것도 아니었습니다. 후에 '삼학사'라고 불린 이들은 청나라 수도 선양까지 끌려가 처형을 당했습니다. 이들에 대해서도 영화는 전혀 언급하지 않았어요. 김상헌이 선양으로 끌려간 것은 그보다 3년 후의 일이었습니다.

셋째, 영화에서는 최명길(이병헌 분) 혼자서 외롭게 항복을 주장하는 것으로 나와 있습니다. 하지만 실제로 남한산성 내의 군인들은 항복을 주장하면서, 주전론자들에게 압박을 가했습니다. 그것이 당시의 민심이었고, 이 부분은 원작에도 나옵니다. 저는 오히려 이런 부분이 영화에 반영되었으면 더욱더 리얼리티를 살릴 수 있었다고 생각합니다.

넷째, 최명길은 단순히 주화론자만이 아니었습니다. 그는 강화도 가는 길이 막혀 할 수 없이 남한산성으로 인조 일행이 피신할 때, 홀로 청군의 지휘관 마부대 진영을 찾아가 항의담판을 함으로써 피신할 시간을 벌어준 사람입니다.

물론 영화의 목표가 최명길과 김상헌의 대립을 극대화시키는 데 있었다는 점을 알고 있습니다. 그렇기 때문에 그에 필요하지 않은 내용은 생략하거나 상상력으로 바꾸어 놓았을 것입니다. 위에 지적한 것들은 반영했더라도 감독의 의도에 지장이 없었을 만한 내용만 적어본 것입니다. 그밖에도 역사적 사실을 바탕으로 할 이야기는 더 많지만 이 정도로 하겠습니다.

저는 그동안 조선의 역사에서 본 인물 가운데 최명길을 가장 높이 평가해왔습니다. 그는 난세에 항상 현실을 직시하고 균형 있는 태도를 취하고 있었습니다. 그의 목표는 현실적으로 약소국인 조선의 생존을 찾는 것이었습니다. 다음은 최명길이 《지천선생집 遲川先生集》에서 남긴 글입니다. 명에게 속박당하지 않으면서도 나라를 살려보겠다는 그의 신념이 잘 드러나고 있습니다.

"신종神宗이 임진왜란 때 끼친 유택遺澤을 비록 잊을 수는 없다 하더라도 또한 태조께서 창업하신 신령스러운 이 터전 역시 차마 망하게 할 수는 없는 것, 이것이 큰 의리이다. 그리고 해동 사람이라면 이미 동국의 신민인즉 우리 임금을 위해 우리나라를 망하지 않도록 하는 것이 옳지 않겠는가? 명나라를 위해 우리 임금에게 권해 나라를 망하게 하는 것이 옳은 것인가?"[54]

최명길에 대한 재평가가 필요한 이유

제가 최명길을 높이 평가하게 된 가장 큰 계기는, 그가 단지 전쟁을 잘 마무리한 사람이기 때문만이 아니었습니다. 바로 '환향녀' 또는 '속환녀'라고 불리었던, 병자호란에서 포로로 끌려갔다가 돌아온 여성들에 대한 그의 태도였습니다. 당시 사대부 집안에서는 '절개를 잃었다'는 이유로 청에서 돌아온 여성들을 받아들이지 않고 이혼을 시키겠다고 나섰습니다.

그때 최명길은 절대로 이혼을 허락하면 안 된다는 주장을 한 거의 유일한 관료였습니다. 이혼을 허가하게 되면 수많은 부녀자들이 속환을 포기하고 이국땅에서 원귀가 되고 말 것이라고 경고했습니다. 더구나 그녀들이 절개를 잃었다는 근거도 없을 뿐 아니라, '급박한 전쟁 상황에서 몸을 더럽혔다는 누명을 쓰고도 제대로 밝히지 못하는 사람이 너무나 많다'는 것을 내세웠습니다.

　　당시 영의정이었던 그의 주장이 일단 받아들여졌지만, 끝내 대세를 뒤집지는 못했습니다. 그 후 대부분의 사대부 집안에서는, 결국 그녀들을 내쫓고 맙니다. 최명길에 대해서도 많은 탄핵 청원이 잇따랐습니다.《인조실록》을 기록한 사관은 '포로가 된 여자들은 변을 만나 죽지 않았으니, 결국 절개를 잃은 것이다'라고 하면서 '최명길은 나라의 풍속을 무너뜨리고 삼한을 들어 오랑캐로 만든 자'라고 매도를 하고 있습니다.

　　여기서 저는 최명길의 유연한 현실인식을 보고 감탄을 했습니다. 사실 그녀들이 포로가 되고 만 것은 남성 지배층들의 무능력 때문입니다. 전쟁의 피해를 고스란히 여성들에게 전가하는 비인간적 처사가 만무했던 시대에서, 과감하게 여성들을 살리려는 주장을 할 수 있었던 그가 정말 놀라웠습니다. 그가 당시 사대부들의 분위기를 몰랐을 리가 없지요. 왕따가 되고 매도를 당할 것을 알면서도 그런 주장을 하던 그의 결단력과 인간미가 참 멋지게 다가왔습니다.

그리고 이 모습을 보면서 '일본군 위안부' 문제를 바라보는 우리 사회 일부의 시각이 연상되었습니다. 그분들이 40년이 넘도록 입을 열 수 없었던 이유는 무엇일까요? 바로 남성 지배층의 무능으로 당하게 된 식민지배라는 현실이 가져온 성적 착취의 피해를, 한국 사회가 그 여성들에게 전가했기 때문입니다.

회복하기 힘든 몸과 마음의 상처를 입고 돌아온 분들에게 '집안 망신', '더럽혀진 여자'라는 시선을 보낸 것이 바로 우리 사회였습니다. 병자호란 이후에 벌어졌던 양상과 크게 다르지 않습니다. 이에 대한 처절한 반성이 없이는 또다시 그런 잘못을 범하게 될지 모릅니다. 좀더 자세한 내용은 한명기 교수의 《역사평설 병자호란》과 유하령 작가의 《화냥년》(푸른역사, 2013)을 참고하시기 바랍니다.*

*   2017년 10월 7~11일 페이스북

120여 년 전 모스크바에 휘날린 태극기의 감동

조선 사절단의 여정을 따라,
러시아 여행기

조선 사절단의 험난했던 모스크바 방문기

인천에서 모스크바까지는 항공으로 6,670킬로미터 거리, 9시간 정도를 비행해야 합니다. 그런데 1896년 거행된 러시아 황제 니콜라이 2세의 대관식에 축하사절단으로 파견된 민영환과 윤치호는 '모스크바까지 4만2,900여 리를 50일 동안 왔노라'고 기록했습니다. 환산하면 1만6,850킬로미터에 달합니다.

당시 그들이 4월 1일에 출발했을 때는 이렇게 먼 여정을 계획한 것이 아니었습니다. 처음엔 러시아 군함을 이용해 상하이로 가서 인도양을 건너 유럽으로 갈 계획이었으나 상하이에 도착해보니 배에 자리가 없었다고 합니다. 하는 수 없이 그들은 일본으로 가서 태평양을 건너 캐나다 밴쿠버에 상륙합니다. 기차로 대륙을 횡단해 뉴욕으로, 거기서 대서양을 넘어 아일랜드와 영국 그리고 네덜란드까지 배를 타고 갔습니다. 거기서부터 독일과 폴란드를 기차로 이동했고, 바르샤바에서부터는 전용 기차를 제공받아 떠난 지 50일 만인 1896년 5월 20일 마침내 모스크바에 도착했습니다.

니콜라이 2세는 제정 러시아의 마지막 황제로, 후일 러시아 혁명으로 쫓겨나 총살당한 바로 그 사람입니다. 당시 민영환이 만 34세, 윤치호가 30세였다고는 하지만 그들의 여행은 감당하기 어려울 만큼 힘든 여정이었습니다. 모스크바에 도착한 사절단은 포바르스카야 거리 42번지에 숙소를 배정받아 태극기를 달았다고 기록했습니다. 그러니까 1896년 5월 20일은 러시아뿐 아니라 유럽에서 최초로 태극기가 휘날린 의미 있는 날이 됩니다.

저 역시 이곳을 찾아가는 길이 쉽지 않았습니다. 30분 넘게 거리를 헤매다 결국 택시로 찾아가 현장을 확인한 순간, 모든 것을 다 얻은 기분이었습니다. 30년 전 대학원생 시절에 읽었던 윤치호의 영문 일기에 쓰인 장소에 찾아가 직접 두 발로 설 수 있다는 사실에 감격했습니다. 러시아 여행의 모든 피로가 사라지는 느낌이라고나 할까요. 사절단이 묵었던 숙소 건물은 현재 아프가니스탄 대사관으로 사용되고 있습니다. 포바르스카야 거리는 러시아 외무부와 가까워서 뉴질랜드, 카메룬을 비롯해 여러 나라의 공관이 밀집해 있는 지역입니다. 안으로 들어가보고 싶었지만 굳게 닫혀 있어 시도하지 못한 점이 아쉬움으로 남습니다.

"아무리 타국이라도 조선의 법과 관습을 지키겠다"

모스크바를 찾는 많은 관광객들이 반드시 들리는 곳이 크렘린 궁입니다. 크렘린은 '도시 안의 요새'라는 의미의 명사라고 합니다. 즉 크렘린은 모스크바에만 있는 것이 아닙니다. 하지만 백악관 하면 미국의 최고 권력을 의미하듯 크렘린은 옛 소련 정부의 상징이기도 했습니다.

크렘린 궁 안으로 들어가자마자 나타나는 현대식 대극장을 지나 오른쪽으로 들어가면 우스펜스키 사원이 나옵니다. 성모승천 사원이라고도 하는 이곳은 바로 러시아 황제의 대관식이 대대로 거행된 사원으로, 니콜라이 2세의 대관식도 여기서 열렸습니다. 사원 안에는 황제, 황후, 주교가 예배 시에 앉았던 옥좌가 보존돼 있습니다.

그런데 축하사절로 그 먼 길을 갔던 민영환 일행은 정작 1896년 5월 26일 여기서 거행된 대관식에 들어가지 않았습니다. 모자를 벗어야만 사원에 들어갈 수 있다는 러시아 황실의 원칙을 따를 수 없다는 이유에서였습니다. 민영환은 모자를 잠시라도 벗는 것이 조선의 법과 관습에 어긋난다고 주장했습니다.

모스크바에 도착해 러시아 관원들과 만난 조선 사절단.
뒷줄 왼쪽부터 김도일(통역관), 손희영(비서)이 서 있고
앞줄 왼쪽부터 김득련(통역관), 윤치호(수석수행원),
민영환(특명전권공사)이 앉아 있다.

윤치호는 대관식 참석이 사절단의 임무인데, 모자 때문에 불참해서는 안 된다고 열심히 민영환을 설득했으나 그는 끝내 듣지 않았습니다. 당시 윤치호는 일기에서 '민영환이 절대로 가지 않겠다고 버티는 당나귀를 연상시킨다'고 쓰고 있습니다. 결국 그들은 바깥 광장에 마련된 장소에서 세 시간 동안 대관식이 끝날 때까지 기다려야 했습니다.

우스펜스키 사원 앞 광장 옆에는 이반 대제의 종탑Bell Tower이 있습니다. 모스크바에서 가장 높은 건물이라고 하는데 아주 멋진 건물입니다. 바로 이 건물 앞 광장에서 우리 대표단은 대관식이 끝나기를 기다리고 있었습니다. 모스크바 크렘린 궁에 갈 기회가 있다면 이 이야기를 떠올려 봐도 좋을 것 같습니다.

그들은 러시아 측의 배려로 여러 문화 체험을 하고 돌아왔습니다. 그중에는 볼쇼이 극장 오페라와 발레 공연도 포함돼 있었죠. 당시 중국어 역관으로 함께 갔던 김득련이라는 사람이 있었습니다. 그는 모든 일정을 기록하여《환구일록》과 시집《환구음초》를 출간했고, 나중에 민영환은 자신의 이름으로《해천추범》을 발행합니다.

김득련은 19세기 말 조선에서 활동하던 개신교 선교사들이 영문으로 발행한《코리안리포지터리The Korean Repository》에 다음과 같은 재미있는 글을 남겼습니다. "청중이 모인 자리에서 웬 신사가 목살에 힘줄이 돋칠 정도로 소리를 지르니 모두들 그를 우러러 보더라. 서양에서 군자 노릇 하기란 원래 저리 힘든가 보다. 벌거벗은 것이나 다름없는 소녀가 까치발을 하고 빙빙 돌며 뛰기도 하고 멈추기도 하는데, 가녀린 낭자를 학대하다니, 서양 군자들은 참으로 짐승이구나."

한국인으로서는 최초로 성악가의 노래와 발레리나의 공연을 보고 쓴 감상문일 것입니다. 이번 여행에서 꼭 가고 싶었던 볼쇼이 극장이 휴가 기간이라 문을 닫은 점이 가장 아쉬움으로 남습니다. 8월 말의 러시아는 날씨가 맑고 시원해서 여행하기에 좋은 기간이기는 하지만, 공연 예술에 관심이 있는 사람들이라면 피해야 할 기간이라는 것을 알았습니다.

아르바트의 빅토르 최 추모벽

크렘린 궁 앞에는 두 개의 커다란 건물이 있습니다. 하나는 국립역사박물관이고 다른 하나는 조국해방기념관입니다. 국립역사박물관 앞에는 스탈린도 함부로 대하지 못했던 제2차 세계대전의 영웅 주코프의 기마 동상이 서 있습니다. 민영환은 이곳을 '박물원'이라는 이름으로 불렀습니다. "옛 명사들의 초상 수천 장을 걸어놓았고 각국 사람의 석고상을 500~600개나 세웠다. 기이한 형상과 괴상한 모양을 다 기록할 수 없다." 실제로 이곳은 현재의 러시아를 비롯해 옛 소련 지역에서 출토된 발굴 성과와 역사기록을 많이 전시하고 있습니다.

모스크바를 대표하는 미술관은 트레티야코프 미술관입니다. 당시 민영환은 이곳을 '화회畵繪박물관'이라고 적고 있습니다. 오늘날에는 그림을 '회화'라고 하는데 당시에는 거꾸로 썼던 것입니다. 그는 "각국 명화 수만 장을 모아서 벽에 장식해 걸어 놓았다. 실물과 똑같아 마치 살아 움직이는 것을 보는 것 같아 사람들이 기이하다고 경탄한다"는 평을 남겼습니다.

트레티야코프 미술관으로 흔히 알려져 있는 곳은 구관이고 현대미술 작품이 많이 소장돼 있는 신관은 전혀 다른 곳에 자리 잡고 있습니다. 미술에 관심이 있다면 두 곳 다 관람하면 좋겠지만, 시간에 쫓기는 여행자라면 구관을 잘 찾아가는 것이 시간을 절약하는 방법이 될 것입니다. 택시 기사에게 트레티야코프 미술관을 가자고 하면 일단 신관으로 데려다 준다는 점에 유의하시기 바랍니다.

모스크바에는 서울의 인사동과 같이 볼만한 거리들이 많지만, 가장 찾고 싶었던 곳은 바로 전설의 록 가수 빅토르 최의 추모벽이 있는 아르바트 거리였습니다. 카자흐스탄 고려인 아버지와 러시아인 어머니를 둔 빅토르 최는 1962년 상트페테르부르크에서 태어났습니다. 그는 러시아 최초의 록 그룹 키노Kino의 리드싱어로, 그리고 영화배우로 소련 전역에서 인기를 누렸습니다. 특히 그의 저항정신과 변화를 추구하는 노래는 옛 소련의 젊은이들에게 엄청난 영향력을 발휘했습니다.

1990년 28세의 나이에 불의의 교통사고로 세상을 떠났으나 아직도 그에 대한 열기가 남아 아르바트에 추모벽이 마련된 것입니다. 지금도 참배자들이 끊이지 않고 있는 이곳을 모스크바, 특히 아르바트 거리를 간다면 꼭 한번 들러보시기를 바랍니다.

황홀할 정도로 아름다운 궁전을 맛보다

상트페테르부르크에서 모스크바까지는 '삽산'이라는 이름의 고속열차를 타고 갔습니다. 709킬로미터를 네 시간 동안 한 번도 서지 않고 달렸습니다. 러시아에서 특이하게 느낀 점은 역의 이름이 도착지를 사용하고 있다는 점이었습니다. 그러니까 상트페테르부르크에서 모스크바를 가는 기차역의 이름은 '모스크바역'입니다. 반대로 모스크바에서 상트페테르부르크로 가는 기차를 타는 역의 이름은 '레닌그라드역'입니다. 레닌그라드는 소련 붕괴 후 상트페테르부르크로 환원되기 이전의 도시 이름인데 왜 아직도 역의 이름은 그대로 쓰고 있는지 궁금하기도 했습니다.

1896년 조선인 사절단도 모스크바에서 기차를 타고 상트페테르부르크로 이동했습니다. 당시 그들이 남긴 기록을 보면 열네 시간 가까이 타고 간 것으로 나타납니다. 그런데 그들이 상트페테르부르크에서 머물렀던 곳인 가빈네스키가는 현재까지 학자들이 위치를 찾지 못했습니다. 네바강과 넵스키 대로와 가까웠다는 것은 나타나는데 지금은 그런 지명이 없는 것입니다.

네바강은 상트페테르부르크의 가장 큰 강입니다. 강가에는 유명한 에르미타주 박물관이 있고 황금의 돔으로 유명한 성 이삭 성당 그리고 유명한 표트르 대제 청동 기마상이 있습니다. 강 건너에는 표트르 대제가 처음 상트페테르부르크를 건설할 때 만든 페트로파블롭스크 요새가 있습니다. 요새 안 성당에는 표트르 대제를 비롯한 로마노프 왕가가 묻혀 있습니다.

우선 세계 3대 박물관 중 하나인 에르미타주 박물관에 들어가 보니 그 엄청난 규모에 압도됐습니다. 다빈치의 명화를 비롯해 매우 다양한 지역과 시대의 그림과 유물들이 끝없이 전시돼 있었습니다. 이곳은 황실의 겨울궁전이었던 곳이라 중간중간 너무도 아름다운 방과 복도들이 있었습니다. 특히 다빈치, 렘브란트, 루벤스, 반 다이크의 그림이 역시 인상적이었습니다. 혹시나 해서 가장 한산한 3층의 동아시아 전시실을 어렵게 찾아갔는데 한국 유물은 전시돼 있지 않아 아쉬웠습니다. 약탈해온 유물이 대부분인 루브르나 대영박물관과 달리, 에르미타주는 모두 구입한 유물이라는 점을 강조하고 있었습니다.

성 이삭 성당은 세계에서 가장 큰 황금 돔이 있는 종교 건축물입니다. 210개가 넘는 계단을 올라가면 시내를 360도로 볼 수 있는 전망대가 있어 많은 사람들이 힘들게 올라가 보기도 합니다. 그밖에 아름다운 '피의 구세주 사원'이 많은 관광객을 불러 모으고 있었습니다. 비잔틴과 러시아 양식을 섞어 놓은, 마치 동화 속에 나오는 건물 같은 곳입니다. 여기서 알렉산드르 2세가 테러를 당했다고 해서 '피의 구세주 사원'이라는 이름이 붙었고 실제로 성당 안에 그가 죽었던 자리를 보존하고 있습니다.

러시아 제국의 수도였던 상트페테르부르크 부근에는 엄청난 규모와 아름다움을 자랑하는 궁전과 정원들이 많습니다. 민영환과 윤치호도 여기서 황제가 돌아오기를 기다렸습니다. 특히 여름 궁전과 예카테리나 궁전이 대표적입니다. 이번에 두 군데를 모두 갔지만, 예약이 차서 내부에는 들어가지 못하고 정원만 둘러보았습니다.

여름궁전은 30분 정도 수중익선이라는 배를 타고 가야 있습니다. 이곳은 특히 거대한 분수가 인상적인 곳입니다. 배를 타고 가는 도중에 볼 수 있는 발트해의 모습도 아름답습니다. 푸시킨에 있는 예카테리나 궁전에는 보석의 일종인 호박으로 꾸며진 방이 유명합니다. 하지만 그에 못지않게 넓은 정원이 너무나도 아름다운 곳입니다. 규모가 엄청나서 호수를 도는 데만 해도 두 시간이 걸렸습니다. 마침 해가 질 무렵이라 아름다운 사진을 많이 찍을 수 있었지요.

페테르고프 궁전이라고도 불리는 여름궁전에서 바라본 경관.
민영환과 윤치호도 여기서 러시아 황제가 돌아오기를 기다렸다.

"양반네 진지상에 웬 칼이 있는가?"

그런데 여름궁전을 포함해서 처음 러시아의 건축물을 돌아봤던 1896년 사절단 중 한 사람인 김득련은 자신의 눈에 비친 서양 여성들에 대해 다음과 같은 인상을 받았습니다. "이상한 색깔이지만, 눈 하나는 시원한 서양의 요조숙녀들, 어찌 그리 요란한 옷을 입고 있는가? 내 얼굴이 잘생겨서일까, 아니면 남녀칠세부동석을 몰라서일까? 거침없이 군자의 옆자리에 다가와 재잘대누나." 아마 요즘에도 처음 서양에 가게 된 사람들이 일면식도 없는 남자에게 인사를 건네는 여성들에 대해 착각하는 경우가 없지 않을 듯한데, 이때도 마찬가지였음을 알 수 있습니다.

그들이 처음 접한 서양 요리를 먹는 풍경은 어땠을까요? "양반네 진지상에 웬 쇠스랑(포크)과 장도(나이프)는 등장하는가? 입술이 찢기지 않으면서 접시의 물건을 입에 넣는다는 것은 참으로 고역이구나. 희고 눈 같은 것(설탕)이 달고 달기에 이번에도 눈 같은 것(소금)을 듬뿍 떠서 찻종지에 넣으니 그 갈색 물(커피)은 너무 짜서 삼킬 수도 뱉을 수도 없더라. 노르스름한 절편(치즈)은 맛도 향기도 고약하구나." 생생한 묘사가 참 재미있습니다.

또한 〈서양의 아름다운 여자가 가다西國麗人行〉라는 시에서 다음과 같은 표현을 하고 있습니다. 다소 길지만 서양 여성을 처음 본 한국 남성이 남긴 시라는 점에서 소개해봅니다.

서양에서는 예부터 여인을 소중하게 여겨
귀한 손님과는 같이 앉는 것을 꺼리지 않네
입맞춤과 손잡음에 정이 돈독해지고
술 시키고 차 맛을 말하니 이야기 더욱 새롭구나

허리는 버들처럼 가늘고 살결은 옥과 같고
붉은 화장하지 않고 눈썹을 그리지 않아도
아름다운 모습 자연스레 갖추었으니
어여쁘고 가녀려서 차마 가누기도 어려워라

목에는 맑은 구슬 목걸이 얼굴에는 너울을 쓰고
쌍두마차에 받들어 태워주고
남편과 손잡고 도란도란 말하며
온종일 공원에서 꽃들을 두로 본다네

온갖 교태와 갖은 아양 느린 걸음에
해는 뉘엿뉘엿 색칠한 다리를 넘어가네
같이 손잡고 동산 속으로 가니
갖은 꽃 깊은 곳에 피리 소리가 들린다

소매 없고 가슴을 드러내도 예절은 가장 바르니

때로는 명을 받아 황궁에 들어가

나비처럼 사뿐히 다투어 춤을 추네

긴 치마 땅에 끌며 꽃떨기로 수繡를 놓네[55]

대한제국의 멸망과 함께 남겨진 이범진의 추모비

러시아 여행기의 마지막은 대한제국의 주러시아 공사였던 이범진에 대한 이야기로 마무리하고자 합니다. 아관파천의 주역이었던 이범진은 1896년 주미공사로 갔다가 1901년 러시아공사로 부임했습니다. 1907년 헤이그 특사로 파견된 이상설과 이준이 찾아오자 외국어에 능통한 아들 이위종을 함께 보내 실질적인 외교 활동을 할 수 있도록 했습니다. 그 후 대한제국이 을사늑약으로 외교권을 박탈당하자 공관의 폐쇄를 명령받았으나 거부하고 공사관을 유지하고 있었습니다. 그는 러시아 지역에서 벌어지고 있었던 독립 활동을 재정적으로 지원하기도 했습니다.

그러다가 나라가 식민지로 전락한 이듬해인 1911년 스스로 자결해 생을 마쳤습니다. 대한제국에서 고위 관직을 지내고는 일제의 작위와 은사금을 받아 챙긴 다른 관료들과는 매우 다른 길을 간 셈입니다. 상트페테르부르크에 있는 그의 묘지는 사라졌지만 추모비가 세워져 있습니다. 하지만 찾아가기가 쉽지 않습니다. 대신 네바강가 여름정원의 옆에 있는 작은 다리를 건너면 페스첼라가 5번지에 대한제국의 공사관이 있던 건물이 남아 있고 벽에는 그것을 기념하는 석판이 붙어 있습니다.

아름다운 상트페테르부르크에 대한제국의 멸망과 관련된 흔적이 있다는 것을 찾아보는 것도 의미가 있을 것 같아 소개합니다. 우리가 무심코 다니는 세계적인 유적과 관광지에 족적을 남긴 한국인이 있었다는 것을 기억해보는 것도 색다른 경험일 것 같습니다.*

*   2015년 10월 2일, 11월 5일 여성신문

코로나19 팬데믹에 대응하는
우리의 자세

전염병의 역사가 주는
교훈

기독교 선교의 처음 정신으로 돌아가자

한국근대사에서 기독교 선교는 의학이라는 과학과 동반하여 성장
했습니다. 1885년에 조선 정부가 활인서와 혜민서를 폐지하고 설
치했던 제중원을 미국인 의료선교사 알렌에게 맡긴 이유도 그것
때문이었습니다. 물론 알렌은 선교사라는 신분을 숨기고 의사로서
다양한 병을 치료하는 데 매진했습니다.

그런데 당시 조선에서 가장 큰 병 가운데 하나는, 학질이라 불
리던 말라리아였습니다. 치사율이 대단히 높았던 이 병을 고치는
데 가장 특효약이 키니네, 즉 금계랍이었습니다. 금계랍은 제중원

에서 판매하는 약 가운데 가장 인기가 많았습니다.

　10여 년이 지난 후 발행되었던 《독립신문》 광고에서, 금계랍이 차지하는 비중은 대단히 높았습니다. 선교사들은 지방 선교를 나갈 때면 대개 의사들과 함께 떠났습니다. 이때 선교사들은 금계랍을 가지고 다니면서 판매를 하거나, 전도의 수단으로 무료 배포하기도 했습니다. 황현은 《매천야록》에서 "우두법이 나와 어린아이들이 잘 자라고, 금계랍이 나와 노인들이 장수를 누린다"고 썼습니다.[56]

　콜레라의 방역에도 선교의사들의 활약이 컸습니다. 알렌은 1885년과 1886년에 찾아왔던 콜레라의 방역 업무에 앞장섰습니다. 당시 '호열자'로 불리던 콜레라의 위세는 걷잡을 수 없이 퍼져나갈 정도로 무시무시했습니다. 조선 정부도 적극적으로 협력하여, 결국 콜레라를 막아내는 성과를 이루었습니다.

　갑오개혁이 시작된 후 1894년 6월 28일, 내무아문 안에 위생국이 설치되었습니다. 여기서는 전염병 및 종두에 대한 사무를 전담했습니다. 그런데 1895년 청일전쟁 와중에 콜레라가 발생했고, 이때 정부는 '호열자병 예방규칙'을 반포하여 콜레라의 예방과 확산 방지를 위한 조치를 법적으로 규정했습니다.

　그런데 체계적인 방역 시스템을 구축하려 해도 조선인 의료 인력이 없었습니다. 그래서 정부는 방역위원회를 설치하여 미국인과 일본인 의사들을 망라했습니다. 이때 위원장을 맡았던 사람이

상품 미국 金계랍 파

희충산을 새로 내왓

시니 사가기를 원ᄒᆞᄂᆞᆫ이ᄂᆞᆫ

셔울 구리ᄀᆡ 제즁원으

로 오시요 三二一

○ 卋昌洋行 제물포

셰계예 매일 죠흔 금

계랍을 이 회샤에셔

ᄯᅩ 새로 만히 가져와

셔 ᄑᆞ니 누구던지 금

계랍 장ᄉᆞ ᄒᆞ고싶흔이

ᄂᆞᆫ 이 회샤에 와셔 샤

거드면 도매 금으로 싸

게 주리라

《독립신문》에 실린 미국산 금계랍 광고(왼쪽)와 세창양행 금계랍 광고(오른쪽). 세창양행의 광고는 최초로 삽화를 사용한 광고이기도 하다. 광고 문구는 "세계에서 제일 좋은 금계랍을 이 회사에서 또 많이 가져와서 파니 누구든지 금계랍 장사하고 싶은 이는 이 회사에 와서 사면 도매금으로 싸게 주리라"라고 되어 있다.

제중원의 의료선교사 애비슨Oliver R. Avison이었습니다. 그는 철저한 위생관리를 통한 예방에 주력하여 성공적으로 콜레라를 퇴치했습니다. 이 땅에 외래종교인 기독교가 들어와 뿌리를 내리는 데 있어서, 이처럼 선교사들이 가지고 있던 근대 과학은 매우 중요한 역할을 했습니다.

그런데 오늘날 대한민국의 기독교는 과학과 의학의 성과를 부정하고, 무조건적인 신앙만을 강조하는 집단으로 인식되고 있습니다. 코로나19바이러스가 급격하게 퍼져나가고 있는 지금, 몇몇 교회는 바이러스의 적극적인 전파자가 되어가고 있는 실정입니다. 물론 일부라고 할지 모르나, 그들이 기독교 전체를 대표하는 것처럼 인식되고 있는 것이 현실입니다. 그렇다면 신자들을 위험의 골짜기로 몰고 있는 사이비 세력들과 결별을 선언하는 것이 필요합니다. 과거 신앙의 선배들이 보여주었던, 과학적 지식을 바탕으로 국민을 위해 헌신하는 종교로 돌아가기를 기독교인으로서 간절히 바라봅니다.*

'마스크 도시' 샌프란시스코의 교훈

2020년 11월, 미국에서는 다시 또 코로나19바이러스가 확산되고 있다고 합니다. 그럼에도 불구하고 마스크를 쓰지 않겠다고 고집하는 사람들이 있다고 하는데요. 그들에게 이 이야기를 전하고 싶습니다. 사랑하는 사람들의 안전을 위해서 말입니다.

1918년 11월 21일 정오에, 샌프란시스코에서는 1차 세계대전의 종전을 축하하는 행사가 열렸습니다. 아울러 한 달 넘게 계속된 마스크 착용을 해제하는 세레모니도 이날 함께 있었습니다. 모두들 마스크를 벗어 하늘에 날렸다고 합니다.

그해 10월 샌프란시스코에서만 스페인 독감으로 2천 명이 넘는 확진자가 발생하자, 시의회는 미국에서 최초로 마스크를 의무적으로 착용하는 법안을 통과시켰습니다. 미국 적십자사가 마스크는 99퍼센트까지 감염을 막아낼 수 있다면서, '마스크를 쓰고 생명을 지키자'는 포스터를 만들었다고 합니다.

그 후 샌프란시스코는 '마스크의 도시City of Mask'로 불리며, 마스크 착용을 어기면 벌금 또는 구류를 처벌로 내렸습니다. 당시 경찰은 담배를 피우려고 마스크를 벗은 사람까지 체포했다고 합니다. 심한 경우는 마스크를 벗고 있는 사람에게 총을 쏜 사례까지 있었습니다. 이런 엄격한 조치로 감염과 사망률이 억제됐습니다.

그러나 사회적인 거리 두기에 지친 시민들의 불만과 불편을 해소하기 위해, 결국 시 당국은 마스크 해제를 단행했던 것입니다. 공공집회도 다시 허용되었고 영화관과 운동장에는 사람들이 모여들었습니다. 당시 언론은 마스크 강제착용이 감염을 막지 못한다고 비판했습니다.

그러나 해가 바뀌면서, 1919년 1월 10일 하루에만 무려

600명이 감염되었다고 보고되었습니다. 결국 1월 17일부터 마스크 강제 착용을 다시 시작했습니다. 그러나 2차 파고를 막을 수 없었고, 샌프란시스코는 다시 미국 내에서 가장 위험한 지역 가운데 하나가 되었습니다.

전 세계적으로 6억 명에 가까운 감염자가 생겼고 그 가운데 5천만 명이 사망했던 스페인 독감은, 1919년 여름이 되어서야 사라졌습니다. 이 독감은 조선에도 상륙하여 '무오년 독감'으로 불리었습니다. 당시 조선인 가운데 절반에 해당하는 750만 명이 감염되어 14만 명이 사망했다고 합니다.

현재 마스크 착용을 거부하는 사람들은 '개인의 자유'라는 가치를 내세웁니다. 하지만 자유는 다른 사람에게 피해를 주지 않을 때 용납되는 것입니다. 지금 필요한 것은 일상적인 삶을 누리기 위해서 작은 불편을 참는 지혜이고, 그것이 바로 성숙한 시민의식일 것입니다.

트럼프 대통령을 비롯한 일부 미국인들에게 들려주고 싶은 이야기입니다. 역사에서 배우지 못하면, 비극은 반복될 수밖에 없으니까요. 지금 미국에 살고 있는 모든 분들이, 부디 코로나19의 위협 속에서도 안전하시기를 기원합니다.**

---

*   2020년 8월 30일 페이스북
** 2020년 11월 21일 페이스북

다 하지 못한
연구실 밖의 이야기

지난 35년의 교수생활 동안, 만났던 학생들이 공통적으로 하던 이야기가 있었습니다. 주진오 교수는 늘 바쁘다는 것이었습니다. 저는 본래 19세기 말과 20세기 초에 한국 근대 국민국가를 수립하려고 노력했던 민족주의의 흐름과 개혁운동을 연구하는 학자입니다. 그런데 앞서 이야기한 대로 '역사의 대중화', '실천적 역사학'을 내세우고 그에 걸맞은 활동을 하면서 연구실에서만 머무를 수 없었습니다.

특히 21세기 들어와서 한국 사회에 '문화콘텐츠'라는 개념이 들어오기 시작했습니다. 평소에 문화와 예술에 관심이 많았던 저에게 여러 요청이 있었습니다. 콘텐츠가 단순한 기술을 넘어 말 그대로 '내용'을 갖추는 데 있어 역사가 중요한 역할을 할 수밖에 없다는 것을 알게 되었습니다. 그래서 점차로 학생들로부터 외면당하고 있던 사학과를 살릴 수 있는 방법으로써 문화콘텐츠와 역사학을 접목시킨 '역사콘텐츠'라는 개념을 제시하고 학과를 개편했습니다.

그리고 실제로 역사를 소재로 디지털 콘텐츠로 만들어내는 프로젝트를 몇 차례 주도했습니다. 그러다 보니 학내에서 간접비를 가장 많이 내는 인문계 교수로 선정되는 경우도 있었습니다. 교육부에서 선정한 대학특성화사업에 선정되어 'K-컬처 선도 한국역사유산콘텐츠 창의인재 양성사업단' 단장을 맡아 5년간 3억 원씩 지원을 받기도 했습니다. 그리고 서울시 민주사회를 위한 역사교육위원장을 맡아 역사교육의 패러다임을 바꾸려고 노력했습니다. 당시에는 '토론이 있는 수업, 질문이 있는 교실'을 제시했습니다.

하지만 이 모두를 마무리짓지 못하고 2017년 11월 대한민국 역사박물관 관장에 임명되었습니다. 사실 저는 2015년부터 아프리카 콩고민주공화국의 수도 킨샤샤에 국립박물관을 건립하는 'KOICA 문화ODA사업'의 총괄 책임자를 맡고 있었습니다. 이 사업으로 아프리카를 여섯 번 왕래하면서 새로운 것을 많이 보고 느꼈습니다. 그 때문에 박물관장을 맡았을 때, 큰 어려움 없이 처음부터 역할을 수행해낼 수 있었습니다.

대한민국역사박물관 관장으로 일하면서 역사학계와 시민사회로부터 비판을 받았던 상설전시를 전면 개편했습니다. 이제 이명박 정부가 뉴라이트 사관에 입각해서 만들었던 전시는 모두 철거되어, 더 이상 존재하지 않습니다. 그리고 제주 4·3 70주년, 3·1 운동 100주년, 대한민국 정부 수립 70주년, 5·18광주민주화운동 40주년, 6·25전쟁 70주년 특별전을 비롯해 다양한 전시를 기획했습니다. 또한 각종 공연을 접목시켜 박물관을 국민들에게 다가가는 복합문화예술공간으로 만들어냈다는 평가를 받았습니다.

아울러 1970년대에 미국에서 시작되어 전 세계로 퍼져 나간 공공역사Public History를 한국사회에 정착시키기 위해 노력했습니다. 박물관이 중심이 되어 포럼을 운영하고 학술 심포지엄을 개최했으며《공공역사란 무엇인가》(푸른역사, 2020)라는 책을 기획해서 출판하기도 했습니다. 다행히 최근 들어 한국의 역사학계와 역사교육계에서도 이에 대한 관심이 늘고 있어 다행이라고 생각합니다.

그밖에 상명대학교에서 20년 넘게 '한국여성사'를 교양과목으로 개설하여 성공적인 강의로 키워낸 것도 기억에 남습니다. 필수가 아닌 선택과목임에도 불구하고 매년 천 명 이상이 수강 신청을 했습니다. '한국여성사를 강의하는 유일한 남성 역사학자'라는 타이틀은 저로서는 매우 뜻깊은 이력이 아닐 수 없습니다. 분반이 많이 이루어져 한국여성사를 전공한 학자들을 여럿 초청해서 함께 강의를 했고, 《한국여성사 깊이 읽기》(푸른역사, 2013)라는 책을 기획하여 출판하기도 했습니다.

이번 책에서는 지면의 제약으로 이런 이야기들을 충분히 담아 낼 수 없었습니다. 만약 이 책이 독자들에게 호응을 받는다면, 또 다른 책으로 만날 기회가 주어질 것이라 믿습니다. 저는 이 책을 준비하는 동안 주진오라는 한 역사학자가 현실과 마주하며 생각하고 기록했던 것들을 정리해서 보여드리는 데만 목표를 두지 않았습니다. 저의 다양한 활동과 이야기가 더 나은 역사를 꿈꾸는 사람들에게 영감을 주고 새로운 실천의 씨앗이 되기를 바라 마지않습니다.

제가 이룩한 것들이 단지 저 개인의 소유물이라고만 생각하지 않습니다. 저에게 훌륭한 부모님과 스승님, 안정된 직장과 좋은 기회를 제공해준 우리 사회의 덕분입니다. 이제는 제가 누릴 수 있던 것들을 다시 돌려 드리고 싶은 마음입니다. 제 손을 떠난 이상, 이 책은 독자 여러분의 것이며 우리 사회의 소유입니다. 부족한 점은 앞으로 더 채워 나가도록 하겠습니다.

이제 대학의 문을 나설 날도 얼마 남지 않았습니다. 하지만 대학 강의를 하지 않는 것일 뿐, 역사학자 주진오의 행보는 하나님께서 '이제는 쉬라'고 부르실 날까지 계속될 것입니다. 앞으로도 공감과 연민을 바탕으로 소통과 연대를 계속 이어가겠습니다. 부디 함께 해주시면 감사하겠습니다.

1   배경식 지음,《식민지 청년 이봉창의 고백》, 휴머니스트, 2015.

2   1908년 3월 23일 한인사회의 장인환과 전명운이 일본의 한국 지배를 옹호하고 선전했던 대한제국의 미국인 외교고문 더럼 스티븐스를 샌프란시스코 역에서 총으로 저격했던 사건.

3   〈전두환 "광주 내려가서 뭘 하라고"〉, 동아일보 2016년 5월 17일.

4   〈"전두환, 종신형 받고 지금도 감옥에 있어야"〉, 오마이뉴스 2011년 6월 14일.

5   〈'5·18 발포 명령' 부인한 전두환, 책임 없나?〉, JTBC 2016년 5월 17일 참고.

6   〈"해마다 6월이면 그 얼굴 떠오른다"〉, 쿠키뉴스 2006년 6월 6일.

7   〈문재인 "동성애 합법화 반대, 차별은 안돼" ··· TV토론(종합)〉, 연합뉴스 2017년 4월 26일 참고.

8   이영도 지음,《외따로 열고》, 시인생각, 2013.

9   이태진·김재호 외 9인 지음, 교수신문 기획·엮음,《고종황제 역사 청문회》, 푸른역사, 2005 참고.

10 〈고종시대 논쟁 어떻게 볼 것인가〉, 교수신문 2004년 8월 30일.

11 이영훈 기고, 〈비판: 이태진 교수의 '개명군주론', 근거 있는 주장인가〉, 교수신문 2004년 10월 21일 참고.

12 김재호 기고, 〈국민 없는 근대국가는 없다, 사실의 부재와 과잉의 해석〉, 교수신문 2004년 8월 30일.

13 〈유영익 "이승만 대통령은 격이 높은 왕족"〉, 경향신문 2013년 10월 16일 참고.

14 〈朴대통령 "종북콘서트 사회적 갈등 우려스러운 수준"〉, 연합뉴스 2014년 12월 15일 참고.

15 〈중국인 김구, 미국인 안창호, 외국인들이 만든 임시정부?〉, 미디어오늘 2016년 8월 22일 참고.

16 〈이승만 미국생활 발자취 밝혀져〉, 미주 한국일보 2013년 10월 2일 참고.

17 함지하 기고, 〈이승만 대통령 '일본 국적' 논란〉, 미주 한국일보 2013년 10월 19일 오피니언 참고.

18 〈박정희 기념사업 403억 예산 편성, 지난 7년간 1,356억〉, 한국일보 2014년 11월 6일 참고.

19 김규항 기고, 〈김규항의 혁명은 안단테로: 더러운 여자는 없다〉, 경향신문 2016년 2월 1일 참고.

20 주진오·박유하 대담, 〈마주 치닫는 한-일 관계〉, 한겨레신문 2005년 3월 21일.

21 〈일본재단 주최 '한미일 대학생' 세미나 ··· "과거보다 미래로"〉, 연합뉴스 2015년 1월 9일 참고.

22 〈미국 전 상무차관 "한일관계 갈등은 한국 책임" 주장〉, 연합뉴스 2015년 1월 8일 참고.

23 〈"역사에 정의를! 4·3에 정명을!"〉, 제주매일 2017년 4월 9일.

24 〈제주 총학생회 "대선주자, 4·3왜곡·폄훼 단호 조치"〉, 제주의소리 2017년 3월 25일.

25 〈거꾸로 가는 국방부〉, 한겨레신문 2004년 5월 18일 참고.

26 〈대통령 비서실장이 자유총연맹에 국정교과서 찬성집회 지시〉; 〈청와대, 자유총연맹에 세월호 흠집 내기 공작 지시〉, 뉴스타파 2017년 1월 23일 참고.

27 〈檢 '어버이연합 의혹' 허현준 청와대 행정관 소환조사〉, 연합뉴스 2016년 8월 31일 참고.

28 〈제대로 만든 것이 잘못이었나〉, 시사NI 2008년 12월 15일 참고.

29 〈"교과서가 기독교 차별" VS "발행 시스템 오해한 것"〉, 크리스천투데이 2011년 12월 6일 참고.

30 〈예장합동 박무용 총회장, 국정화 찬성 성명서 발표〉, 뉴스앤조이 2015년 12월 2일 참고.

31 〈"집필진이 거부하면 명단 공개할 수 없다"〉, 중앙일보 2015년 10월 24일.

32 〈국정교과서 집필진에 1인당 평균 2천480만 원 지급〉, 연합뉴스 2016년 12월 13일 참고.

33 〈같은 '국정'인데, '복면집필자 원고료' 8배↑〉, 오마이뉴스 2016년 11월 4일 참고.

34 〈초등 6학년 교과서에 '위안부' 용어와 사진 빠진다〉, 중앙일보 2016년 2월 25일 참고.

35 〈"박 대통령 3·1절 연설 반일 색깔 달라져 … 교과서 '위안부' 삭제"〉, 경향 신문 2016년 3월 2일 참고.

36 〈주진오 "교학사 교과서 2탄 … 빨간펜도 아깝다"〉, 노컷뉴스 2016년 11월 29일 참고.

37 〈박근혜 대통령 "교과서 국정화는 역사교육 정상화"〉, 미디어스 2015년 10월 27일 참고.

38 〈역사단체들 "뉴라이트 박효종 방송통신심의위원장 선임 반대"〉, 민중의소리 2014년 5월 12일 참고.

39 〈새누리 특강서 송복 "역사학자 무식해서 안돼"〉, 한국일보 2015년 10월 22일 참고.

40 〈'쌀수출' 권희영, "교과서 놔두면 학생들 민중혁명 땔감" … 친박포럼 강연〉, 경향신문 2015년 10월 26일 참고.

41 〈김태흠 "황우여 경질해야 … 교과서 첫 대응 실패"〉, 서울신문 2015년 10월 26일 참고.

42 〈유은혜·주진오 "국정교과서도 최순실 개입, 특검 수사의뢰"〉, 오마이TV 2017년 1월 11일 참고.

43 〈민주당 "청와대, 이미 2014년부터 국정교과서 전환 확정했다"〉, 뉴스1 2016년 12월 6일 참고.

44 〈고교 검정교과서 집필진 50명 "교과서 집필 거부" 선언〉, 한겨레신문

2017년 1월 20일 참고.

45 〈정두언 "근현대사 교과서, 北교과서 베껴"〉, 연합뉴스 2008년 10월 6일 참고.

46 〈새누리 하태경 "일제 겪은 노인 99%는 친일" 망발〉, 한겨레신문 2012년 4월 8일 참고.

47 〈박근혜 "왜곡된 역사교육에 전율 … 걱정 덜었다"〉, 한겨레신문 2008년 5월 26일 참고.

48 〈與 "역사교과서, 전교조 교과서라 해도 과언 아냐"〉, 연합뉴스 2015년 10월 6일.

49 〈역사드라마 '고증' 우기지 마라〉, 경향신문 2010년 3월 9일; 〈"최소한의 고증도 없는 역사드라마 너무 많다"〉, 미디어오늘 2010년 3월 12일 참고.

50 〈봇물 터진 역사콘텐츠 … 창작자와 전문가 소통해야〉, 한국일보 2016년 9월 9일 참고.

51 〈윤치호 일기〉, 국사편찬위원회, 1973~1989.

52 김경천 지음, 김병학 옮김, 《경천아일록》, 학고방, 2012.

53 〈역사학자들이 말하는 영화 '밀정' 그리고 '황옥'〉, 노컷뉴스 2016년 9월 22일 참고.

54 최명길 지음, 최병직·정약완·심경호 역주, 《지천선생집》, 선비, 2008.

55 민영환 지음, 조재곤 편역, 《해천추범海天秋帆》, 책과함께, 2007.

56 〈매천야록梅泉野錄〉, 국사편찬위원회, 1955.

주진오의 한국현재사
역사학자가 마주한 오늘이라는 순간

1판 1쇄 인쇄 2021년 10월 20일
1판 1쇄 발행 2021년 11월 3일

지은이 주진오
펴낸이 고병욱

책임편집 김경수 **기획편집** 허태영
마케팅 이일권 김윤성 김도연 김재욱 이애주 오정민
디자인 공희 진미나 백은주 **외서기획** 이슬
제작 김기창 **관리** 주동은 조재언 **총무** 문준기 노재경 송민진

펴낸곳 청림출판(주)
등록 제1989-000026호

본사 06048 서울시 강남구 도산대로 38길 11 청림출판(주)
제2사옥 10881 경기도 파주시 회동길 173 청림아트스페이스
전화 02-546-4341 **팩스** 02-546-8053

홈페이지 www.chungrim.com
이메일 cr2@chungrim.com
페이스북 https://www.facebook.com/chusubat

ⓒ 주진오, 2021

ISBN 979-11-5540-193-4 03900